Giulia Lina Ludwig
ZARA
Die Rückkehr des Steinschützers
Fantasy-Roman
KLECKS VERLAG

Giulia Lina Ludwig

ZARA

DIE RÜCKKEHR DES STEINSCHÜTZERS

Fantasy-Roman

Für Aurelia,
die Erste, die an mich glaubte.
&
Für DADDY, der mir mein Buch ermöglicht hat.
&
MOM, die mich zum Verlag geführt hat.

DANKE!

Inhalt

TAGEBUCH DER HEXE AGLAJA

13 Juli 1511

Liebes Tagebuch,

In ein paar Tagen werde ich den großen, wunderschönen und mächtigen Hexer Falak heiraten.

Er und ich lieben uns über alles.

Wie du weißt, habe ich vor etwa zwei Jahren ein Kind bekommen.

Einen kleinen Jungen, er heißt Zara! Wunderschöner Name, nicht wahr?

Zara bedeutet Morgendämmerung.

Natürlich weiß keiner, von wem das Kind ist, Falak weiß es aber und ist sehr froh, dass er der Vater ist. Die Druiden verabscheuen meinen Sohn, sie nennen ihn ›kleiner Bastard‹ und bezeichnen mich als junge Hure. Immerhin bin ich 17.

Wenn die Hohepriesterin wüsste, von wem das Kind ist, würde ich Falak nie wiedersehen und könnte ihn niemals heiraten! So ist es nun mal in der Hexentradition. Sie würden

Falak töten, weil er sich mit einem jungfräulichem Hexenmädchen vergnügt hat und sich nicht an die Regeln gehalten hat.

Ich habe aber mutig gelogen, ich habe der Hohepriesterin erzählt, dass ich von einem irischen Mann vergewaltigt worden war. Glücklicherweise glaubt sie mir das auch. Eben bin ich mit meinem Orakel fertig geworden! Die Karten sagen mir nichts Gutes, es wird schon sehr bald etwas Schlimmes passieren.

Zara ist eben von seinem Mittagsschlaf erwacht, ich habe noch vieles zu tun, ich muss noch für Falak kochen und mich um meinen kleinen Morgenschein kümmern.

Also bis bald!

* * *

Aglaja legte ihr Tagebuch zur Seite und ging auf das kleine Bettchen zu, wo Zara vor kurzer Zeit geschlafen hatte.

Sie streichelte seine warme Stirn und küsste ihn.

Dann ging sie in die Küche und fing an, die Pilze in kleine Scheiben zu schneiden und der toten Henne die Federn zu rupfen.

Aglaja hörte, dass jemand ins Haus kam.

Es war Falak, ihr zukünftiger Ehemann.

Sein schwarzes Haar schimmerte im Feuer und seine

tiefgrünen Augen funkelten wie Sterne.

Falak ging in die Küche und sah seine Freundin stolz an. »Was kochst du, Geliebte?«, fragte er.

»Ich dachte, du kommst vor Sonnenuntergang«, sagte sie.

»Im Dorf war heute nichts los, also bin ich früher gekommen«, er lächelte, und küsste sie auf ihren blanken Hals.

»Hör auf, Falak, ich koche gerade.« Aglaja drehte sich um und küsste ihn.

Beide lächelten. »Heute gibt es Pilzsuppe mit Hühnchen!«, sagte Aglaja, die mittlerweile in Falaks Armen lag.

»Das wird mir bestimmt schmecken ...«, und er küsste sie wieder. »Darf ich meinen Sohn sehen?«, fuhr er fort.

»Natürlich darfst du das, mein liebster süßer Waldgeist«, antwortete Aglaja.

Falak ließ sie los. »Mit den Spitznamen übertreiben wir's nicht, ja?«, und küsste sie auf die Stirn und ging.

Als er sich dem Kinderzimmer nährte, wurde er von Zara herzlich umarmt. Falak hob ihn hoch. »Hallo, mein Morgenschein«, sagte er.

Zara lächelte und umarmte ihn.

Beide gingen zur Küche und warteten geduldig auf das Essen.

Die Sonne war untergegangen, das Essen schon längst verdaut und Zara schlief schon in seinem Bettchen. Jetzt hatten Falak und Aglaja genug Zeit für sich. Beide saßen in der Badewanne, im heißen Wasser und wuschen sich gegenseitig den Körper.

»Aglaja, Liebste, hast du dir schon Gedanken über unsere Hochzeit gemacht?«, fragte Falak und streichelte ihr hellbraunes nasses Haar.

Sie nahm seine Hand. »Nun, in drei Tagen werden wir vermählt, doch ich weiß nicht, ob es richtig ist, was wir tun, ich meine, wir haben gelogen und vor der Hochzeit ein Kind gezeugt ...« Dann fuhr sie fort: »Mein Orakel berichtet nichts Gutes, ich glaube wir werden bestraft, Falak.«

»Ich weiß, Aglaja, aber ich konnte nichts dafür, dass meine Liebe und Lust zu groß waren«, sagte er und lächelte ein wenig traurig.

»Es war aber auch nicht nur deine Schuld, meine Lust und Liebe waren auch sehr groß, nicht nur du hast den Fehler gemacht.« Aglaja streichelte ihm zart die Wange. »Nur noch drei Tage, Liebster, und wir werden verbunden sein auf ewig ... Aber ich habe Angst, dass uns eine Hexe wie Coraline die Hochzeit ruiniert«, sagte Aglaja besorgt.

Falak beachtete sie stumm. »Coraline hat heute im Dorf schon genug angerichtet, sie hat sich einem Druiden widersetzt ... Sie ist voller Eifersucht ... Coraline wird bestimmt was anrichten auf unserer Hochzeit ... Sie kann es einfach nicht akzeptieren, dass ich der Steinschützer bin und ich den mächtigen Stein der Götter besitze ... Übrigens kann sie dich auch nicht viel besser leiden.«

Aglaja guckte ins Leere. »Ich glaube, wir haben alles falsch gemacht, wir betrügen die Priesterin und das Volk.«

»Ich verspreche dir, wir werden glücklich hier in Devon sein, du, ich und Zara«, sagte Falak.

Erst jetzt bemerkte Aglaja, wie wundervoll Falak doch eigentlich war. Er war ein wunderschöner junger Mann, er hatte tiefgrüne Augen, die die grünen Blätter des Frühlings spiegelten. Er hatte schulterlanges, schwarzes Haar. Und er war der mächtigste Zauberer Englands; er war erst 17, als er den heiligen Stein der Hexen bekam, den er beschützen sollte. Dieser Stein verleiht dem Auserwählten magische Kräfte.

Aglaja küsste ihn, ihr Herz füllte sich wieder mit Zufriedenheit und Liebe, dann war schon alles wieder vergessen.

DIE HOCHZEIT

16. Juli 1511

Endlich war der Tag gekommen, der Tag, an dem Aglaja und Falak für immer verbunden sein würden.

Es war Nacht und der Vollmond strahlte über dem Altar. Die Mondgöttin und der Sonnengott waren bereit, beide zu vermählen. Das ganze Hexenvolk versammelte sich um den Altar.

Aglaja wurde nervös, weil sie wusste, dass es ein Fehler war, zu heiraten. Immerhin hatte sie die Priesterin hintergangen und schon vor der Hochzeit ein Kind mit Falak gezeugt. Es war jedoch zu spät, sie mussten es jetzt durchziehen.

Ihr wunderschönes weißes Kleid passte sehr gut zu ihren dunkelbraunen Rehaugen.

In der ersten Reihe saß Kala, die beste Freundin von Aglaja, mit Zara und sie winkten ihr fröhlich zu. Aglaja lächelte nervös. Neben Zara saß der kleine Alexander, Kalas kleiner Sohn.

Die Hohepriesterin betrat den Altar und alles wurde still.

Alle verbeugten sich vor ihr. Sie kam auf das Liebespaar zu und malte ihnen ein Pentagramm auf die Stirn. Die Hohepriesterin sprach zum Volk: »Hexenvolk von Devon! Wir haben uns hier versammelt, um den Steinschützer Falak mit der Hexe Aglaja zu vermählen!«

Zwei Druiden schauten Aglaja misstrauisch an. Dann flüsterte einer von ihnen dem anderen ins Ohr: »Diese Hexe bringt nur Unglück, sie hat es nicht verdient, den Segen von den Götter zu bekommen. Immerhin hat diese Hure schon ein Kind zur Welt gebracht, und ich denke sie hat es freiwillig gezeugt.«

Der andere schaute nach oben, nickte ein paar Mal und flüsterte zurück: »Du hast recht, mit der Hexe stimmt was nicht.«

Die Hohepriesterin sprach sehr lange. Falak wurde es langweilig und er schaute weiterhin den Mond an, bis die Priesterin sagte: »Bringt mir die Ringe.«

Es war ein wunderschöner Moment für das junge Paar.

Zara beobachtete alles und staunte, wie die Ringe im Mondlicht leuchteten.

Das Paar gab sich die Ringe und hob die Hände, damit das ganze Volk diese sehen konnte.

Und damit war das Ritual beendet.

Es war eine Stunde vor Mitternacht. Das ganze Volk saß vor dem großen Lagerfeuer und sangen Hexenlieder, aßen kulinarische Spezialitäten und tranken Wein. Viele Hexen und Zauberer tanzten betrunken um das Feuer. Ein Teil der Druiden unterhielte sich über Magie oder die Propheten von Cornwall. Alle amüsierten sich, besonders die jungen Zauberer, die betrunkene junge Hexen mit Komplimenten überschütteten oder auch mit Vergnügen abschleppten. Sogar die Hohepriesterin amüsierte sich mit einem jüngeren Druiden.

Aglaja unterhielt sich mit Kala über ihre jeweiligen Männer.

»Endlich hast du Falak geheiratet, Aglaja!«, sagte Kala und trank aus dem Kelch.

Aglaja lachte. »Als du geheiratete hast, war ich so neidisch, aber jetzt hat mich das Glück eingeholt und ich habe jetzt selber einen Mann«, sagte sie, während sie mit ihrem Kleid rumspielte.

Beide schauten sich an und lachten laut. Zara und Alexander spielten fröhlich auf der Wiese.

Falak saß auf dem großen Tisch und trank den süßen Wein aus dem vergoldeten Kelch. Halb betrunken stand er auf und ging auf Aglaja zu. »Komm her, meine wartende wilde Rose!« Er lachte lustvoll, riss sie aus dem Stuhl, presste sie an seinen Körper und schon steckte seine Zunge in ihren Mund. »Lass uns tanzen, Prinzessin der Schönheit ...« Er ließ sie eine Pirouette machen und sie ließen sich von der Melodie treiben.

Ein paar Druiden sahen schon sehr verärgert aus.

»Denkst du nicht, dass wir aufhören sollten?«, fragte Aglaja lachend.

»Welcher Narr würde seine eigene Hochzeit ruinieren, tanze, mein Weib, tanze ...« Falak tanzte wie wild.

Das Fest ging weiter.

Nach dem Tanz setzte sich Aglaja wieder hin.

»Und wie war es, zum ersten Mal mit Falak in der Öffentlichkeit zu tanzen?«, fragte Kala.

»Sehr schön, einfach fantastisch.« Sie nahm eine Traube vom Tisch und aß sie genüsslich.

»Aglaja, darf ich dich etwas fragen?«, fragte Kala

ernst.

»Ja natürlich, was denn?« Aglaja lächelte schwach.

»Wie hast du Falak kennengelernt? Du hast mir noch nie erzählt, wie alles passiert ist ...« Kala schaute ihr tief in die Augen.

»Nun ... es ... es ist einfach so passiert ... ich meine, jeder im Dorf kannte Falak, er ist ja der Steinschützer ...«, nuschelte Aglaja vor sich hin.

»Jetzt tu nicht so, Aglaja, ich kenne dich. Was ist damals, bevor Zara geboren ist, passiert?«, hakte sie nach.

»Kala, das erzähle ich dir ein anderes Mal, einverstanden?« Aglaja versuchte, sich aus der Situation zu befreien.

Beide schwiegen.

Aglaja tauchte tief in ihre Gedanken, denn was damals geschah, war das Beste, was ihr jemals passieren konnte ...

* * *

Der Nachmittag war warm und sonnig. Aglaja war auf dem Markt gewesen, an dem Tag hatte sie sich frisches Obst und Gemüse gekauft.

Jedoch war sie angespannt, aber nicht nur sie, auch das ganze Hexenvolk von Devon, denn heute würde einer der Druiden aus dem Tempel kommen und den Steinschützer bekannt geben.

Und dann kam auch tatsächlich ein überglücklicher Druide: »DER NEUE STEINSCHÜTZER IST GEWÄHLT WORDEN; DIE GÖTTER HABEN ES VERKÜNDET, ES IST

DER JUNGE FALAK. JA, FALAK!«, schrie er.

›Wer ist wohl dieser Falak?‹, fragte sich Aglaja.

Rennend marschierte sie in ihr Haus und legte das Obst und das Gemüse auf den Tisch.

»Mutter, Vater, der Steinschützer wurde gewählt! Es ist ein gewisser Falak!«, schrie sie laut.

Das waren noch Zeiten ... Ihre Eltern lebten noch.

Die Sonne ging unter, heimlich schlich sich Aglaja aus dem Haus. Es war ein anstrengender Abend gewesen, sie wollte alleine sein. Sie trug nur ein braunes Samtkleid.

Aglaja ging wie fast jede Nacht an den Brunnen, es war zwar kein besonders schöner Ort, aber es war DER einzige Ort, an dem sie in Ruhe über alles nachdenken konnte.

Sie schaute in die Tiefe des Brunnens, es war so dunkel. Dann versuchte sie, den schweren Strick zu lösen. Es passierte alles so schnell. Das junge Hexenmädchen versuchte, am Eimer zu ziehen, als sie stolperte und hineinfiel. Aglaja stürzte in die Tiefe und landete unsanft im Wasser.

»Hilfe, ZU HILFE, bitte hilft mir, ich bin hier im BRUNNEN!«, schrie sie so laut sie konnte.

Sie konnte nicht schwimmen und das Wasser war so tief. Aglaja schluckte Wasser.

»HILFE, bitte ...« Ihre Stimme wurde immer schwächer und ihre Lungen füllten sich immer mehr mit Wasser.
Das Letzte, was sie hörte, war: »Oh nein ... HALTE DURCH, FREMDE, ICH WERDE DIR HELFEN ...«

Aglaja schlug die Augen auf. Sie hustete stark und würgte das Wasser heraus.

»Schon gut, alles ist wieder in Ordnung ...«, sagte eine beruhigende, männliche Stimme.

Aglaja befand sich in den Armen eines Fremden, der ihr liebevoll das nasse Haar vom Gesicht strich. Erst jetzt sah sie ihm in die Augen. Der junge Mann war wunderschön, er war auch ganz nass, er hatte sie wohl gerettet. Sein nasses schwarzes Haar leuchtete im Mondlicht, er hatte wohl grüne Augen, aber das konnte sie schlecht erkennen, dafür war es zu dunkel.

»Was ... was ist passiert?«, fragte sie verlegend.

»Du bist in den Brunnen gefallen und ich habe dich dort herausgeholt ... Wie heißt du?«, fragte der attraktive junge Mann.

»Aglaja ...« Sie war noch nie in den Armen eines starken Mannes gewesen, außer natürlich bei ihrem Vater.

»Ich bin Falak ... *dein* neuer Steinschützer«, sagte er mit einer merkwürdigen Geste, die sie fast überwältigte. »Was machst du so spät noch hier draußen, meine Süße ... Hm?«, fragte er.

Aglaja hatte Herzklopfen. Der Steinschützer hatte sie tatsächlich *›meine Süße‹* genannt.

»Ich ... ich wollte nachdenken und bin hierher gekommen ... Und was machst du hier?«, fragte sie zurück.

Er streichelte sie wieder, dieses Mal so sanft, dass Aglaja Gänsehaut bekam.

»Was ich hier mache? ... Nun, ich warte auf die Gelegenheit, hübsche Mädchen wie dich zu treffen.« Sein Charme war grenzenlos, Aglaja schmolz dahin.

Falak legte die Hände um ihre Taille und legte seinen Kopf in ihren Nacken.

»Ich will dich wieder treffen Aglaja, du bist so schön wie eine Rose, und diese Rose will ich nicht verlieren, weil sie so frisch, schön und unberührt ist, dass ich lieber sterben würde, als dich an andere Männer frei zu geben ...«, sagte er erregt.

Aglaja merkte, dass er zwar zu stürmisch war, aber es machte ihr nichts aus, weil sie instinktiv und ganz plötzlich wusste, dass er der Richtige ist.

Erst jetzt bemerkte sie, dass ihr Kleid vor Nässe so durchsichtig geworden war, dass man ihren Körper deutlich sehen konnte – ihre Beine, ihre Brüste, einfach alles.

Falak löste sich von ihr, nahm ihre Hand und küsste sie. »Gute Nacht, Madame, ich werde dich morgen suchen und wiederfinden, aber tu mir jetzt einen Gefallen und geh heim, dort bist du am sichersten«, sagte er freundlich und liebevoll.

Aglaja lächelte wieder verlegen. »Gute Nacht, mein Prinz der Dunkelheit!«, traute sie sich zu sagen.

Er lächelte vergnügt und verschwand im dunklen Schatten der Dorfgassen.

* * *

Aglaja schüttelte den Kopf. Sie erwachte aus ihrem Tagtraum. Es war eine solch schöne Erinnerung, ihr Kennenlernen.

Dann: Irgendetwas versammelte sich, alle wurden so still. Etwas Wütendes erklang in der Mitte der Hexenmenge …

DER ANFANG EINES KRIEGES

Falak saß wieder am Tisch und starrte die fröhliche Hexenmenge an. Ein ungutes Gefühl überfiel ihn, irgendetwas war faul.

Eine dünne bedrohliche Gestalt erhob sich aus der Menge und kam direkt auf ihn zu. Es war Coraline, die immer näher auf ihn zu kam. Sie lächelte verführerisch und böse. Im Dorf hatte sie so oder so keinen guten Ruf, sie war nicht nur sehr mächtig, es hieß sogar, dass sie viele Affären mit verschiedenen Männern gehabt habe. Keiner wusste, wie und mit welchem Zauber sie es anstellte, nicht schwanger zu werden. ›Sie sollten SIE Hure nennen und nicht meine liebste Aglaja!‹, dachte Falak sauer.

»Und nun hast du deine Hure geheiratet«, sagte Coraline verlockend.

Er starrte sie verwundert an. »Ach, die alte Coraline! ... Ich dachte, du würdest dich nicht trauen, hierher zu kommen, aber ... da habe ich mich wohl getäuscht!« Er hielt inne. »Ich meine, nach der Niederlage um den Stein, kann ich das wirklich verstehen, meine liebe Coraline, ehrlich!« Falak lachte dreckig.

»Eigentlich wollte ich, wie es sich auf einer Hochzeit gehört, misstrauisch gratulieren, aber soeben habe ich beschlossen, dir einen Schlag in deine blanke Visage zu verpassen«, zischte sie.

Die Musik hörte auf zu spielen, die Menge merkte, dass es dicke Luft gab.

Aglaja drängelte sich durch die Menschenmenge, sie wollte wissen, was in der Mitte des Kreises geschah.

Coraline hatte genug davon, gedemütigt zu werden und versetzte Falak einen Schlag ins Gesicht, sodass sich sein Kopf zur Seite drehte.

Mit Abscheu sah Coraline ihn an. »Haben dir deine Eltern keine Manieren beigebracht?« Sie wandte sich zur Menge und fuhr fort: »Und *der* soll euer Steinschützer sein? Er weiß doch nicht einmal, wie man eine Dame behandelt!«

Falak reichte es, sie übertrieb ein wenig. »Junge DAME, hör mir mal zu ...«

Doch Coraline unterbrach ihn: »Du weißt ganz genau, dass der Stein mir gehören sollte! Mein Vater, Großvater und mein Urgroßvater besaßen den Stein. Seit Generationen wurde er in unserer Familie weitergegeben, und jetzt wäre ich an der Reihe gewesen und nicht du!«

Falak lachte. »Die einzige Erklärung dafür ist, dass du nicht für diese Aufgabe geeignet bist, meine liebe Coraline ...«

Coraline war ernsthaft wütend und schlug ihn ein zweites Mal ins Gesicht. Falaks Gesicht schleuderte nun zur anderen Seite.

Aglaja stöhnte innerlich auf. »Nicht ...«, sagte sie verzweifelt und ängstlich.

»Und nun habe ich diese Aufgabe und du nicht. Jetzt bist du neidisch auf mich, weil ich Steinschützer geworden bin, und auf meine Frau, weil sie den Steinschützer geheiratet hat«, sagte Falak immer noch grinsend.

»Weißt du, was ich von deiner Aufgabe halte?«, fragte Coraline.

»Nein, aber sag's mir«, antwortete er gleich darauf.

Coraline starrte ihn mit ihren Katzenaugen an. Sie lächelte kurz und spuckte ihm ins Gesicht.

Falak reichte es endgültig. Er sprang auf sie, packte sie am Hals und fing an, sie zu würgen.

Coraline wehrte sich heftig und versuchte, ihm mit ihren langen Fingernägeln die Augen auszukratzen. Sie schaffte es aber nicht, kratzte ihm nur ein paar Mal durchs Gesicht.

Er schrie auf und ließ sie los.

Halb weinend stand sie mit einer enormen Wut auf und schrie ihn an: »Ich verfluche dich, Falak. Wie deine Frau und diesen kleinen Bastard auch ... Schon bald wirst du einen schlimmen Tod erleiden, das verspreche ich dir!«

Falak stand auf und schlug ihr ins Gesicht. »Lass die Finger von meiner Familie! Du und deine verdammten schwarzmagischen Prophezeiungen!«

»Fahr zur Hölle, Falak!«, sagte sie zornig.

»Nehmt sie fest! ... So benimmt sich keine Hexe! Brennt ihr das Menschensymbol auf die Haut und schickt sie ins Exil! Und sie soll sich nie wieder bei den Hexen blicken lassen!«, schrie Falak der Menge zu.

Die Hohepriesterin schaute zu Falak. »So soll es sein ... Tut, was er verlangt«, sagte sie.

Vier Männer packten Coraline an den Armen. Ein

fünfter Mann kam hinzu, riss ihr Kleid auf und brannte ihr dieses eigenartige Symbol auf die Haut.

»Nein, NEIN ... AAHH!«, schrie sie, als sie den unerträglichen Schmerz auf ihrem Rücken zu spüren bekam.

Die Priesterin schaute die weinende Coraline an. »Ab jetzt bist du ein Mensch, und somit verbanne ich dich aus unserem Dorf! Noch heute Nacht wirst du aufbrechen müssen«, sagte sie streng.

Falak schaute Coraline ein letztes Mal an. »Verlasse unser Fest und komme nie wieder zurück.«

Die Männer brachten Coraline fort.

»Schöne Aktion, wirklich ...«, sagte Aglaja sarkastisch.

»Aglaja, nein, warte ...«, flehte Falak. Doch es war zu spät, Aglaja verschwand in der Menge.

Das Fest ging weiter.

* * *

Einige Monate später in Versailles, Frankreich:

Sie lief die Gassen von Versailles entlang und suchte einen bestimmten Mann. Der Mann, mit dem sie zusammen das Hexenvolk in Brittannien auslöschen will. Es war ihr egal, ob sich darunter Verwandte von ihr aufhielten, sie war jetzt ein Mensch, und keine Hexe. Alleine hätte sie keine Chance, aber mit einer Armee würde sie ein ganzes Land auslöschen können. Sie hatte keine Macht mehr, sie konnte nicht einmal Magie anwenden, aber dennoch konnte sie es schaffen, mithilfe eines Mannes, der Hexen und andere Wesen, die nicht zum

Christentum gehörten, so sehr hasste und sie nur mit einem Befehl töten ließ, der mit dieser Arbeit so viel Geld verdiente, dass man meinen konnte, er fühle sich wie Gott, der über Leben und Tod bestimmt.

Sie hatte nur einen Plan, ein Ziel in ihrem Leben, den sie um jeden Preis durchziehen musste: Ihr eigenes Volk zu verraten.

Coraline begegnete einem Mann. »Monsieur, oú est-ce que je trouve Monsieur Inquisitor?«, fragte sie.

»Lá, lá á cette maison!«, antwortete er.

»Merci, Monsieur!«, bedankte sie sich höflich.

Sie ging weiter.

Es war eine kalte Novembernacht, das verbannte Mädchen aus Brittannien zog ihren Umhang über ihren Kopf. Sie huschte an einer Kirche vorbei und ging auf ein großes luxuriöses Haus zu. Ihre Hände waren wie betäubt von der Kälte, sie klopfte hart gegen die Tür.

Ein Diener machte auf. »Bonne soire, madame, qu'est-ce que je peux faire pour vous?«, fragte er.

»Oui, je voudrais aller chez Inquisitor«, sagte sie selbstsicher.

Der Diener nickte und brachte sie herein. Er führte sie in ein Zimmer, ein grelles Licht fiel herein. Dort saß ein Mann, der Mann den sie suchte.

Er war blond und hatte blaue Augen, ein sehr schöner Inquisitor, anders, als sie es erwartet hätte.

Der Inquisitor legte seinen Papierkram auf die Seite und musterte die hübsche Frau, die sich absichtlich mit der Hand über ihre Brüste fuhr.

»Monsieur Inquisitor, je ...«, fing sie an.

Der Inquisitor unterbrach sie schnell: »Ihr kommt aus dem kalten Britannien, richtig? Euer Akzent klingt anders ... und außerdem bin ich aus Edinburgh«, sagte er.

»Ja, ich bin Britin, ich heiße Coraline und habe übrigens verlockende Hinweise, um die Kinder des Teufels zu vernichten ...«, begann sie erneut.

»Wartet, wartet ... Ihr wollt mir bei meiner Hexenjagd helfen?«, fragte er verwundert.

»Wisst Ihr, Sir, ich konnte gerade noch von den Hexen fliehen, und dort, an diesem Ort, fängt erst recht die ganze Brut an«, verriet sie.

»Erzählt mir mehr, Lady Coraline, ich danke Euch für diese Hinweise. Sagt mir nur eins, wo befindet sich dieser Ort, von dem Ihr sprecht?«, fragte er sehr interessiert.

Coraline verengte ihre Augen und kam mit ihrem Gesicht näher. »IN DEVON«, zischte sie leise ...

DER INQUISITOR IST IN DEVON

Drei Jahre vergingen und Zara hatte schon das Zaubern erlernt. Er war wie die Druiden sagten, ein mächtiger Magier. Jede Hexe und Zauberer in Devon hatten eine nützliche Gabe, einige konnten hellsehen, die anderen Gedanken lesen, und Zara hatte eine der seltensten Gaben: Er war stark mit den Elementen verbunden, er konnte sie perfekt beherrschen.

Aglaja war inzwischen wieder schwanger und lebte glücklich in ihrem großen Haus mit Falak.

Es war Abend. Aglaja begleitete Zara zu Bett. Sie wollte aus Zaras Zimmer hinausgehen, doch etwas war anders als sonst. Sie konnte sich gut erinnern, dass seit dem Tag, an dem die Priesterin Coraline verbannt hatte, Falak jede Nacht schreckliche Alpträume plagten. Die Heiler im Dorf erklärten es zu einer Krankheit.

»Sag schon, Zara, mein Engel, was plagt dich?«, fragte Aglaja besorgt.

»Mama, ich will nicht in ein fremdes Land gehen ... ich finde es schön hier ... und ich will nicht, dass Papa stirbt ...«, sagte er mit Tränen in den Augen, dann fuhr er fort: »Das ist unsere Zukunft, ich habe es in meinem Traum gesehen ...«

Es war also wahr, das Orakel, die Rache Coralines. Das

Gleiche, was Falak träumte und vermutete.

Aglaja hatte Angst. »Wer hat dir gesagt, dass es so ist, Zara?« Sie versuchte, beruhigend zu wirken.

»Eine Frau mit einer Mondkette hat mir das gesagt«, antwortete Zara.

»Was hat sie noch gesagt?«, fragte Aglaja noch.

»Sie hat gesagt, dass der Stein, den Papa hat, in Gefahr ist und dass es die Rache von Coraline sei ...«

Aglaja blickte ihn schockiert an. »Hat sie dir ihren Namen verraten?«

»Ja, sie sagte, sie sei die Mondgöttin.« Zara nickte ein paar Mal.

»Zara, das war doch nur ein Traum. Glaube mir, habe keine Angst und schlaf jetzt schön.« Aglaja drückte ihm beruhigend einen Kuss auf die Wange. »Gute Nacht, mein Schatz«, sagte sie.

Sie ging aus dem Zimmer und legte geschwind eine Hand auf ihren Bauch. Aglaja rang nach Luft. »Falak, Falak!«

Eine Stimme erklang aus dem Schlafzimmer: »WAS IST?«

Sie rannte ins Zimmer und erzählte ihm unter Tränen alles. »Falak, wo ist der Stein?«, fragte sie dann besorgt.

Falak zog eine Kette aus seinem Unterhemd. An ihr hing der Stein, der so schwarz war, wie die Nacht selbst.

»Ich weiß nicht, ob es unsere letzte Nacht ist, aber du musst wissen, dass ich dich über alles liebe und dich nie aufgeben werde, erinnere dich immer daran, wie wir zusammen gekommen sind, an unsere Liebe ...« Er küsste sie stürmisch, auch er hatte Tränen in den Augen. Sie begann, sich zu erinnern ...

* * *

Aglaja wachte auf, die ganze Nacht hatte sie nur von ihrem Prinzen der Dunkelheit geträumt. Schnell zog sie ihr schönstes Brokatkleid an. Es war braun und schwarz.

Donnerstag war's, ja, es war ein sonniger Donnerstag. An dem Tag musste sie Odin, den alten Druiden, beim Kräutersammeln helfen.

»Mutter, ich gehe in den Wald mit Odin und helfe ihm beim Kräutersammeln ...«, sagte sie hastig.

»Du bist aber gut drauf, mein Täubchen«, sagte ihre Mutter, die am Herd stand und kochte.

Aglaja drückte ihr einen Kuss auf die Wange und schon stürmte sie aus dem Haus. Sie rannte in den Wald.

Als sie den alten Mann neben der Eiche sah, lächelte sie herzlich. Odin war für sie wie ein Großvater gewesen. Er war anders als andere Druiden, er machte gute Witze und behandelte sie so wie sein eigenes Kind.

»Odin, hallo ...«, sagte Aglaja und umarmte ihn.

»Oh, du bist aber gut drauf, meine Glänzende ...« Odin gab ihr einen Kuss auf die Stirn. »Komm, wir sammeln die Kräuter ...«, sagte er.

Aglaja nickte zustimmend.

»Du hast Schmetterlinge im Bauch. Was ist passiert, meine Liebe?«, fragte er.

Aglaja grinste. »Na schön, ich erzähle es dir, aber sag es wirklich niemandem weiter ...«

Odin nickte, dann fuhr Aglaja fort: »Letzte Nacht, als

ich neben dem Brunnen wie üblich nachdenken wollte, fiel ich hinein, und der Steinschützer rettete mich. Dann haben wir uns einander vorgestellt, er machte mir viele Komplimente und sagte zu mir, dass er mich heute suchen würde ...«, erklärte Aglaja völlig außer sich.

»Ich freue mich sehr für dich! Weißt du, was für eine Würde es ist, den Steinschützer als Freund zu haben?« Er umarmte sie wieder.

»Egal. Komm, Odin, dort drüben sind schon die ersten Brennnesseln und Salbeisträucher«, sagte sie.

»Nein, nein, das ist keine Brennnessel, das ist Zitronenmelisse.« Odin lächelte.

Sie fingen an zu sammeln.

Plötzlich, wie aus dem Nichts, kam aus dem dämmrigen Licht des Waldes ein Mann.

Es war Falak.

»Aglaja, da bist du ja!«, sagte er lächelnd.

Aglaja erschrak. »Ihr habt mich erschreckt, Sir Falak, aber Ihr habt mich gefunden ...«

»Ach komm, Aglaja, du brauchst mich nicht mit großartigem Respekt zu behandeln. Nenn mich nicht ›Sir‹«, sagte er fröhlich.

Odin musterte ihn, dann lächelte er. »Falak, mein Junge, du hast eine gute Wahl getroffen. Wirklich, es hätte mir das Herz gebrochen, wenn ich Aglaja mit einem schmutzigen Taugenichts, der im Dorf rumlatscht, gesehen hätte, versprich mir aber, dass du sie nicht beschmutzt und nicht wie einen Lumpen behandeln wirst ...«

Falak nickte. »Ich verspreche es Euch, Odin ... Seid ihr

der Vater?«, fragte er.

Odin lachte. »Nein, nein, nein, Aglaja hilft und arbeitet immer donnerstags, freitags und sonntags bei mir, aber ich liebe sie wie mein Enkelkind ... Und ... na ja, nebenbei hilft sie mir mit den Bräuchen und dabei, Kranke zu heilen, dabei lernt sie viel.« Er war sehr stolz auf Aglaja.

Falak wandte sich zu ihr: »Nun zu dir, meine schöne ...« Er kniete sich hin und küsste ihre Hand. »Ich habe dich den ganzen Vormittag gesucht, und endlich finde ich dich, aber du hast ja viel zu tun, also werde ich jetzt wieder gehen ...«, sagte Falak ruhig.

Aglaja wirkte enttäuscht.

»Nein, warte, nimm sie mit, ich komme hier mit dem Sammeln schon zurecht ...«, sagte Odin schnell, dann kratzte er sich an seinem langen weißen Bart.

»Oh, danke Odin ...«, platzte Aglaja fast vor Freude und umarmte ihn. Geschwind küsste sie ihn auf die Wange.

Falak stürmte sich auf Aglaja, trug sie auf beiden Händen und ging fort.

»Falak, du bist ja so stark ...«, sagte sie vergnügt.

»Ich weiß nicht, wie ich das sagen soll, aber ich habe noch nie so viel Herzklopfen bei einem Mädchen bekommen wie bei dir. Auch wenn ich dich erst seit letzter Nacht kenne, träume und denke ich nur an dich, ich ... ich glaube, ich habe mich in dich verliebt ...«, meinte er.

»Mir geht es genauso.« Aglaja schaute ihm tief in die Augen. Sie waren tatsächlich smaragdgrün.

Falak ließ sie los und stellte sie sanft auf den Boden.

Immer noch schauten sie sich tief in die Augen. Er streichelte ihre Wange und kam mit seinem Gesicht immer näher und küsste sie endlich auf ihre weichen Lippen.

* * *

An das, was dann geschah, wollte sich Aglaja nicht erinnern, sie hätte sonst die Fassung verloren ...

Es war wirklich die letzte Nacht gewesen.

Aglaja wurde aus ihrer Erinnerung geweckt. Jemand klopfte heftig gegen die Tür. Panisch blickte Aglaja zu ihrem Mann. »Und was machen wir jetzt?«

Ohne ein Wort und ohne sie eines Blickes zu würdigen, stand Falak auf und rannte zur Tür.

»Nein, Falak ... Mach keinen Unsinn, komm zurück ... Falak!«, schrie Aglaja so laut sie konnte.

Falak riss die Tür auf. Er blickte auf Kala, Sivan und den kleinen Alexander, die mit einer bereit gestellten Kutsche im Hof standen. Verwirrt starrte Falak die Familie an. »Was zum Teufel ...?«

Kala unterbrach ihn schnell: »Keine Zeit für Fragen! Packt schnell die wichtigsten Sachen ein und steigt in die Kutsche! Der Inquisitor ist im Dorf. Er hat die Hälfte der Hexen eingesperrt und wird sie an der Grenze von Devon verbrennen!« Kala wirkte zerstört.

»Ja, und wo gehen wir bitteschön hin?«, fragte Falak.

Kala schüttelte den Kopf. »Ich schätze mal, in den warmen Süden, dorthin, wo uns keiner findet ... Ach, um unser Leben können wir uns später kümmern, wenn wir erst in Sicherheit sind ... Komm jetzt!«

»Kala, ich kann nicht einfach so unser Volk in Stich lassen ...«, sagte Falak.

Jetzt mischte sich Sivan ein. »Doch, Kumpel, das kannst du.«

»Hör mal, Sivan, ich bin Steinschützer, ich darf die Menschen nicht dem Scheiterhaufen überlassen.« Falaks Kopf wurde rot. Er schubste Sivan weg.

»Wenn du also unbedingt sterben willst, dann bitteschön.« Nun wurde auch er lauter.

»Bitte, Falak, packe trotzdem deine Sachen. Willst du denn, dass Aglaja, Zara und das ungeborene Kind sterben?«, erklang Kala.

Falak nickte. »Du hast recht. Helft mir, die Sachen zu packen.«

Aglaja packte schon, denn sie hatte alles mitgehört. Kleider, die wichtigsten Bücher, ein paar Erinnerungen, den Schmuck und das Essen. Sie war schnell fertig. Aber etwas fehlte ... Ja, genau, ihr Tagebuch. Wo war ihr Tagebuch?

»Aglaja, dein Tagebuch ist unwichtig! Hol Zara aus seinem Zimmer, uns bleibt nicht viel Zeit, der Inquisitor ist gleich hier«, sagte Kala.

Aglaja nickte. »Gut, ich hole ihn ...«

Sie machte die Tür auf, das Fenster stand weit offen. Zara war nicht mehr im Zimmer, er war verschwunden. Er war vor ihnen geflüchtet, einfach fort.

»Falak, Zara ist weg!«, schrie sie hysterisch. Die arme Mutter weinte vor Verzweiflung.

»Was? Was hast du gesagt? Er ist weg?« Falak kam

ins Zimmer.

»Das darf doch nicht wahr sein, das hat uns auch noch gefehlt ...«, sagte Sivan besorgt.

»Ich gehe ihn suchen ...«, sagte Falak. Er rannte schnell aus dem Haus und war fort.

Draußen wimmelte es nur so von panischen Menschen, weinenden Kindern und bellenden Hunden. Der Inquisitor hatte nicht nur zwanzig oder dreißig Männer ins Dorf geschickt, nein, es war eine ganze Armee.

»Wie lange schätzt du, bis wir die Seuche in ganz Devon beseitigt haben?«, fragte Coraline, während sie glücklich zusah, wie ihre Verwandten geschlagen, in große Käfige eingesperrt und schließlich angespuckt wurden.

»Viele, viele Jahre, mein Schatz«, antwortete der Inquisitor, der mittlerweile Coralines Ehemann war.

»Jonathan, siehst du den kleinen Jungen dort drüben, der sich mit seinen magischen Kräften wehrt?«, fragte sie lächelnd.

»Ja, den sehe ich«, antwortete er.

»Der Vater des Jungen besitzt einen wertvollen Stein, und mit dem werden wir nicht nur reich werden, sondern auch sehr mächtig ...«, erklärte ihm Coraline.

»Ich werde ihn für dich holen, mein Liebling. Wenn der Stein für dich so wichtig ist, dann erfülle ich dir deinen Wunsch.« Lord Jonathan streichelte Coraline sanft über die Wange.

»Einen besseren Ehemann kann man sich nicht wünschen ...« Sie neigte sich zu ihm und gab ihm einen flüchtigen Kuss.

»Ist er das?« Der Inquisitor richtete seinen Finger auf einen Mann.

»Ja, das ist der Mistkerl, steig schnell auf dein Pferd, den schnappen wir uns.« Coraline stieg mit Lord Jonathan auf ein Pferd und sie galoppierten los.

»Zara, da bist du ja ... Was fällt dir eigentlich ein? Wir müssen los, sonst töten sie uns ...«, schrie Falak.

Der Ort hier war zu gefährlich, überall wimmelte es von Soldaten.

»Ich wollte helfen und ...« Zara war verzweifelt.

»Komm, wir müssen fliehen ...« Falak sah flüchtig in die Ferne, zwei weiße Pferde kamen auf sie zu. ›Einer von denen ist der Inquisitor, aber wer ist die Frau mit der Kapuze?‹, fragte Falak sich. Er versuchte, sie zu erkennen. Als sie immer näher kamen, erkannte er sie schließlich.

Coraline.

»Was machst du hier? Du wurdest verbannt!« Falak riss die Augen weit auf.

Coraline stieg vom Pferd und warf Falak zu Boden.

»Lass meinen Vater in Ruhe!«, sagte Zara laut.

»Wie der Vater, so der Sohn«, murmelte Coraline vor sich hin.

»Woher weißt du, dass er mein Sohn ist?«, fragte Falak fassungslos.

»Falak, ich bitte dich, es gibt Fakten: Das Aussehen, wie er sich bewegt ... Außerdem war es nicht schwer, dieses Tagebuch deiner dummen Frau zu stehlen«, sagte sie grinsend.

»Du Miststück, wer gibt dir das Recht, andere Leute zu beklauen? Und erst recht meine Frau!« Falak kochte vor Wut.

Coraline spuckte auf ihn. »Und wer gab dir das Recht, mir den Stein zu nehmen?«, schrie sie schrill.

Ihre Augen funkelten vor Zorn. »Jetzt gib mir ... ich befehle es dir, du Narr ... Gib mir den Stein!«

»Niemals, Coraline, niemals werde ich dir diesen Stein übergeben!« Falak legte all seinen Stolz in diesen Satz. Doch Coraline wirkte auf ihn immer bedrohlicher.

Sie hatte viele Waffen bei sich: ein aus Gold geschmiedetes Schwert, drei Silberdolche und eine Lederpeitsche.

»Wenn du mir nicht den Stein gibst, dann ...«

Doch Falak unterbrach sie. »Dann was?«

Sie versuchte zu antworten: »Dann ... Das!« Coraline zog ihr Schwert blitzschnell aus der Scheide und mit nur einer Bewegung bohrte sie es tief in Falaks Brust.

Falak schrie auf vor Schmerz. Er kippte zur Seite, neben seinen fassungslosen Sohn.

Coraline lachte und kam Zara immer näher. »Na, kleiner Bastard, wie fühlt man sich ohne Vater?«

Zara zitterte, doch sah er der Frau ängstlich in die Augen. »Was willst du von mir?«

»Was ich will? Ich will den Stein, den dein toter Papa hat«, sagte sie mit einer kindlich kalter Stimme.

Zara fing an zu weinen. »Ich habe keinen Stein gesehen ...«, schluchzte er.

Coraline kam immer näher, bis er ihren Atem riechen

konnte. Er roch nach Blut – nein, nach Rache.

Aus ihrem Gürtel nahm sie einen Dolch und hielt ihn an Zaras Hals. Sein Herz begann, schneller zu schlagen, er hatte panische Angst zu sterben.

»Das, was ich jetzt mit dir machen werde, wirst du nie mehr in deinem leben vergessen«, sagte sie grausam.

»Coraline, Liebes, lass es für heute gut sein mit dem Töten, der Kleine hat dir doch nichts getan!« Jonathan stieg vom Pferd und fasste Coraline an die Taille. »Der Junge hat noch sein Leben vor sich ... Er wird doch nach vielen Jahren vieles vergessen, das Zaubern wird er wahrscheinlich auch verlernen ...«

Er versuchte, Coraline zu küssen, doch sie stieß ihn von sich. »Jonathan, ich will den Stein haben, und wenn ich den nicht bekomme, dann will ich wenigstens dem Hexenkind eine böse Erinnerung bescheren ... Erinnere dich verdammt, er stammt von Hexen, den Kindern des Teufels ab«, schrie sie laut.

»Gut, gut, aber nur eine Narbe, verstanden?«, sagte er.

Coraline nickte böse. Zara verstand nicht, was sie mit ihm vorhatten. Coraline kam ihm wieder näher. Seine Angst stieg und stieg.

»*Gutta cavat lapidem*«, sagte sie.

Mit ihrem Dolch strich sie ganz schnell über seine Wange und hinterließ eine große Wunde. Zara schrie hysterisch auf vor Schmerz und weinte hemmungslos. Doch Coraline hatte kein Mitleid mit ihm, stattdessen starrte sie die blutende Wunde an. Aus der Wunde rann eine dicke Linie Blut. Schnell lief es Zara das Kinn hinunter. Immer noch wie gebannt starrte sie den weinenden Zara an.

Endlich befreite sie sich aus ihrer Starre. »Hm ... Ich liebe Blut ... Dir macht es doch nichts aus, wenn ich es kurz probiere, oder?« Coraline packte Zara am Kragen, schließlich leckte sie an der Wunde.

Zara kreischte noch lauter. Ihre Zunge brannte wie Feuer auf der Wunde. Als würde ihr Speichel nur aus Gift bestehen. ›Sie ist ein Monster, ein unheimliches Monster!‹, dachte Zara verzweifelt.

Endlich ließ sie Zara los, aber sie wandte sich nicht endgültig ab. Coraline sieg auf ihr Pferd und zeigte Zara noch einen spöttischen Blick. Dann ritt sie mit ihrem geliebten Inquisitor über die große Wiese und war mit ihm fort.

Im Wald hatte der Inquisitor sein Lager mit den Soldaten aufgebaut.

Zara weinte noch mehr, als er seine Heimat anschaute. Alles stand in Flammen und überall herrschte Leid. Aber sie waren fort, endlich waren Coraline und der Inquisitor fort.

Alles war von den Soldaten niedergebrannt worden. Überall lagen Leichen von unschuldigen Frauen und Kindern. Alles war zerstört worden, alles, was ihm lieb war, und das nur, weil sie anders waren als die Menschen.

Aber das Schlimmste war, seinen Vater, den er so sehr geliebt hatte, auf dem Boden in diesem Zustand zu sehen.

Als er fortgehen wollte, hörte er eine schwache Stimme. »Zara ... komm zu mir ...«, sagte Falak mit seiner letzten Kraft.

»Papa, du lebst noch ...« Zara stotterte, er begriff auf einmal, dass es doch noch Hoffnung gab.

Falak ergriff Zaras Hand und schaute ihm tief in die Augen. »Hör mir gut zu, Zara ... Ich schenke dir diese Kette ... Du musst den Stein gut hüten und darfst ihn niemandem geben oder zeigen! Hast du mich verstanden?«

Zara nickte ein paar Mal und wischte sich die Tränen weg. »Ist gut, Vater«, versicherte er ihm.

»Sag deiner Mutter, dass ich sie liebe und dass du der neue Steinschützer bist.« Seine Stimme klang immer schwächer, doch er zögerte nicht länger und sprach weiter: »Lauf nach Hause, Zara, lauf, renn so schnell du kannst und sage deiner Mutter, dass Coraline mich getötet hat.« In Falaks Augen bildeten sich Tränen, noch nie zuvor hatte Zara seinen Vater weinen sehen. Seine Schmerzen wurden immer größer, doch er hob noch einmal seinen Kopf und küsste Zara auf die Stirn. »Ich liebe dich, Zara, vergiss meine Worte nie, ich liebe dich ...« Seine Augen schlossen sich endgültig, er war tot.

Falak war tot.

Zara legte seine Hände auf seine immer noch blutende Brust. Als er all das Blut auf seinen Händen sah, schluchzte er noch mehr. Zara hatte solch eine Grausamkeit noch nie zuvor in seinem Leben gesehen. Er war müde, verletzt und ängstlich. Doch er stand auf, er wollte nicht auch noch getötet werden.

Er begann zu rennen.

Zara wollte nur nach Hause zu seiner Mutter, eine warme Suppe aus dem Teller schlürfen, wie er es sonst in der Küche machte.

Immer wieder sah er die gleichen Bilder: Zerschlagene Köpfe, Leichen von Frauen und Kindern, Druiden und Hexen, die in große Käfige eingesperrt und mit großen Karren in Richtung Wald transportiert wurden ...

Einfach schrecklich.

Schließlich rannte er die große Weide entlang und sah sein Haus. Er war da, er war endlich da. Doch die Soldaten waren ihm zuvorgekommen und begannen, mit Fackeln das Haus niederzubrennen.

Zu seinem Glück entdeckten sie ihn nicht.

Dann sah er eine Kutsche. Dort saß Aglaja und sie weinte sehr. Verzweifelt rannte Zara der Kutsche hinterher. Er durfte die Kutsche nicht aus den Augen verlieren, es würde sonst sein Ende bedeuten. Sie waren schon weit weg auf der Landstraße.

»Mama, Mama, halt die Kutsche an, ich will einsteigen, bitte ... MUTTER!«, schrie er so laut er konnte.

Aglaja hörte die verzweifelte Schreie. Sie schaute in die Ferne und versuchte, das Kind zu erkennen.

»Ach du heilige Hekate ... Zara!«

Kala neigte sich zu Aglaja. »Was ist denn?«

Aglaja schaute immer noch schockiert. »Halt die Kutsche an, Sivan, halt die Kutsche an! SOFORT!«, schrie sie.

Die Kutsche hielt. Aglaja sprang heraus. »Zara! Zara, mein Schatz, komm her!« Ihre Stimme klang schrill und verzweifelt.

Zara streckte weinend vor Erleichterung die Arme auf, schließlich fing ihn Aglaja auf und umarmte ihn liebevoll.

»Warum bist du weggelaufen?« Aglaja strich ihm über sein Haar.

»Ich wollte das Volk beschützen.« Es tat ihm wirklich leid. Wenn er nicht weggelaufen wäre, würde sein Vater vielleicht noch am Leben sein.

»Du dummer, dummer Junge.« Sie küsste ihn zum tausendsten Mal.

Sie stiegen gemeinsam in die Kutsche ein. Zara war zu müde, um seiner Mutter zu erzählen, was passiert war. Er schlief gegen seinen Willen neben Alexander ein.

* * *

Er befand sich wieder auf dem Schlachtfeld. Coraline war vor ihm. Sie rammte das Schwert extra langsam in Falaks Körper. Zara wollte wegrennen, aber er konnte nicht, seine Beine waren wie gelähmt, als müsse er das alles sehen.

Coraline lachte nur. Das mörderische Lachen eines Monsters.

»Nein, NEIN!«, schrie er.

Auf seinen Händen klebte wieder das frische Blut seines Vaters. Wie gebannt stand er dort.

»*Gutta cavat lapidem.*« Es klang wie ein Gesang des Todes.

›Was bedeuten diese Wörter? Was für eine Sprache ist das?‹, fragte Zara sich ängstlich.

Und immer wieder wiederholte Coraline die unbekannten Wörter: »*Gutta cavat lapidem.*«

Der Horror war unerträglich. Coralines Zähne waren blutverklebt. Sie leckte das Schwert ab.

Warum musste er zuschauen? Was hatte Zara getan, um das ertragen zu müssen?

Etwas veränderte sich bei Coraline. Zara kreischte hysterisch. Coraline legte lachend ihren Kopf in den Nacken und entblößte ihre scharfen Zähnen. Sie hatte Reißzähne. Aber Zara konnte nicht wegrennen.

Coralines Lächeln verschwand, sie schaute Zara hungrig an und kam immer näher. Zara kreischte. Sie würde ihn umbringen, Coraline würde ihm die Kehle herausreißen. Dann packte sie ihn an seinen Haaren, küsste seinen Hals. »*Gutta cavat lapidem*«, wiederholte sie und biss fest zu. Der Kuss des Todes.

Alles wurde weiß. Zara öffnete die Augen. Da sah er sie wieder, die schöne junge Frau mit der Mondsichel.

Die Mondgöttin.

Seine Retterin.

»Hallo Zara«, sagte sie mit sanfter Stimme. »Du musst mir jetzt gut zuhören ...« Sie streichelte sein Haar. »Dein Traum ist wahr geworden, aber fürchte dich nicht, der Tod ist eine Illusion, eine geistige Erlösung«, sagte sie.

»Aber warum ich? Ich will den Tod nicht sehen, ich hasse ihn, wie ich Coraline jetzt auch hasse.« Seine Stimme klang traurig, gleichzeitig kalt.

Die Göttin lächelte. »Der Tod wird dir eines Tages Glück bringen, er wird dich stark machen ... Und mit dem Stein, den ich dir von nun an anvertraue, wirst du unbesiegbar werden!« Sie drehte eine Pirouette und lachte.

»Aber ...«, stotterte Zara.

»Kein ›Aber‹! Du bist dazu fähig, den Stein zu benutzen, dein Vater war es nun mal nicht ... Die Druiden hatten damals den Falschen erwählt, sonst wäre dein Vater nicht gestorben, er hätte sich damit schützen können.« In ihrer Stimme klang ein Hauch von Spott.

Zara ärgerte sich, er war sauer auf die Druiden. Wenn sie ihn nicht erwählt hätten, wäre er vielleicht noch am Leben.

»Aber was soll ich mit dem Stein machen?«, fragte er.

Die Mondgöttin lächelte. »Dein Volk beschützen.« Ihre Antwort war kurz und direkt.

»Ich weiß doch gar nicht, wie man mit dem Stein umgeht. Was soll ich denn jetzt machen?«

Sie lächelte wieder. »Du stellst zu viele Fragen, mein Sohn.«

Zara war endgültig verärgert. »Warum habe ich den Stein und nicht jemand anderes?«, fragte er laut fast schreiend und verzweifelt.

Ihr Lächeln verschwand. »Die Antwort liegt tief in dir verborgen.«

Sie beugte sich zu ihm. »Du hast nun genug geschlafen ... und nun ... Wach auf!«, zischte sie.

Zara hatte aber noch so viele Fragen, er wollte nicht gehen. »Nein, nein!« Er schüttelte stur den Kopf.

Grob legte die Göttin ihre Hände auf Zaras Schultern. »Wach auf, Zara, wach auf, WACH AUF!«

DER WOLF

Jemand schüttelte Zara heftig. »Wach auf, Zara, wach auf!«

Zara blinzelte. Er war wach, er war endlich wach.

Kala stand über ihm. »Du hast genug geschlafen, Zara ...« Sie klang streng. »Du hast schlecht geträumt, wir haben dich gehört.«

Er stand auf und legte eine Hand auf seine Stirn, sein Kopf brummte, es tat weh. Zara fühlte sich ganz fiebrig.

»Die Mondgöttin hat mit mir gesprochen ...«, begann er verwirrt.

»Ach, echt? Was hat sie dir gesagt?« Kala zeigte nur wenig Neugier.

»Dass ich der neue Steinschützer bin«, sagte Zara hart.

Kala war verblüfft. »Zara, das war doch nur ein Traum! Und außerdem hast du keinen Stein.« Sie lachte.

»Das ist nicht witzig, Kala. Vater hat mir gestern den Stein gegeben.« Ärger stieg in ihm auf.

»Schätzchen, du hast drei Tage lang geschlafen, du hast Fieber ... Und schau, du hast großen Hunger!« Sie legte die Hand auf seine Stirn. In diesem Moment begann sein Magen wie wild zu knurren.

Er schlug ihre Hand verärgert weg. »Wenn du mir nicht glauben willst, dann hier ...« Zara holte die Kette mit dem pechschwarzen Stein unter seinem Hemd hervor.

Kala staunte.

Dann erzählte er jedes Detail von dem, was passiert war: Coraline, der Tod seines Vaters ...

»Ach du Schreck, du sagst die Wahrheit!«, platzte sie heraus.

Zara schüttelte den Kopf. »Kala, ich würde dich doch niemals anlügen.«

Erst jetzt bemerkte Zara, dass die Kutsche stand. Die Pferde ruhten sich aus.

Kala gab ihm eine Scheibe Brot.

»Wo ist Mutter?«, fragte er.

»Hier in der Nähe ist ein See, dort ist sie und wäscht sich, so hatte sie es zumindest gesagt ...«, erklärte sie und schaute zu Boden. Auch sie war niedergeschlagen, ihr Blick so voller Trauer und Verwirrung. Kala konnte es auch nicht richtig wahrhaben, dass ihr Volk von christlichen Bestien quasi ausgelöscht worden war.

»Darf ich zu ihr? Wo ist der See?«, fragte Zara unwillkürlich.

Kala drehte sich um und zeigte mit dem Zeigefinger auf einen Baum. »Siehst du die Bäume dort drüben? Dort musst du links abbiegen, dann durchquerst du den kleinen Wald und dann bist du schon da.«

Zara nickte fröhlich, schluckte den letzten Bissen Brot hinunter und machte sich auf den Weg.

Schritt für Schritt ging er durch den Wald. Die Wunde auf der Wange brannte immer noch heftig. ›Wenn ich angekommen bin, dann werde ich mir die Wunde auswaschen‹, dachte er und ging weiter. Er dachte an seinen Traum und den schlimmen Vorfall mit seinem Vater. Zara war so verwirrt, er konnte nicht klar denken. Dann dachte er an die Zukunft. Wie sollte es weitergehen? In welches Land sollte er gehen? Aber was hätte er dort schon unternehmen können? Und wenn, würde es dort schöner als in Devon sein? In seinem Kopf herrschte völliges Chaos.

Dann dachte er an seine Mutter. »Oh nein ...«, sagte Zara laut. »So ein Dreck, ich habe mich verlaufen!«

Er saß tief im Wald fest und wusste nicht, wo er hinging. Zara hatte die Anweisungen von Kala völlig vergessen. Aber er hatte keine Angst, der Wald war sogar ein schöner Ort für ihn. Dann sah er einen umgekippten Baumstamm und setzte sich darauf. »Zara, denke nach, überlege gut, was du jetzt tust ...«, dachte er laut.

Nach einer Weile knurrte sein Magen. Sein Hunger war nicht gestillt. Er schaute sich um, ob er etwas Essbares finden konnte und entdeckte einen Beerenstrauch. Hungrig stand er auf und lief hin. Er nahm eine dunkelrote Beere und langsam führte er sie in seinen Mund und ...

Knack!

Erschrocken blieb er stehen und lauschte aufmerksam.

»Mama hätte in die Luft gerochen, um zu spüren, ob jemand anwesend ist ...! Mist! Warum habe ich in der Schule nicht aufgepasst?«

Er drehte sich um, doch er sah nichts. Zara zuckte mit den Schultern und machte dort weiter, wo er aufgehört hatte.

Er wandte sich wieder zur Beere. Doch bevor er die

dunkelrote Frucht in den Mund steckte, spürte er einen Atem hinter seinem Kopf. Irgendwas Großes roch an ihm.

Langsam drehte er sich um und starrte das große Wesen mit verängstigten Augen an. Es war ein Wolf. Ein gewaltig, großer Wolf.

»Spuck die Beere aus, mein Sohn, die sind sehr giftig …«, sagte er.

Vor Angst spuckte er die Beere aus und rannte schreiend weg. Ein Wolf so groß wie ein Pferd, der auch noch reden konnte? Das konnte doch nur Einbildung gewesen sein, oder?

Er rannte und rannte. Der Wolf war ihm ganz dicht auf den Fersen. Viele Zweige peitschten Zara ins Gesicht.

Dann übersah er einen großen Stock und fiel mit dem Gesicht auf dem Boden. Die Kruste der Wunde ging auf und es begann, wieder zu bluten. Zara fing an zu weinen. Die Wunde brannte wie am ersten Tag.

Er lag hilflos, verletzt und schlammbesudelt auf dem Boden. Stolpernd versteckte er sich hinter einer Tanne.

Der Wolf war nicht mehr hinter ihm.

Zara versuchte, mit seinen Händen die Blutung auf der Wange zu stoppen. Als er sie berührte, brannte sie noch mehr, Zara weinte lauter.

Um zu sehen, ob die Luft frei ist, drehte er sich um und sah niemanden. Wieder wollte er sich hinter dem Baum verstecken, doch vor ihm stand der Wolf. Es starrte Zara mit einer merkwürdigen Geste an. Panik überlief ihn.

Er wollte schon wieder wegrennen, doch der Wolf

stürzte sich auf ihn und hielt Zara mit seinen Klauen fest.

Jetzt schauten sich beide tief in die Augen.

»Warum hast du Angst vor mir, Zara? In deinen Träumen bin ich doch immer dein Freund gewesen ...«

Er erkannte die Stimme. Es war die Mondgöttin.

»Aber wie kannst du ein Wolf sein? Das geht doch ni...«

Die Göttin unterbrach ihn: »Genauer gesagt, bin ich eine Wölfin ... Und alles ist möglich, weil ich eine Göttin bin«.

Zara staunte. »Warum bist du hier?«, fragte er zitternd.

»Ich bin hier, um dir zu helfen. Du hast dich doch verlaufen, oder? Und wir wollen doch nicht, dass unser junger Steinschützer hier verlassen im Wald stirbt.«

Sie ließ ihn los. Zara stand auf und wischte sich seine Tränen ab. Er musterte sie mit großen Augen. Das Fell der Wölfin glitzerte im Licht der Sonne. Sie hatte goldbraune Augen, doch man konnte nicht sagen, welche Farbe ihr Fell hatte; es war entweder Braun oder Schwarz, doch an manchen Stellen schimmerte es in vielen Farben, es bildeten sich winzige Regenbögen darauf. Ihre große Ohren bewegten sich manchmal, wenn sie ein Geräusch wahrnahm.

Zara hatte große Lust, die Wölfin zu streicheln.

»Du armer Junge, deine Wunde blutet ... Lass mich sie heilen.« Langsam näherte sich ihre große Schnauze seiner Wange.

Ihr Atem war warm und roch nach Rosen. Sie steckte ihre Zunge aus und leckte an der Wunde. Wie durch ein

Wunder heilte diese. Zurück blieb nur eine lange, große und fast unsichtbare Narbe.

»Mehr kann ich nicht tun ... Die Wunde ist verheilt, aber die Narbe wird wohl bleiben«, sagte sie.

Zara konnte wieder lächeln.

»Komm, Zara, steig auf meinen Rücken, ich werde dich zu deiner Mutter führen!« Die Göttin stupste ihn nach hinten.

Endlich konnte Zara das schöne Fell der Göttin anfassen. Die Göttin bückte sich, damit der Junge aufsteigen konnte. Erst jetzt, als sie aufstand, bemerkte Zara, wie hoch es war. Er hatte ein wenig Höhenangst.

»Halte dich gut fest, Zara!«, sagte sie laut.

Zara nickte.

Und schneller als das Licht waren sie fort. Er schloss seine Augen und spürte, wie der Wind durch sein glattes schwarzes Haar blies. Ein herrliches Gefühl. Zara hielt das braunschwarze Fell in den Händen. Dann öffnete er langsam seine Augen und erschrak, weil sie sich einer kleinen Schlucht näherten.

Zara schrie: »Halt an, halt bitte an!«

Die Wölfin lächelte und rannte noch schneller. Sie rannte und rannte. Es war der letzte Schritt vor der Schlucht, Zara dachte, dass sie nun anhalten würde, aber sie tat es nicht. Stattdessen sprang sie – sprang so hoch sie nur konnte. Zara griff ihr Fell vor Angst noch fester.

Sie flogen für wenige Sekunden. Zara konnte es kaum fassen. Dann landete die Göttin elegant auf den Vorderpfoten.

Nun näherten sie sich dem Wald. Dort war es dunkel,

auch wegen der vielen Nadelbäume, doch da war noch etwas anderes, das den Wald so düster wirken ließ.

Die Göttin verlangsamte ihren Schritt, bis sie ganz stehen blieb. »Das ist einer der schrecklichsten Wälder hier in Devon ... Dort verstecken sich viele Kreaturen der Dunkelheit, hierher verbanne ich einen Teil der Menschenseelen, die bösen natürlich. Es leben nicht einmal Vögel hier ... Wenn du genau hinhörst, kannst du das Gejammer der Verdammten hören«, sagte sie düster, dann fuhr sie fort: »Den Weg sollten wir nicht gehen, es gibt andere, bessere Wege, um an den See zu gelangen.«

Zara schwieg, wollte und konnte nichts sagen, nickte nur stumm.

Sie rannte los, den Waldrand entlang. Er schien unendlich zu sein, doch dann näherten sie sich einer Lichtung, und da war der See. Er war riesig.

»Hier kannst du aber alleine weitergehen, oder?«, fragte sie.

Dann bückte sie sich und ließ ihn hinunter gleiten.

»Danke für alles, Mondgöttin ...« Zara schaute zu ihr hoch und guckte ihr tief in die goldenen Augen.

»Bedenke, ich habe viele Namen, du kannst mich nennen, wie du willst ... Hekate, Diana, Nyx, Minerva ... Wie du willst«, sagte sie ruhig.

Zara nickte.

»Ich verrate dir etwas, Zara, bald wirst du eine große Überraschung von deiner Mutter bekommen, aber wie lautet das Sprichwort? Ohne Fleiß keinen Preis. Das heißt, du wirst etwas sehr Schwieriges erledigen müssen«, sagte sie.

»Was denn?«, fragte er müde. Erst jetzt erkannte er, dass die Göttin eine schwarze Mondsichel auf der haarigen Stirn hatte. Zara betrachtete sie kurz.

»Deine Mutter wird große Bauchschmerzen haben, du wirst dann dein Hemd ausziehen und es ihr unter ihre Beine legen, dann wirst du ihren Unterleib massieren, aber du darfst nicht hinsehen, verstanden?«

Zara nickte.

DER SEE

»Schau, dort drüben sitzt sie! Tröste sie, denn sie weint, und erzähle ihr, dass du der Steinschützer bist.« Sie schauten einander tief in die Augen.

Er nickte wieder.

Die Göttin stupste ihn leicht mit der Schnauze an. »Nun geh, mein Sohn ... und versuche, dich nicht in Schwierigkeiten zu bringen!«, sagte sie noch.

Bevor Zara sich bedanken und verabschieden konnte, war sie auch schon weg. Wie vom Erdboden verschluckt.

»Auf wiedersehen«, flüsterte Zara traurig, dann wandte er sich zum See und schnaufte einmal tief durch. Dann erkannte auch er eine undeutliche Gestalt am See. Er sah genauer hin. Es war wirklich seine Mutter. Aglaja.

Zaras Schritte wurden schneller. »Mama, Mama!«, schrie er vor Glück.

Aglaja drehte sich um. Weinend stand sie auf und umarmte ihn. »Ich dachte, du würdest nie wieder aufwachen«, sagte sie schluchzend. Sie drückte ihn fester. Aglajas Augen waren rot, ihre Lippen geschwollen. »Wie ist deine Wunde verheilt?«, vorsichtig fasste sie seine Wange an.

»Es war die Mondgöttin, sie ist mir im Wald in Form eines riesengroßen Wolfes erschienen und hat sie geheilt. Ich soll dir ausrichten, dass ich der neue Steinschützer bin.« Zara lag in ihren Armen.

Aglaja schüttelte den Kopf. »Das ist jetzt unwichtig ...«, begann sie und hielt inne. »Ich habe eine Überraschung für dich, dir ist sicherlich aufgefallen, dass ich einen dicken Bauch habe, oder?« Zara nickte. »Kannst du dich noch daran erinnern, als du in der Küche gesagt hast, dass ich nicht so viel essen soll? Aber ich habe nicht wegen des Essens zugenommen, sondern weil ich ein Kind bekomme. Das heißt, du kriegst ein Geschwisterchen, unser letztes Familienmitglied.« Sie hatte wieder Tränen in den Augen.

»Wie? Ich verstehe das nicht. Wie kommt das Kind in deinen Bauch?«, fragte Zara neugierig.

»Das ist schwer zu erklären, das ist einfach die Natur, weißt du?«, erklärte Aglaja.

Aglaja stand auf. »Komm ...« Sie streckte ihre Hand aus, Zara ergriff sie und stand ebenfalls auf. »Du bist ja ganz schmutzig, wir waschen uns ein wenig, einverstanden?«

Zara nickte und wiederholte: »Einverstanden.«

Beide begannen, sich auszuziehen und liefen ins Wasser. Es war sehr erfrischend. Als Zara seinen Kopf ins Wasser tauchte, schien es ihm, als würden all seine Probleme und die Traurigkeit mit einem Mal verschwunden sein – wie weggespült. Nun fühlte er sich wie neugeboren.

»Mama, die Mondgöttin hat mich noch gewarnt; sie hat gesagt, dass du große Bauchschmerzen bekommen und dass du mir heute noch mein Geschenk überreichen wirst«, sagte Zara stolz.

»Ich denke nicht, dass das wahr ist.« Doch Aglajas

Stimme klang verunsichert. Sie hielt ihren Bauch, in dem Moment strampelte das Ungeborene. Aglaja kicherte. »Schau, es strampelt.«

Zara bewunderte ihren Bauch. Es war sehr komisch zu sehen, wie sich überall am Bauch kleine Hubbel bildeten.

»Ich glaube, wir haben uns genug erfrischt, Kala und Sivan machen sich bestimmt schon Sorgen um uns«, sagte Aglaja mit einer merkwürdigen Geste.

»Gut«, meinte Zara und lief aus dem Wasser.

Schnell zogen sie sich an. Gerade, als Aglaja ihr Kleid wieder anzog, bemerkte sie, dass ihr Untergewand nass wurde. Oh nein! »Zara, ich glaube, dein Geschwisterchen kommt doch früher, als geplant ...« Ihr Gesicht verzerrte sich, als hätte sie einen Krampf und starke Schmerzen. Die Fruchtblase war geplatzt.

»Mama, ich habe ja gesagt, dass ich mein Geschenk schon heute bekomme. Nun wissen wir, was es ist. Komm, lass mich dir helfen«, sagte Zara.

Doch Aglaja stieß ihn weg. »Nein, nein, das wird schon wieder, lass uns gehen ...« Sie wollte laufen, doch sie schaffte es nicht. Die Schmerzen wurden jede Sekunde größer.

»Mama, das schaffst du nicht.« Zara war verzweifelt.

Aglaja konnte keinen Schritt weiter. Jeder war schmerzhafter als der vorherige. Erst stöhnte sie ein wenig, doch schon bald waren es hemmungslose Schreie. Die Schmerzen zwangen sie in die Knie.

Zara war verzweifelt. Was musste er tun? Was hatte die Mondgöttin noch gleich gesagt?

Aglaja schrie und schrie. Sie musste sich an ihre erste

Geburt erinnern, als Zara auf die Welt kam. Es war so schmerzhaft gewesen, aber diese Geburt war doppelt so schmerzhaft. In ihren Augen bildeten sich erneut Tränen. Es war unerträglich. Damals, bei Zaras Geburt, hatte die Hebamme gesagt, sie müsse pressen. Jetzt versuchte sie das Gleiche.

Zara erinnerte sich wieder daran, was er tun musste. Schnell zog er sein Hemd aus und legte es unter Aglajas Beine. Dann begann er, ihren Unterleib zu massieren.

Blut floss. Sehr viel Blut. Sogar Zaras Hände waren mit der klebrigen roten Flüssigkeit verschmiert. Es erinnerte ihn an den Tag, an dem Coraline Falak tötete, da war auch Blut an seinen Händen, Falaks Blut. Heute war es das seiner Mutter. Er durfte nicht hinsehen, aber er musste. Seine Ohren schienen zu explodieren, denn Aglajas Schreie waren unerträglich laut.

Aglaja ballte ihre Hände zu Fäusten. Sie bohrte ihre Fingernägel in ihre Handflächen.

Zara sah, wie sich auf Aglajas Stirn eine feine Ader vor Anstrengung bildete. Er wusste nicht, wie lange er sie schon massiert hatte, die Dunkelheit brach bereits herein.

»Zara, geh mir schnell ein nasses Tuch holen ... Bitte!« Flehend griff sie ihm an den Arm.

Zara rannte zum See, riss sich ein Stück Stoff von seiner Hose und machte es nass.

Plötzlich gab Aglaja einen so lauten Schrei von sich, dass es der ganze Wald hören musste. Dann wurde sie still, doch ein anderes Wesen begann zu schreien.

Das Schreien eines Neugeborenen.

Es war vorbei.

Zara rannte schnell zu ihr und gab Aglaja das nasse Tuch. In ihren Armen hielt sie das nackte, blutverschmierte Neugeborene. Aglaja wickelte es in ihren Mantel. Ihr Blick richtete sich auf Zara. Sie lächelte.

»Schau, dein Geschenk ...« Sie hielt inne. »Das Einzige, das von Vater übrig ist.« In diesem Moment lief ihr eine Träne die Wange hinunter.

»Darf ich es halten? Ich möchte ...« Zara konnte vor Freude kaum reden.

»Sei aber vorsichtig ...!« Aglaja übergab es ihm.

Das Neugeborene hörte plötzlich auf, zu schreien. Zara betrachtete es mit großen Augen.

»Was ist es denn?«, fragte er zögernd.

»Ein Mädchen«, antwortete Aglaja lächelnd.

»Darf ich ihr einen Namen geben?« Zaras Stimme war zittrig, auch er weinte vor Freude.

»Ja, natürlich, darfst du das, Zara.« Aglaja nickte zustimmend.

Zara erkannte, dass das Neugeborene schwarzes dichtes Haar hatte, im Mondlicht hatte sie ein unnatürliches Schimmern.

»Sie hat schwarzes Haar ... Soll ich sie dann Keriann nennen?« Immer noch hielt er die neugeborene Schwester in seinen Armen.

Aglaja zuckte erschöpft mit den Schultern. »Wie du willst, Zara.«

»Nein, das ist ein blöder Name... Vielleicht Dell, die Edle? Nein, auch nicht ... Oder Pandora, das Geschenk, weil es ja mein Geschenk ist! Nein, nein, nein, das passt auch nicht ...« Er hielt inne und überlegte weiter. »Ich weiß jetzt, wie ich sie nennen werde ... Nadia! Ja, genau so werde ich sie nennen, Nadia!« Er küsste seine Schwester auf die Stirn.

Aglaja lächelte. »Nadia, dieser Name gefällt mir sehr.« Sie schnaufte ein paar Mal.

»Sie ist die Hoffnung für uns, also nenne ich sie Nadia«, sagte Zara voller Stolz. »Nadia, meine Schwester!« seine Stimme klang voller Freude.

Nadia ..., es klang so entzückend wie die Bedeutung selbst.

Aglaja stand mühsam auf. »Komm, wir gehen ... Ich schätze, Kala wird einen ordentlichen Schrecken bekommen, wenn sie Nadia sieht.« Sie schwankte ein wenig, sie hatte immer noch Schmerzen.

Zara lief fast blind in den dunklen Wald hinein.

»Zara, vergiss nicht, orientiere dich mithilfe deiner Nase, wir Hexen können sehr gut riechen.«

Er nickte. Der Weg bis zur Kutsche war nicht sehr weit. Wie hatte er sich nur so im Wald verlaufen können? Es war so eine kurze Strecke. Sie liefen in den kleinen Wald hinein, kamen an einer Weide vorbei und sahen ein schwaches Licht. Die Kutsche. Zara sah die dunklen Gestalten, die immer deutlicher wurden. Kala und Sivan.

»Wo wart ihr? Wir haben uns große Sorgen gemacht!«, sagte Kala.

Aglaja lächelte müde. »Da ist etwas dazwischen gekommen.«

»Warte mal ... Zara, was hältst du da in den Armen?«

Sivan sprang aus der Kutsche.

Plötzlich fing das Kind an zu schreien.

»Meine Schwester«, meinte Zara kurz.

Kala rannte zu ihm und riss das kleine Wesen aus Zaras Armen.

»Ich weiß nicht genau, was ich dazu sagen soll«, sagte sie mit zitternder Stimme.

In diesem Moment fühlte sich Aglaja so erschöpft und müde, sie konnte nicht mehr. Sie wollte noch etwas sagen, doch ihr wurde schwarz vor Augen.

AN DER GRENZE VON DEVON

Langsam öffnete Aglaja die Augen.

»Psst...! Sie wacht auf!«

»Ja, sieh nur, sie blinzelt.«

»Sei ruhig, Sivan ...«

Aglaja stand auf, ihr Kopf schmerzte. »Wo bin ich?«, fragte sie.

Kala versuchte, beruhigend auf sie zu wirken. »In der Kutsche ... Du warst bewusstlos und bist hart mit dem Kopf auf den Boden aufgeschlagen. Wundere dich also nicht, wenn du eine große Beule hast.«

Die Pferde trabten, sie waren schon längst mit der Kutsche abgereist, ohne dass sie es gemerkt hatte. Aglaja erinnerte sich nur noch wenig an letzte Nacht. Aber, doch ... Sie konnte sich an etwas erinnern ... *Nadia*!

»Wo ist mein Baby?«, fragte sie besorgt.

»Sie schläft hier.« Kala lehnte sich zur Seite, das Neugeborene schlief tief und fest auf der anderen Seite der Sitzbank.

»Wo sind wir jetzt?«, fragte Aglaja.

»An der Grenze zu Devon!« Sivan lächelte.

»Und wo sind Zara und Alexander?« Aglaja massierte ihre Beule.

»Unter dir ...« Sivan setzte sich hin.

»Unter mir? ... Ach, ja richtig, unter mir ... Die Geheimschächte, genau!«, erinnerte sie sich. Aglaja bückte sich und öffnete den kleinen Schacht. Sie sah, wie Zara gemütlich schlief. Aglaja setzte sich auf und streckte sich, all ihre Glieder schmerzten.

»Wie fühlst du dich, Aglaja?« Kalas besorgte Stimme klang liebevoll, wie die einer Mutter.

»Na ja, müde, kraftlos und mein Unterleib tut ein wenig weh.« Aglaja schaute zu Nadia, die immer noch fest schlief.

Kala musterte sie einige Momente, dann wandte sie sich an Sivan. »Du lenkst ja gar nicht die Pferde. Wer tut es statt deiner?«

Sivan grinste breit. »Das wollte ich schon immer ausprobieren ...« Er lehnte seinen Kopf zurück und fuhr sich mit einer Hand durch sein schulterlanges, blondes Haar.

»Was ausprobieren?« Kala legte ihre Hände auf ihre Hüften.

»Ich habe die Pferde mit einem Zauber belegt, der ihnen aufträgt, nach Süden zu laufen«, sagte Sivan lässig.

Kala gab ihm eine Ohrfeige an den Hinterkopf. »Wir haben keine Zeit, um uns mit kleinen Zaubern zu amüsieren, Sivan. Ich bitte dich, wenn uns Menschen begegnen, dann denken die, dass eine Geisterkutsche durch die Gegend fährt!«

Sivan schnaufte tief durch. »Du verdirbst mir jeden Spaß«, murmelte er nur und kletterte vom Fenster aus zur Decke, dann nahm er die Zügel in die Hände und führte nun die Kutsche wieder.

»Ich würde dir raten, weiter zu schlafen, aber jetzt, wo

du richtig wach bist, können wir uns schön unterhalten«, sagte Kala mit ernster Miene.

»Gut, über was sollen wir denn reden, Kala?« Aglaja schaute kurz aus dem Fenster.

Kalas Blick wurde inniger. »Über Zara.«

* * *

»Zara, komm her! Höre auf mich!« Das Wispern der Frau wurde immer deutlicher. Aber es war kein wirkliches Wispern mehr, es war eher ein Gesang.

Zara drehte sich um und sah das Meer. Jetzt wurde ihm etwas klar. Er träumte. Am Horizont stieg langsam die Sonne empor. Eine Wolke in Form einer wunderschönen Frau streichelte die kleinen Sonnenstrahlen. Sie sang ein bekanntes Gebet, dass Aglaja immer vor dem Schlafen mit ihm betete. ›*Der Ruf der Göttin*‹.

Erwache einer, erwache alle und höret den Ruf der Göttin erschallen, freut euch, freut euch, erhebet die Stimmen und lasset unsere schöne Mutter Erde mit Magie, Liebe und Fröhlichkeit sich füllen.
Lasst uns trinken.
Lasst uns singen.
Lasst uns glücklich feiern, die ganze Nacht.

Es war die Göttin, da bestand kein Zweifel. Zara setzte sich auf den weichen Sand und genoss das schöne Schauspiel der Wolken. Die Mondgöttin hatte eine unfassbar schöne Stimme. Man konnte sie nicht beschreiben. Sie war so hübsch, ihre Haut strahlte. Mit ihren wunderschönen Augen verzauberte sie die Welt.

Die Göttin streckte eine gigantische Wolkenhand aus. »Komm, mein Junge, setz dich auf meine Hand.«

Zara gehorchte aufs Wort. Die Hand hob ihn hoch.

»Zara, ich weiß, dass das jetzt wunderschön ist, aber du musst aufwachen.« Sie hielt inne. »Deine Mutter erzählt Kala etwas sehr Wichtiges.«

»Nein, das will ich aber nicht.«

»Du musst aber.«

Zara schüttelte den Kopf. »Nein, ich werde nicht aufwachen!«

Die Stimme der Göttin verdüsterte sich, sie wurde kalt und böse. »Gut, wenn du nicht freiwillig deine Augen öffnest, werde ich es gerne für dich tun!«

Alles wurde schwarz.

* * *

Zara schlug seine Augen auf. Durch ein paar Löcher sah er Aglaja, Kala und seine Schwester Nadia. Sie redeten leise. Neben ihm schlief Alexander.

»Meinst du wirklich, es wäre besser, wenn wir ihm den Stein wegnehmen?« Verunsichert kratzte sie sich am Kopf.

»Ja natürlich, ich meine, nur weil Falak ihm ihn gegeben hat, bedeutet es noch lange nicht, dass er der Steinschützer ist, oder?«.

»Ach, ich weiß nicht, Kala, er hat solche Träume und ich glaube ihm auch, dass er Kontakt mit der Göttin hat.«

»So ein Unsinn, keiner weiß, wie sie aussieht, keiner hatte jemals Kontakt mit der Göttin.« Kala holte tief Luft.

»Dann ist mein Sohn einer der Ersten.« Verärgert faltete sie ihre Hände.

»Glaub nicht an diesen Unsinn, du musst jetzt nur den Tod von Falak verarbeiten, dann denkst du schon ganz anders.« Kalas Stimme wurde einfühlsamer.

»Glaube mir, Kala, der Tod von Falak ist nicht nur schwer und traurig, mir ist schon klar, dass ich ohne ihn zurecht kommen muss, und ich verliere wegen Zara nicht den Verstand.« Ihr lief eine Träne übers Gesicht.

Zara war sauer, man bezeichnete ihn als Lügner.

»Oh nein, den Stein werden sie mir nicht wegnehmen!«, dachte er.

Schon bald schlief Aglaja ein.

DIE KOLONIE DES INQUISITORS

Spät am Nachmittag hielt die Kutsche an. Sie machten eine Pause. Zara hatte schlechte Laune.

»Du hast ja richtig viel geschlafen, Zara.« Gerade das fehlte ihm noch; Kala ...

»Guten Nachmittag«, sagte er nur grimmig.

»Was ist denn mit dir los?« Kala streckte sich ein wenig.

»Gar nichts, wieso?«

»Du hast doch immer so gute Laune, und ...« Kala strich ihr dunkelblondes Haar zurück.

»Warum sagst du mir nicht gleich, dass du mir den Stein wegnehmen willst?«, platzte es plötzlich aus Zara heraus. Sein Gesicht verzerrte sich.

»Es ist doch nur zu deinem Besten, du bist doch nicht wirklich der Steinschützer. Dein Vater hat dir den Stein doch nur geschenkt, er gehört aber nicht dir, weil du kein Steinschützer bist.« Kalas Stimme klang ganz ruhig.

Aglaja kam mit Nadia aus der Kutsche heraus. »Was geht hier vor sich?«, fragte sie besorgt.

Vor Wut hatte Zara schon Tränen in den Augen, er hatte einen dicken Kloß im Hals. »Mama, tu doch etwas, sie will mir meinen Stein wegnehmen!«, schrie er.

Aglaja musterte ihn ein paar Mal, sie schwiegen sich lange an. »Kala hat recht, gib ihr den Stein«, sagte sie dann nur.

Die Tränen liefen ihm jetzt übers Gesicht »Niemals werde ich euch meinen Stein geben.« Zara lief weinend in den Wald. Sein Herz brannte. Warum glaubte ihm niemand? Er war so traurig und verletzt. Zara wollte jetzt nur noch eins, mit der Mondgöttin sprechen. Vielleicht, wenn er durch den Wald irrte, würde ihm wieder die Göttin erscheinen und alles wieder in Ordnung bringen. Er hätte sie vielleicht überreden können, sie ihrer Mutter und Kala vorzustellen.

»Kala, du bleibst hier, ich laufe ihm hinterher ...«, sagte währenddessen Aglaja.

Ihr Herz raste. »Zara!«, schrie sie nur. Aglaja verschwand auch mit dem Kind im Wald.

»Zara! Zara, wo bist du?« Das Kind in ihren Armen fing an zu weinen. »Schhh ... Ganz ruhig, meine Kleine, weine nicht ...« Sie legte den Mittel- und Zeigefinger auf die Stirn Nadias, sprach einen kleinen Zauberspruch und ließ sie einschlafen.

Schnell rannte sie weiter. Aglaja hatte ein ungutes Gefühl im Bauch. Sie roch in der Luft: Ein Schrei, böser Mann, Waffengeklirr, Zara ... Es waren nur kleine Bruchteile in ihrem Kopf, die sie aufnehmen konnte. Sie spürte es. Die Gefahr war ihr nahe. Aglaja schaute sich um und rannte weiter.

»Mama, Hilfe!«, vernahm sie da. Es war Zara. Aglaja konnte ihn erkennen und rannte wie blind zu ihm. Dann erkannte sie, was vor ihr stand: Die Armee des Inquisitors.

Die Soldaten erblickten die Frau. Schnell entrissen sie

ihr das schlafende Kind und fesselten sie.

»Lasst mich los, ihr elenden Bastarde!«, schrie sie schrill.

Zara wehrte sich, doch die Soldaten waren viel zu stark.

Aus einem Zelt kam der Inquisitor zum Vorschein. Er ging auf Zara zu. »Nun, so schnell sieht man sich wieder, Hexenkind, das muss wohl Schicksal sein ... Weißt du noch? Wir sind uns vor vier Tagen begegnet«, erwiderte der Inquisitor gefühllos. Er hielt inne. »Ich frage dich jetzt ganz höflich ... Wo ist der Stein?«

Zara schaute ihn hasserfüllt an. »Ich werde auf deine dumme Frage nicht antworten, Hexenjäger ... Ich sage doch, ich habe keinen Stein, und wenn ich ihn hätte, würde ich ihn dir nicht geben ...« Zaras Augen funkelten wie Flammen.

»Wir wollen nicht unhöflich werden, oder? Vor einem Inquisitor muss man mit Respekt reden ... Oder willst du lieber, dass ich meine Frau, Lady Coraline, aus ihrem Zelt hole?« Er flüsterte fast vor Zorn.

Aglaja konnte nicht fassen, was sie gerade gehört hatte, der Inquisitor hatte Coraline tatsächlich geheiratet.

Sie mischte sich ein: »Habt ihr eigentlich keinen Verstand, Herr? Lady Coraline benutzt euch nur, um ihre Wünsche zu erfüllen! Ihr seid so blind vor Liebe, öffnet bitte eure Augen!«

Der Inquisitor trat näher zu ihr heran und schlug ihr ins Gesicht.

Aus dem gleichen Zelt wie zuvor der Inquisitor kam Coraline heraus. Zaras Alptraum verwirklichte sich wahrscheinlich zum zweitem Mal.

Sie kam auf Zara zu. »Spuck es doch einfach aus: Wo ist der Stein? Wenn du es mir nicht sagst, kleiner Bastard, werde ich dich auf der Stelle umbringen, also ... Hast du mich verstanden?«, schrie sie und packte ihn am Kragen.

»Zara ...« In Aglajas Hals bildete sich ein dicker Kloß.

Coraline wandte sich zu ihr und funkelte sie böse an.

Sie schaute zu einem Soldaten: »Fesselt sie ... Schändet sie, macht mit ihr, was ihr wollt, aber später soll sie mit den anderen Hexen auf dem Scheiterhaufen brennen.«

Zaras Herz schlug schneller vor Panik.

Der Inquisitor wandte sich an Zara: »Ich weiß, wie schlimm es ist, noch eine Mutter zu verlieren, aber deine Mama ist ein böser Mensch und deshalb muss sie jetzt büßen ... Keine Sorge, wenn wir aufbrechen, wirst du eine bessere Familie finden, aber dafür musst du mir den Stein geben.« Er streckte liebevoll die Hand aus und machte die Situation nur noch schlimmer.

Zara weinte, er hatte Angst, seine Mutter würde brennen, und Coraline war hier.

»Weine nicht, Kleiner ...«, beruhigte er ihn. »Verrätst du mir, wie du heißt?«, fragte der Inquisitor.

Zara hatte keine andere Wahl. »Ich heiße Zara.«

Der Inquisitor gab ihm die Hand. »Ich heiße Jonathan.« Er lächelte schwach. »Komm, wir gehen in mein Zelt.«

Zara blickte ein letztes Mal auf Aglaja. Er sah noch, wie einer der Soldaten ihre kleine, schlafende Schwester einer dürren Frau mit einem schwarzen Umhang gab. Die Frau musste eine Dienerin oder eine Hofdame gewesen sein.

Sie nahmen ihm alles: seinen Vater, seine Mutter und sein Geschenk, seine Nadia. Sein Herz blieb nicht länger traurig, er empfand nur noch Hass für sie. Zu gerne hätte er die Soldaten, den Inquisitor und Coraline an der Stelle seines Volkes auf dem Scheiterhaufen brennen sehen.

Der Inquisitor zerrte ihn fast ins Zelt.

»Nein, wartet ...«, befahl Coraline währenddessen den Soldaten. »Ich möchte die Sache selbst in die Hand nehmen«, versicherte sie den Soldaten. »Fesselt sie und lasst sie auf dem Boden liegen, ich werde mich um die Hexe kümmern ... Nun geht.«

Coraline wandte sich zu Aglaja: »Oh, du musst jetzt aber traurig sein, oder? Ich leide mit dir«, sagte sie spöttisch.

Aglaja fand die Sprache wieder. »Damit kommst du nicht durch, Coraline.«

»Na, na, wo bleiben deine Manieren, Aglaja? So etwas gehört sich nicht ...« Sie trat vor und ohrfeigte sie. Dann wandte sie sich an den Soldaten. »Bringt sie an den Büße-Pfosten!« Ihre Stimme war kalt.

Ohne zu zögern ergriffen sie Aglaja und brachten sie an den großen Pfosten, ketteten sie daran und rissen an ihrem Kleid, sodass ihr Rücken blank und nackt war.

»So, du Miststück, beginne zu bereuen, was du getan hast!«, sagte Coraline kalt.

Coraline nahm eine lange, schwarze Peitsche aus ihrem Gürtel, hob sie in die Lüfte und ... »AAAH!!!« Aglaja schrie vor Schmerz. Die Peitsche riss blitzschnell ihre Haut auf und es begann zu bluten.

»Das ist dafür, dass du eine Hexe bist.« Wieder hob Coraline die Peitsche und schlug nach ihr. »Und das dafür, dass du Falak geheiratet hast.« Ihre Augen strahlten diesen vergnügten, mörderischen Zorn aus, sie griff die Peitsche fester und fuhr fort. »Das ist für diesen Bastard, den du in meine Welt geboren hast.« Und sie schlug weiter. »Das ist, weil ich dich hasse.« Und sie schlug noch einmal nach ihr. »Und das ist für dein schlechtes Benehmen!« Der letzte Schlag war gekommen.

Aglajas Rücken war nicht wiederzuerkennen. Vor Schmerz konnte sie nicht mehr klar denken. Schon sehr bald spürte sie keinen Schmerz mehr, ihr wurde schwarz vor Augen.

»Bring sie mir in das Zelt dort drüben«, befahl Coraline schnell.

Der junge Soldat gehorchte aufs Wort und zerrte Aglaja mit sich.

Coraline ging in das grüne Zelt. »Lasst uns jetzt alleine«, sagte sie kalt.

Der Soldat wandte sich zum Ausgang.

»So, da wären wir«, sagte Coraline vergnügt.

Aglaja saß auf einem Stuhl, gefesselt. Sie blinzelte und kam zu sich.

Coraline kicherte. »Ist es nicht schön, wenn man einmal in seinem Leben gewinnt?«, fragte Coraline.

Aglaja fand ihre Sprache wieder. »Wenn man bedenkt, dass du eine Hexe warst und nur durch einen

Völkermord gewonnen hast, da irrst du dich gewaltig, Coraline ... Denn die Götter werden sich gegen dich wenden, sie werden dich bestrafen und in die schwarze Unterwelt zerren, glaube mir!« Sie hielt inne. »... du hast deine Rache, ja, hier hast du sie, doch mein Sohn wird dich vernichten, damit kommst du nicht durch!« Aglaja spuckte zögernd die Wörter aus ihrem Mund. Einmal in ihrem Leben wollte sie ihr richtig die Meinung sagen.

Coralines Gesicht verzerrte sich zu einer bestialischen Fratze. Sie schlug Aglaja ins Gesicht, sogar mehrmals, sodass ihre Lippen blutig wurden.

Aglaja zuckte nicht einmal, so viel Stolz hatte sie in ihrem Herzen.

Coraline wandte sich zur kleinen Feuerstelle. Sie entzündete eine Fackel.

»Oh, wie sehr liebe ich das Feuer ...« Sie betrachtete kurz das Feuer, dann wandte sie sich an Aglaja. »Ich denke, du liebst es auch, oder?« Für einen Moment blickte sie Aglaja mit kindlicher Freude an, doch das änderte sich schnell.

Sie war nur mit Hass und Wut erfüllt.

»Bereue das, was du eben gesagt hast, Aglaja«, sagte sie kurz.

Doch Aglaja schaute ihr tief in die Augen, die Augen funkelten vor Zorn. »Niemals.«

Coralines Gesicht verzerrte sich wieder. Sie griff die Fackel fester. Schließlich ging sie auf Aglaja zu und hielt ihr die Fackel an den Arm. Aglaja schrie vor Schmerz auf. Ihre Haut brannte.

Coraline lächelte. »Mutig von dir, muss ich schon sagen. Du weißt doch, was ich jetzt mit dir machen werde, oder?« Coraline schaute Aglaja erwartungsvoll an.

»Nein, ich weiß es nicht, Coraline«, sagte Aglaja heiser.

Coraline runzelte die Stirn »Ich glaube, deine Mutter hat dich ohne ein Gehirn geboren ... Na, was sollte ich sonst tun? Dich töten, natürlich.«

Aglajas Herz begann wie wild zu klopfen. An Coralines Tisch lagen ein Silberkelch und ein Dolch. Coraline wandte ihre Augen kurz zu diesen Gegenständen und lächelte. Sie ging an den Tisch und griff nach den Objekten. »Schade, dass ich nicht Falaks Blut kosten konnte, aber dein Blut würde mich auch befriedigen ...«, sagte sie.

Aglaja wurde immer panischer. »Warum bist du nur so grausam? Was haben wir dir angetan?«

»Was ihr mir angetan habt? Ihr habt mir den Stein und die Magie weggenommen!«, sagte Coraline spöttisch. »Egal, das ist nun auch vergessen, ich habe so oder so ein besseres Leben.«

Da erklang dass Geräusch der Dolchklinge. Es ging so schnell. Der Dolch erwischte die Ader am Hals. Aglajas Blut spritzte überallhin. Coraline hielt den Kelch an ihren blutigen Hals und ließ das Blut hineinfließen. Aglaja zappelte wie wild, sie wollte sich aus den Fesseln losreißen, sie wollte nicht sterben, nicht so.

Coraline hatte genug von dem Gezappel. Sie griff den Dolch fester und rammte ihn in Aglajas Herz. Der Todesstoß. Es fühlte sich wie ein unendlicher Krampf an, ein unerträglicher Schmerz. Aglaja sackte zusammen. Sie war tot.

Coraline kicherte. »Soldaten!«, rief sie dann. »Bringt die Hexe zum Scheiterhaufen.«

Die Soldaten kamen und brachten Aglajas Leiche fort.

»Endlich kann ich das Blut trinken.« Fröhlich nippte sie am Kelch. Sie begann, das Blut mit Genuss zu trinken. Ihre Zähne färbten sich rot. Coraline ging auf ihr Bett zu, dort saß ihr dreijähriger Sohn, der mit ein paar Holzfiguren spielte.

»Elija, mein Engel, ich habe dir etwas mitgebracht!« Sie hielt ihm den Kelch vor den Mund.

Elija trank ohne Probleme daraus, als ob es ganz normal wäre, Blut zu trinken.

»Elija, ich will, dass du zu deinem Vater gehst, Mama hat noch viel zu tun«, sagte sie liebevoll.

Er gehorchte ihr aufs Wort, stand auf und ging aus dem Zelt heraus.

»So, hier wären wir ... Das ist mein Zelt«, sagte der Inquisitor.

Zara blieb still.

Der Inquisitor drehte sich um und sah seinen Sohn. »Elija, komm her!«, sagte er glücklich. Er umarmte ihn herzlich. »Schau, Elija, das ist Zara, ab jetzt ist er dein neuer Spielkamerad.« Der Inquisitor schenkte Zara ein Lächeln. Elija lächelte ebenfalls.

»Oh, du bist ja ganz verschmiert. Hast du wieder Mamas Siegel getrunken?«, fragte er eifrig.

»Ja, und dieses Mal war es das Blut einer jungen Frau«, antwortete Elija vergnügt.

Zaras Herz begann wie wild zu pochen. War es das Blut seiner Mutter? Und warum trank der Junge Blut?

»Elija, spiele mit ihm, einverstanden?«, sagte der Inquisitor ernst. Dann wandte er sich zum Gehen.

* * *

»Wo bleiben sie denn? Sie müssten doch schon längst hier sein«, sagte Kala.

Sivan regte sich nicht, er schlief immer noch gemütlich neben den Pferden.

»Sivan, wach auf!« Kala schüttelte ihn grob.

Endlich blinzelte er verwirrt und er hob seinen Kopf »Was ist los?«, fragte er noch schläfrig.

Kala seufzte. »Wie auch immer, ich gehe jetzt in den Wald und suche Aglaja, Nadia und Zara ... Du bleibst hier mit Alexander und wenn die Sonne hinter dieser Weide ist, wirst du mit der Kutsche nach mir suchen, einverstanden?« Sie schaute ihn erwartungsvoll an.

Sivan nickte. »Einverstanden.«

Kala beugte sich zu ihm und küsste ihn auf die Lippen.

Sivan lächelte. »Und ich dachte, ich hätte ein stures Tier geheiratet.«

Kala verdrehte die Augen. »Kann es sein, dass mein Ehemann nur Mist im Kopf hat? Nächstes Mal gebe ich dir keinen Kuss und werde nicht so wie jede Nacht meine Beine breit machen.«

»Und wenn schon, du könntest ja doch nie meinem Charme widerstehen, Und ich wette, dass mein Juwel jede Nacht, bevor sie schlafen geht, sich praktisch vor

Lust und Verlangen vor meine Füßen wirft. Nun denn, meine Süße, pass auf, was du sagst.« Sivan schüttelte vergnügt seinen Kopf.

»Du kannst ein echter Dummkopf sein, weißt du das? Und weil du so ein Dummkopf bist, liebe ich dich umso mehr.« Kala küsste ihn wieder.

»Ich dachte, du wolltest in den Wald gehen«, bemerkte Sivan.

Kala nickte. »Ja, sicher.« Sie streichelte Sivans blondes Haar.

»Dann geh«, erwiderte Sivan, hielt aber weiter ihre Hand fest.

Kala löste sich endlich von ihm. »Und vergiss bitte nicht, was ich dir gesagt habe.«

Sivan unterbrach sie: »Ja, ja, ich weiß, wenn die Sonne hinter der Weide steht, dann werde ich nach dir suchen.« Gelangweilt kratzte er sich am Bein.

»Gut«, erwiderte Kala kurz. Dann verschwand sie hinter den Bäumen des Waldes.

* * *

Zara starrte Elija böse an. »Warum trinkst du denn Blut?«, fragte er angeekelt.

Elija schenkte ihm ein Lächeln. »Trinkst du denn kein Blut?«

»Nein«, sagte Zara kurz.

»Meine Mutter sagt, das stärkt mich und gibt mir Macht, um der eigenen Rache einen Geschmack zu geben«, erklärte Elija und machte eine merkwürdige Geste.

»Und von wem war das Blut?«, fragte Zara besorgt.

Elija lachte. »Na, von einer Hexe, aber keine Sorgen, die ist jetzt tot, ich habe es selbst gesehen, wie Mutter sie getötet hat.«

Zaras Herz begann wieder zu klopfen. Und wenn es doch seine Mutter war? Nein, er wollte das nicht glauben, er wollte es einfach nicht. Er schüttelte den Kopf und spielte weiter mit den Holzfiguren.

* * *

Jeder Mensch und auch Hexen hinterließen ihren Geruch. So folgte Kala Aglajas Geruch. Kala kam auf die kleine Lichtung zu, auch sie roch die Gefahr. Schnell versteckte sie sich hinter einem Baum und beobachtete die Soldaten. Plötzlich kam einer der Soldaten genau auf sie zu. Was sollte sie jetzt tun? Zum Glück hatte sie noch ihren Dolch dabei. »Ich wusste doch, dass ich ihn irgendwann benutzen würde«, sagte sie leise.

»Ist da jemand?« Der Soldat kam immer näher.

Kala machte kurz die Augen zu, sie zählte: Eins ... zwei ... und ... drei ... Sie sprang aus ihrem Versteck heraus. »Ja, Soldat, ich bin hier!«

»Wer bist du?«, fragte der Soldat ernst.

»Dein schlimmster Alptraum«, antwortete Kala kalt.

Bevor der Soldat sein Schwert aus der Scheide herausziehen konnte, drückte ihm Kala ihren Dolch an seine Kehle. »Hör mir gut zu, Soldat«, sagte sie. »Du wirst mir deinen Mantel und deine Kreuzkette geben! Habe ich mich klar und deutlich ausgedrückt?«

Der Soldat gehorchte und tat alles, was sie verlangte.

»Soldat, schaue mir tief in die Augen«, sagte Kala ruhig.

Der Soldat blickte in Kalas braune Augen.

»Du wirst dich an nichts mehr erinnern können, was dir in diesem Moment geschehen ist, und wenn du aufwachst, wird dein Leben wieder seinen Lauf finden«, hypnotisierte sie ihn, dann legte sie ihre Finger auf seine Hauptschlagader und drückte fest zu. Der Soldat kippte bewusstlos um. Kala lächelte. »Gut, das wäre geschafft.«

Wieder begann Kala Aglaja zu suchen. Die Soldaten nahmen sie als gewöhnliche Hofdame war.

Ein großer Mann lief ihr in den Weg. »Hofdame, geh in mein Zelt dort drüben und passe auf meinen Sohn und das Hexenkind auf«, sagte er nur.

Es war der Inquisitor, da war sich Kala ganz sicher.

»Ja, Sir!« Sie kniete leicht.

Kala wusste, dass sie Zara im Zelt finden würde. Schnell lief sie zum Zelt und erblickte ihn. »Zara, warum machst du so einen Unsinn?«, fragte sie besorgt.

»Sie haben mich im Wald gefunden, ich kann nichts dafür«, antwortete Zara leise.

Elija wusste nicht, wovon sie sprachen.

Kala packte Zara am Arm. »Komm, wir müssen gehen«.

Zara war immer noch sauer auf sie, er zögerte.

»Zara geht nirgendwo hin!«, rief Elija.

Kala wandte sich zu ihm. »Ach, du heiliger gehörnter Gott, du bist der Sohn dieser Bestie Coraline!«

Elija schaute sie böse an.

Kala reichte es, sie packte Zaras Arm und zerrte ihn aus dem Zelt.

Draußen versammelten sich die Soldaten um die Scheiterhaufen. Die Hexen und Zauberer von Devon wurden auf langen Pfosten gefesselt, unter ihnen auch Aglaja. Zara sah sie, sein Herz blieb einige Sekunden stehen. Aglaja bewegte sich nicht. Das war eigenartig, denn die anderen kreischten, weinten und zappelten auf den Pfosten. Zwei Soldaten unterhielten sich, Zara hörte aufmerksam zu.

»Endlich haben wir diese Hexenpest besiegt, sie werden heute alle einzeln verbrannt.«

Einer der Soldaten lachte. »Morgen kommen die Proserpivien dran, die werden auch verbrannt.«

»Was sind Proserpivien überhaupt?«, fragte ein Soldat verwirrt.

Der andere antwortete mit leiser Stimme: »Diese Bestien sind eine Kreuzung zwischen Vampir und Hexe ... Sie nennen sich Proserpivien, das ist ihr ›biologischer Name‹, sind aber auch als Vampirhexen bekannt.«

Der Soldat lächelte. »Ach die. Ja, die können von mir aus in der Hölle schmoren ... Die sind auch nicht viel besser als die Hexen!«

Beide lachten laut.

Zara überlegte, er hatte noch nie was von Vampirhexen gehört. Aber jetzt war ihm alles egal. Er wollte seine Mutter retten. Aber wie? Aglaja war reglos, mit gesenktem Kopf am Pfosten gefesselt. Zara erblickte den Inquisitor. Er hielt eine Fackel in der Hand. Dann wusste Zara, was er damit vorhatte. Der Inquisitor zündete die Scheiterhaufen einen nach dem anderen an. Als er bei seiner Mutter anlangte, liefen ihm die Tränen über sein Gesicht. Die Mondgöttin hatte ihn im Stich gelassen. Sie werden alle sterben, dachte Zara verzweifelt.

DIE MACHT DES SCHWARZEN STEINES

Plötzlich hatte Zara Zorn und Wut in seinem Herzen. »NEIN!«, schrie er so laut er konnte. Die Soldaten drehten sich zu ihm um. Alle sahen, was mit ihm geschah. Zaras Blick wurde leer, seine Augen färbten sich neonweiß, von der Iris und der Pupille war keine Spur. Die Kette mit dem schwarzen Stein kam aus seiner Brust zum Vorschein. Zara erhob sich vom Boden und begann, in der Luft zu schweben. Sogar die Sonne war nicht mehr dieselbe, sie färbte sich schwarz und der Himmel rot.

Zara schwebte jetzt hoch in der Luft, sein Gesicht verzerrte sich. In diesem Moment wusste Kala ganz genau, dass er nicht gelogen hatte: Zara war der Steinschützer.

Die Soldaten holten vor Schreck schnell ihre Armbrüste hervor, und begannen, Zara wie wild mit Pfeilen zu beschießen.

»IHR HATTET NICHT DAS RECHT, MEIN VOLK IN GEFANGENSCHAFT ZU NEHMEN! AUF EUCH WARTET JETZT DER TOD!« Zaras Stimme klang anders, es war so, als ob jemand in seinen Körper geschlüpft wäre und durch ihn gesprochen hätte.

Um Zara blies der Wind, um ihn bildete sich eine Art mächtiger Orkan.

Zara schaute in die Menge, bis er Coraline entdeckte. Sein Blick blieb an ihr hängen.

»Mein Stein ...«, flüsterte sie.

Die Soldaten bombardierten Zara weiterhin, es nützte aber nichts. Im Flug wurden die Pfeile und Speere gestoppt und mit einer enormen Kraft wieder zurückgeschleudert.

Coraline konnte das Ganze nicht mehr mit ansehen, sie ging in ihr Zelt zurück.

Aus Zaras Hand kamen die Mächte der Natur. Das Wasser, das aus seiner Hand floss, löschte das Feuer der Scheiterhaufen.

Kala rannte unauffällig zu Aglaja und band sie los. Sie schüttelte Aglaja, doch sie bewegte sich nicht. Kalas Herz brannte. »Aglaja! Wach auf, bitte! Du darfst nicht sterben, nicht jetzt!« Doch es gab keinen Zweck mehr, Kala entdeckte den Schnitt in ihrem Hals. Es war zu spät. Kala kniete sich auf den Boden und wiegte die tote Aglaja in den Armen. Sie weinte hemmungslos.

»Kala, befreie uns bitte! Lass Aglaja jetzt für ein paar Momente ruhen und kümmere dich um die Lebenden!«, sagte eine der Hexen, die noch an den Scheiterhaufen gekettet waren.

Kala ließ Aglaja auf den Boden gleiten und küsste sie auf die Stirn. »Schlaf schön, mein Schatz!«, flüsterte sie leise.

Dann wandte sie sich den Scheiterhaufen zu. Ihr blieb nicht viel Zeit, die Hexen loszubinden. Es war nur eine Frage der Zeit, wann Zara zu seinem normalen Zustand wieder zurückfand.

Zara kämpfte nicht, er wehrte sich nur. Er konnte jedoch alles töten, was ihn in die Quere kam. Warum tötet er nicht Coraline und den Inquisitor?, dachte Kala.

Wahrscheinlich wusste Zara nicht, was er tat. Er war wahrscheinlich in diesem Moment nicht bei klarem Verstand. Er konnte bestimmt nichts bewirken, weil ihn sein Zorn, seine tiefe Wut und seine unfassbar starke Macht kontrollierte.

Das Wetter schlug um. Große schwarze Wolken zogen auf. Zaras Blick veränderte sich immer noch nicht. In ihm lag so viel Zorn. »WER MIR DIENT, VERBEUGE SICH JETZT!«, meinte Zara mit immer noch verzerrter Stimme.

Alle Hexen verbeugten sich. Die Soldaten wurden gnadenlos von Zara getötet. Manche von ihnen flüchteten in den Wald, andere Soldaten versteckten sich in ihren Zelten.

»Kommt doch raus, ihr Feiglinge, es muss doch nicht so schwierig sein, einen kleinen Jungen zu stoppen!«, schrie der Inquisitor laut.

Ein Soldat lief ihm in den Weg. »Pardon, Monsieur Inquisitor, aber dieses Kind kann man nicht aufhalten, ich würde euch raten, in den Wald zu fliehen. Es tut mir leid«, sagte er voller Scham.

Der Inquisitor schlug ihm ins Gesicht. »Soldaten, flieht in den Wald! Wir werden später wiederkommen!«, schrie der Inquisitor dann aber doch. Die Soldaten gehorchten.

Es war vorbei. Alles war vorbei. Zaras Zorn verschwand. Der Orkan, der um ihn tobte, war verschwunden. So leicht wie eine Feder landete er auf der Erde. Seine Augen nahmen ihre normale Gestalt an. Der Himmel war wieder normal, doch die schwarzen, dichten Wolken blieben. Es begann zu regnen.

Zara fühlte sich schwach. Was war bloß geschehen?, fragte er sich. Ihm war schwindelig.

Kala kam auf ihn zu. Sie weinte. Sie nahm Zara in die Arme. »Es tut mir so leid, Zara, so unendlich leid, ich glaube dir, dass du der Steinschützer bist, ich glaube dir. Es war ein Fehler, daran zu zweifeln!«, schluchzte sie.

»Was ist mit Mama?«, fragte Zara.

»Sie ist tot, mein Schatz, es tut mir so leid ...« Jetzt weinte sie wieder.

Zara lief eine Träne über sein Gesicht. »Und was ist mit Nadia?«

Kala lockerte ihre Umarmung. »Ich weiß es nicht, ich glaube, sie haben sie auch umgebracht.«

Jetzt wusste Zara, wie es sich anfühlte, alleine ohne Familie zu sein. Er sah sich um, er entdeckte nur tote Soldaten.

Aus dem Wald kam etwas. Es war Sivan mit der Kutsche.

»Sivan!« Erleichterung kam in Kala auf, sie fiel regelrecht über ihn her. »Oh, Sivan ...«, schluchzte sie nur. »Ich bin daran Schuld, dass Aglaja tot ist!«

Weinend wandte Zara sich ab.

Zara, befreie die Proserpivien, sie werden dich lehren, was du wissen musst, sagte eine männliche Stimme in seinem Kopf.

Es wurde dunkel.

Zara fiel auf, dass hinter dem Zelt des Inquisitors drei große Käfige waren. Langsam ging er auf sie zu und sah in den Käfigen dunkle Gestalten. Als er näher kam, verbeugten sich alle vor ihm. Zara fand das komisch und lächelte. Sie sahen alle hungrig aus, sie waren abgemagert und ihre Gesichter sahen ausgedörrt aus. Als würden sie anfangen zu mumifizieren. Er erschrak ein wenig, als er die Vampirhexen genauer ansah. Die Iris ihrer Augen war weiß, sie hatten aber dennoch winzige Pupillen. Ihre Haut war sehr bleich, man konnte jede Ader erkennen. Dann betrachtete Zara ihre Zähne. Sie hatten vier kleine scharfe Reißzähne.

In den Käfigen, befanden sich nicht nur Erwachsene sondern auch Kinder und Babys.

Ein dünner Mann mit Bart und langen braunen Haaren blickte Zara flehend in die Augen. »Oh, heiliger Steinschützer, habe Gnade mit uns und befreie uns, bitte! Ich verspreche dir, mein Volk wird sich beherrschen können und wird keiner Hexe das Blut aussaugen ...«, sagte er flehend.

Zara bekam Mitleid. »Ich habe viel Gnade, Herr, doch wie soll ich euch befreien?«, fragte er.

Der Mann zeigte mit seinem Knochenfinger auf den Boden. »Dort liegen die Schlüssel ...«

Zara hob sie langsam vom Boden auf. »Ja, genau die, Junge!«, sagte der Mann aufgeregt.

Nach und nach befreite er die Gefangenen aus den Käfigen. Als Zara den Käfig des Mannes aufschloss, sah er ein kleines Mädchen weinen. »Mama, ich bin durstig«, murmelte sie.

Als Zara näher kam, verwandelten sich ihre großen verweinten Augen in Hass, sie zog sich so schnell wie möglich in die Ecke zurück, entblößte ihre Zähne und fauchte ihn wie eine Katze an. Zara wich schnell zurück vor Schreck.

»Geh ein bisschen respektvoller mit dem Steinschützer um, Jolie!«, sagte eine Frau, die wahrscheinlich ihre Mutter war.

Letztendlich befreite Zara alle.

Als Zara dieses Mädchen mit der Mutter sah, fing Zara an zu weinen. Er dachte an seine Mutter.

Die Frau kam näher an ihn heran. »Was hast du denn?« Sie beugte sich zu ihm.

»Sie haben mir heute meine Mutter genommen, sie ist tot«, erklärte Zara.

»Aber du hast doch sicherlich noch deinen Vater, oder?«, fragte sie liebevoll.

»Nein, er ist auch tot, man hat ihn vor wenigen Tagen, als die Armee mein Dorf angriff, umgebracht«, schluchzte Zara.

»Hast du noch jemanden, mit dem du gehen kannst?«, fragte sie.

»Ja, die beste Freundin meiner Mutter«, antwortete er.

Die Frau umarmte ihn. Sie war auch eine Vampirhexe.

Der Mann trat nach vorne zu Zara. »Wie heißt du?«, fragte er ruhig.

»Ich heiße Zara«, murmelte er.

»Ich heiße Lucian und das ist meine Frau«, erklärte er lächelnd.

Zara riss sich zusammen. »Kommt, ich möchte, dass ihr mir folgt!«, sagte er.

Er blieb vor den Scheiterhaufen stehen.

»Kala, das sind jetzt Freunde von uns. Ich möchte, dass ...«, fing Zara an, doch ehe er den Satz zu Ende sprechen konnte, riss Kala ihn von ihnen weg. »Kommt keinen Schritt näher, ich warne euch!«, rief Kala hysterisch.

Zara befreite sich aus ihrem Griff. »Kala, sie sind Freunde, sie haben mir versprochen, euch nichts zu tun!«, rief er.

Lucian nickte zustimmend.

Zara wandte sich zu ihnen. »Nehmt alles, was ihr hier in den Zelten finden könnt, nehmt auch die Wagen und Kutschen mit.«

»Aber was ist, wenn wir Hunger haben?«, fragte eine der Vampirhexen.

»Schaut euch doch um, auf dem Boden liegen so viele tote Soldaten. Warum solltet ihr töten, wenn ich für euch bereits getötet habe?«, antwortete Zara klug.

Lucian nickte zustimmend. »Proserpivien, an die Arbeit! Tut, was er verlangt!«, befahl er.

Alle gehorchten. Sie plünderten alles. Beide Völker nahmen sich, was sie brauchten. Dann zogen sie mit den vielen Wagen in den Süden.

Die Nacht war kühl. Alles schien Zara gleichgültig geworden zu sein. Was war er schon ohne seine Eltern und seine Nadia? Nichts, dachte er. Es war einer der schwärzesten Nächte, die Zara je gesehen hatte. Er schaute zum Fenster der Kutsche hinaus. Kala war noch weg, sie musste die Verletzten in den großen Karren heilen. Doch zum ersten Mal schlief er auf Aglajas Platz, nicht in diesem engen ungemütlichen Schacht unter der Sitzbank. Alexander schlief fest auf Kalas Platz.

Wieder dachte er an Kala. Wann kam sie endlich? Er ballte seine Hände zu Fäusten. Nein, er wollte nicht weinen, nicht hier. Und nicht jetzt. Doch er konnte nicht anders, seine Tränen tropften wie der nasse Regen auf seine Wangen. Er hatte solche Angst.

Schluchzend stand er auf, ging zum kleinen Fenster und schaute hinaus. Er sah Kala in einem der Karren.

Fünf Karren waren vor der Kutsche, es waren mal sieben gewesen, doch jede Stunde starben viele Hexen und Zauberer an Verbrennungen und anderen Verletzungen, die vermutlich von der Folter her stammten .

Sie mussten eine oder zwei Karren im Wald zurücklassen, doch die Pferde nahmen sie mit, erinnerte sich Zara.

Zara schaute nach hinten. Vier weitere Karren. Die Vampirhexen waren nicht so zahlreich, dennoch brauchten sie zwei weitere Karren, die mit den toten Soldaten beladen waren.

Zara wandte seinen Blick ab und legte sich wieder auf die gemütliche Sitzbank. Er schlang seine Arme um Aglajas Kleider. Das rote Kleid aus Samt und schwarzer Seide an den Ärmeln. Zara roch daran. Ihr Duft war immer noch zart, wie er es in Erinnerung hatte. Er hörte immer noch nicht auf zu weinen, er konnte es einfach nicht.

Doch plötzlich wurden seine Augen schwer. Er konnte nicht mehr klar denken. Alles wurde schwarz ...

Zara wachte auf und erblickte Kala. Sie weinte. Immer noch hielt Zara Aglajas rotes Kleid in seinen Händen.

»Wo sind wir?«, fragte er leise.

»Wir sind südlich, an der Küste von Dorset.« Kala wischte sich ihre Tränen weg.

»Was werden wir jetzt tun, Kala?«, fragte er besorgt.

»Wir ruhen uns ein wenig aus und begraben die Toten, auch deine Mutter, Zara«, schluchzte sie »Auf jeden Fall kann uns hier niemand finden, fürs Erste sind wir in Sicherheit.«

Die Sonne ging auf.

»Komm, steig aus, es wird Zeit«, sagte sie traurig.

Kala nahm ihn bei der Hand und führte Zara aus der Kutsche.

Aus einer der Karren stieg Lucian aus. »Guten Morgen, Zara«, sagte er höflich.

»Guten Morgen, Lucian.« Zara lächelte schwach.

Etwas war dennoch anders an ihm. Seine Augenfarbe war nicht weiß, sondern braun und seine Reißzähne waren weg.

»Wundere dich nicht, dass ich wie ein Mensch aussehe«, sagte Lucian.

»Warum ist das so?«, fragte Zara.

»Warum? Na ja, weißt du, nachts werden unsere Zähne spitz und unsere Augenfarbe weiß, doch wenn die Sonne aufgeht, nehmen wir menschliche Gestalt an«, erklärte Lucian.

Zara nickte.

Lucian trat einen Schritt vor. »Ich wollte so oder so mit dir reden, Zara.«

Zara runzelte die Stirn. »Habe ich etwas Falsches getan?«

Lucian schüttelte den Kopf. »Nein, nein, ich wollte dir nur sagen: Wenn du uns brauchst, werden wir immer bei dir sein.«

Zara fiel ein Stein vom Herzen, er lächelte fröhlich.

»Und noch was«, Lucian hielt inne. »Wenn du größer bist, erlaube ich dir, eine Frau meines Volkes auszusuchen und mitzunehmen.«

»Wozu denn?«, fragte Zara.

»Na, um mit ihr glücklich zu werden ... Es soll ein Geschenk sein, ein Dank für das, was du für mich und mein Volk gemacht hast«, sagte Lucian dankbar.

»Gut!« Zara schaute ihm tief in die Augen.

»Ich hatte noch keine Gelegenheit, dir meine Familie vorzustellen«, fing Lucian an. Er führte ihn in eine der Karren. »Meine Frau Selin kennst du ja«, sagte Lucian stolz.

Die Frau mit den eisblauen Augen erhob sich und lächelte. Sie kämmte ihr langes schwarzes Haar. »Hallo«, sagte sie nur.

»Und das sind meine sieben Töchter«, sagte er.

Eine junge Frau erhob sich, sie hielt ein Neugeborenes in den Händen. Sie stieg aus dem Wagen und ging auf Zara zu. »Hallo, ich bin Juliette«, sagte sie höflich.

Sie ist vielleicht neunzehn, dachte Zara und musterte sie von Kopf bis Fuß. Juliette hatte hellbraunes, welliges Haar, das ihr bis zu ihren Hüften hinab fiel, und leuchtende goldbraune Augen. Sie trug ein langes, schmutziges, weißes Kleid. Dann betrachtete Zara ihre sinnlichen

Lippen. Noch nie hatte er so rote Lippen gesehen – so rot wie Blut, dachte er.

»Das ist meine jüngste Schwester Ellione ... psst ... sie schläft«, sagte sie leise.

Für einen Moment dachte Zara, es sei seine Nadia, doch das konnte nicht sein, denn Nadia duftete anders.

Juliette drehte sich um und zeigte auf ein anderes Mädchen, die ein paar Jahre jünger aussah als sie. »Das ist Luna, sie ist zwei Jahre jünger als ich«, sagte Juliette und schaute liebevoll auf sie hinab.

Luna erhob sich ebenfalls und verbeugte sich. Ihr langes Haar war so weiß wie das Mondlicht und ihre Augen glichen der ihrer Mutter. »Hallo«, sagte sie nur, dann setzte sie sich wieder hin.

Juliette zeigte auf ein noch kleineres Mädchen. »Das ist Pearl. Sie ist noch ein wenig jünger als Luna, sie ist zehn und für ihr Alter etwas schüchtern, sie redet nicht viel.«

Das Mädchen mit den wilden Locken errötete.

»Komm schon, Pearl. Sag hallo zu Zara, er tut dir doch nichts!«, ermutigte sie Lucian.

»Komm, auf ...«, sagte Selin ruhig.

Pearl erhob sich und stieg aus den Wagen.

»Hallo«, piepste sie. Nervös spielte sie mit einer ihrer Locken. Ihre Augen waren dunkelbraun, ihre Haare gold. Schnell stieg sie wieder in den Wagen und setzte sich neben ihre Schwester.

Juliette zeigte auf ein weiteres Mädchen. »Das ist meine viertkleinste Schwester Yule.«

Auch Yule erhob sich. »Hallo, Zara«, sagte sie fröhlich.

Lucian schien sehr stolz zu sein, er grinste nämlich.

Yule hatte nichts Außergewöhnliches an sich, sie hatte braunes kurzes Haar, trug auch ein schmutziges weißes Kleid und hatte rehbraune Augen wie ihr Vater.

Juliette wandte sich wieder an Zara. »Und das ist …«

»Juliette, ich möchte mich selber vorstellen, wenn ich bitten darf …«, sagte eines der Mädchen laut.

Ein Mädchen mit glattem schwarzem Haar erhob sich und stieg aus der Kutsche. »Ich bin Jordan«, sagte sie selbstsicher.

Zara schaute ihr in die Augen, er konnte sich nicht einmal darin spiegeln, sie waren schwarz, so schwarz wie eine stern- und mondlose Nacht. Ihr Haar glänzte wie das Gefieder eines Raben. Zara glaubte sogar einen kleinen Regenbogen darin zu sehen.

»Du siehst sehr hübsch aus«, sagte Jordan lächelnd.

»Danke«, murmelte Zara.

»Beachte ihren Charakter nicht, sie kann sehr aufdringlich sein, musst du wissen. Aber … Na ja, was soll man da sagen? Wir lieben sie eben wie sie ist …«, sagte Juliette und grinste.

Jordan schaute Juliette kurz böse an, dann wandte sie sich wieder an Zara: »Wie alt bist du?«, fragte sie.

»Ich bin sieben. Das sagt Kala mir jedenfalls«, antwortete Zara unsicher.

»Gut, ich bin neun, dann können wir mal miteinander spielen, oder? Oder bin ich dir zu alt? Wenn ja, ist auch gut …«, sagte sie und lächelte.

»Ja, gut, darf dann auch mein Freund Alexander mitspielen?«, fragte Zara.

»Je mehr Leute, umso mehr Spaß«, antwortete Jordan kurz, dann fuhr sie fort: »Und übrigens, das ist meine siebenjährige Schwester Jolie, ich glaube, du kennst sie schon, sie hatte dich vor ein paar Nächten im Käfig angefaucht«, sagte sie mürrisch. »Pass bloß auf, was du zu ihr sagst. Sie kann sehr böse werden. Einmal habe ich sie aus Versehen geschubst und dann hat sie mich gebissen, mit ihren Reißzähnen, hier am Hals!« Jordan tippte ihre Finger an ihren zarten Hals. »Einfach so ... Hamm!« Sie entblößte ihre spitzen Reißzähne und imitierte den Biss Jolies. »Grrr ... Ich meine es ernst, es war so beschämend für mich. Übrigens ist es eine Schande für uns Proserpivien, von einer anderen Vampirhexe gegen unseren Willen gebissen zu werden. Merke dir das gut, Zara ...«, flüsterte sie.

In diesen Moment stieg Jolie aus dem Wagen. »Jordan, hör auf, so einen Unsinn zu erzählen! Du hattest meine Puppe geklaut und mich weggeschubst!«, sagte Jolie verärgert, dann wandte sie sich an Zara. »Hallo, Zara.«

»Hallo, Jolie«, sagte Zara höflich.

»Es tut mir leid, dass ich dich angefaucht habe. Ich hatte so einen brennenden Hunger, ich konnte nicht anders. Ich habe meinen Hunger aber inzwischen gestillt, keine Sorge!« Jolie versuchte zu lächeln.

Jordan, die ihre Zähne wieder wie ein Mensch hatte, schaute sie böse an. »Ich glaube, jetzt haben wir uns alle vorgestellt. Sollten wir nicht frühstücken?«, sagte sie hochnäsig.

»In der Tat, Jordan, du hast recht«, sagte Lucian.

Zara bemerkte, dass Jolies schulterlanges braunes Haar goldbraune Strähnen hatte. Ihre Augen leuchteten golden im Sonnenlicht.

»Was esst ihr denn?«, fragte Zara nervös.

»Wir essen normales Essen, ein ganz normales Frühstück«, sagte Selin.

»Oh ...« Zara kratzte sich unter seinem Kinn.

»Was hast du denn gedacht, was wir essen? Blut? ... Nein, so früh am Morgen wird mir sogar schlecht davon.« Juliette lachte auf.

»Willst du vielleicht mitessen? Du schaust so ausgedörrt aus ...« Jordan nahm Zaras Hand.

Sie ist so aufdringlich!, dachte Zara.

»Das heißt ›verhungert‹, Jordan, merke dir das!«, zischte Juliette.

»Tut mir leid, aber wir sollten jetzt an den Strand gehen und die Toten begraben.« Zara strich Jordans Hand ab und seufzte.

»Aber ... Kommst du denn wieder?« Jetzt stieg Yule aus dem Wagen.

»Wahrscheinlich schon, aber ich habe eine andere Idee ...« Zara blickte alle hektisch an. »Warum kommt ihr nicht mit und begrabt mit uns die Toten? Wir brauchen nämlich ein paar gesunde Leute. Unsere können ja nicht richtig laufen, weil sie Verbrennungen an den Füßen haben ... Und dann könnten wir gemeinsam frühstücken. Dann könnt ihr auch Kala, Sivan und Alexander besser kennenlernen.«

Lucian blickte zu Selin. »Wir haben gesagt, dass wir immer für dich da sein werden, wenn du uns brauchst ...

Und mein Versprechen halte ich auch, also ...« Er wandte sich an seine Familie. »Los gehts!«, sagte er aufmunternd.

»Volk, kommt und lass uns unserem Schwesternstamm helfen!«, schrie Selin.

Aus den vielen Karren regten sich Gestalten. Dann, plötzlich, wie aus dem Nichts, standen sie vor Lucian.

Zara zuckte zusammen, als er einen Atem hinter sich spürte.

»Keine Angst, die werden dir nichts tun. Nur weil sie so schnell wie Blitze sind, sind sie keine Geister oder Ähnliches.« Lucian lachte. Zara nickte.

»Du musst wissen, dass wir sehr schnell sind. Menschen und Hexen können manche unserer Bewegungen nicht wahrnehmen, so schnell sind wir!« Jordan griff nach Zaras Arm und kuschelte sich ein wenig an ihn ran.

Zara errötete, er schaute Lucian flehend an.

Lucian lächelte vergnügt. »Ich glaube, Jordan mag dich sehr, Zara ... Enttäusche sie nicht!« Blitzschnell ging er zu Selin.

Zara konnte seine Bewegungen kaum wahrnehmen, es war zu schnell für sein Auge.

Selin sprach ein paar Worte mit Lucian, dann lächelten beide und küssten sich.

Jordan kuschelte sich immer noch an Zara. »Du bist sooo weich, Zara ...«

War das etwa ein Schnurren? Zaras Herz klopfte heftig, noch nie hatte er ein menschliches Wesen so perfekt schnurren hören und erst recht nicht ein Mädchen wie dieses.

»Jordan, hör auf zu kuscheln und lauf lieber weiter!« Die rettende Stimme Jolies klang laut hinter ihnen.

»Ach, du bist doch nur eifersüchtig, weil Zara nur mit mir spielen will!« Jordan wandte sich an Zara. »Stimmt's, Zara?«

Zara seufzte, er schüttelte den Kopf und ging weiter.

Sie gingen den kleinen Hügel hinunter und dann kam der Sand. Zara lächelte schwach, es ist so weich, dachte er.

»ZARA! Zara, da bist du ja, ich habe dich gesucht.« Kala kam mit erröteten Augen auf ihn zu. »Wo warst du denn?«, fragte sie.

»Bei Lucian und seiner Familie«, antwortete Zara ausdruckslos.

»Ich sagte, du sollst dich von denen fern halten. Habe ich dir denn in der Kutsche nicht gesagt, dass sie ...«

Zara unterbrach Kala schnell »... dass sie gefährlich sind? Ja. Ich weiß, Kala. Und ich habe dir gesagt, dass sie unsere Freunde sind. Sie sind sogar so freundlich, dass sie uns mit den Beerdigungen helfen wollen, sie sind keine Monster!« Zara kämpfte gegen seine Tränen an. Seine Augen glitzerten schwach.

»Zara, sie trinken *Blut!* Sie sind MONSTER, wilde Bestien, die töten!« Jedes Wort betonte Kala mit Abscheu.

Zara fühlte wieder dieses heiße Verlangen, um sich zu schlagen, Wut stieg in ihm auf. »Ich habe keine FAMILIE mehr, ich habe meine NADIA nicht mehr ... Die Einzigen, die mich bis jetzt verstanden haben, waren DIE VAMPIRHEXEN!« Zaras Stimme veränderte sich wieder, sie klang wie zu dem Zeitpunkt, als diese Macht seinen Körper übernahm. »UND WENN DU MEINE FREUNDE NICHT MAGST, HEIẞT ES NICHT, DASS ICH MIT IHNEN NICHT BEFREUNDET SEIN DARF!«, schrie diese Stimme in ihm.

Kala öffnete unwillkürlich ihren Mund. »Zara, hör auf damit!«, schrie sie.

Zaras Augen färbten sich wieder Neonweiß, dann begann er sich vom Boden zu erheben.

»ZARA! ZARA, HÖR AUF!« Kala wandte sich an die Proserpivien. »Helft ihm doch!«, schrie sie schrill.

Selin eilte schnell zu ihm und konnte gerade noch verhindern, dass er zwei Meter in die Höhe schwebte. Sie holte ihn herunter und hielt ihn in den Armen. »Beruhige dich, Zara, alles ist gut, sie hat es nicht so gemeint«, sagte Selin ruhig.

Zara beruhigte sich, diese Macht war wieder aus seinem Körper verschwunden. Sein Gesicht war blass. Er blickte in Selins eisblaue Augen, sie glänzten schön im Licht. Der Wind blies kühl über ihr schwarzes Haar.

Zaras Augen füllten sich mit Tränen, er hatte einen großen Kloß im Hals. Er griff Selins weiche Arme fester. »Sie wird nie wieder zurückkommen, oder? Nie wieder, habe ich recht?« Seine Tränen liefen ihm die Wangen hinab.

Selin schüttelte traurig den Kopf. »Nein, mein Schatz, ich fürchte nicht ... Aber ich denke, jetzt lebt sie ohne Schmerzen ... im Reich der Götter«, sagte sie.

»Ohne mich?« Zaras Stimme zitterte immer noch.

»Ja, ohne dich, aber jedes Lebewesen, das gut ist, kommt dorthin.« Selin streichelte sein glattes Haar.

»Selin?«

»Ja?«

»Bin ich böse?«

Auch Selins Augen glitzerten, dann fing auch sie an zu weinen. »Nein, du bist nicht böse, Zara, das bist du nicht.« Wieder streichelte sie ihn.

»Aber ich habe getötet ...« Hektisch blickte er in den Himmel.

»Das ist unwichtig ... Du hast Feinde bekämpft.« Sie wischte sich eine Träne weg.

»Selin?«

»Hm?«

»Seid ihr Monster?«

Selin zögerte. »Nein, nicht direkt ... Ich ... ich weiß es selber nicht, Zara.«

»Was ist, wenn der Inquisitor recht hatte, was uns Hexen und andere Wesen betrifft?« Zara schaute ihr tief in die Augen.

»Nein! Nein, Zara. Er hatte kein Recht, uns zu töten.« Eine Träne tropfte auf Zaras Gesicht.

»Selin?«

»Ja?«

»Ich bin sehr müde ...« Zara zitterte. »Kannst du mich zu meiner Mutter tragen? Ich will sie nur noch ein letztes Mal sehen.« Er schluchzte.

»Das kann ich tun, Zara.« Selin stand auf, sie hob Zara ohne Probleme hoch.

»Selin?« Sein Kloß löste sich, doch er spürte diesen splitternden Schmerz in seinem Herzen.

Selin blickte ihn erwartungsvoll an.

»Mein Herz tut sehr weh ... Was ist, wenn ich auch zu meiner Familie gehen will? Darf ich auch dorthin? Ich will diesen Schmerz nicht mehr haben, Selin ... Bitte ... mach, dass es weg geht!« Zara schaute sie bittend an.

»Er wird wieder weg gehen, doch eine große Narbe wird bleiben.«

»Das hat mir die Mondgöttin auch gesagt, als sie mir meine Wunde gesund geleckt hat.«

Sie standen jetzt vor dem Meer.

»Du hast Kontakt mit der Göttin?«, fragte Selin hoffnungsvoll.

»Ja, habe ich, ich habe sogar ... Ja, ich erinnere mich an meinen Traum. Ich war hier und die Mondgöttin hat zu mir gesprochen.« Zara lächelte schwach. Er hörte das leise Rauschen des Meeres. Dann machte er die Augen zu.

Selin rüttelte ihn. »Zara, wach auf, du darfst jetzt nicht einschlafen!«, sagte sie. Ihre kristallglänzenden Tränen liefen ihr immer noch die Wangen runter.

»Kannst du mich ins Wasser legen?«, fragte er schwach.

»Ja, das kann ich für dich tun.« Selin legte ihn vorsichtig ins Wasser.

Zara lächelte. »Es ist so erfrischend. Ich ... ich glaube, das hilft mir, meinen Schmerz zu heilen«, schluchzte er fast glücklich. »Selin, kannst du mich jetzt zu meiner Mama legen? Ich will sie unbedingt sehen!«

Selin hob ihn lautlos aus dem Wasser. »Wie sieht deine Mama aus?« fragte sie.

»Sie trägt ein grünes Samtkleid«, murmelte er.

Selin schaute zu Boden. Sechs Tote: zwei weibliche und vier männliche.

AGLAJAS BEGRÄBNIS

»Ist das deine Mama?«, fragte Selin leise.

Zara nickte.

Selin legte ihn neben sie.

»Hallo, Mama«, flüsterte Zara vor sich hin. Er hob seine zittrige Hand und streichelte ihr feuchtes Haar. »Sie sieht so aus, als schlafe sie tief und fest«, sagte er mit zittriger Stimme, und in diesem Moment fiel eine Träne aus seinen Augen.

Er wollte sie umarmen. Doch er war so schwach, so unheimlich schwach. Dann kroch er ein wenig im Sand, schließlich befand er sich wieder auf Aglajas Brust. Sie war so kalt, so leblos, dennoch sah es so aus, als schlafe sie tief und fest.

Zara schloss seine Augen. »Ich liebe dich, Mama.« Er umarmte sie fester. Er spielte mit einer ihrer nassen Locken. »Ich will nicht, das du mich verlässt!«, schluchzte er.

Ich werde immer bei dir sein, Zara. Ich werde dich immer lieben und über dich wachen, sagte eine Stimme in seinem Kopf. Es war tatsächlich die Stimme seiner Mutter.

Zara lächelte. »Und ich werde dafür sorgen, dass du für immer und ewig in meinem Herzen bleibst«, murmelte er.

War das wirklich sie oder träumte er bereits schon?

Diesen letzten Satz würde Zara nie vergessen, dass schwor er sich. Dann schlief er ein.

»Was sollen wir mit ihm machen, Kala?«, fragte Sivan traurig.

»Ich weiß es nicht.« Kala kuschelte sich an ihn ran.

Jetzt trat Lucian hervor. »Ihr wollt den Jungen doch nicht ewig auf der Toten liegen lassen, oder?«

»Nein, Ihr Narr!«, zischte Kala.

»Ihr könnt mich auch nur Lucian nennen, statt Narr!«, zischte Lucian zurück. »Auf jeden Fall kann ich mir das nicht länger ansehen, ich werde ihn jetzt zur Kutsche bringen!« Dann entfernte sich Lucian von den anderen.

Er ging auf den schlafenden Zara zu. Problemlos hob er ihn vom Boden.

Zara schlug die Augen auf. Er atmete schnell auf, als hätte er ein schweren Schock erlitten.

»Ganz ruhig, Zara, du bist in Sicherheit«, sagte Lucian ruhig.

»Lass mich bitte herunter, Lucian!«, stotterte Zara.

»Du bist noch viel zu schwach, um zu laufen, du musst zur Kutsche gehen!« Lucian wandte sich an Kala: »Es ist deine Verantwortung, meine liebe Kala, sage du mir, was ich tun soll.«

»Lass ihn herunter!«, befahl Kala kalt. »Tu, was er verlangt!«

»Gut.« Lucian setzte ihn vor Kala ab.

»Wie lange soll meine Mama noch im Sand bleiben? Hm? Wie wäre es, wenn wir sie jetzt gleich begraben?«, zischte Zara.

Lucian blickte zu einigen Männern seines Volkes: »Los, begrabt die Toten! Egal wie!«, befahl er streng.

Zara lief schnell zu seiner Mutter. Er betrachtete sie mit großen Augen. Dann entdeckte er den Ring, der an Aglajas Mittelfinger steckte. Schnell zog er ihn ihr aus. Und wenn schon! Was war schon Großes dabei? Es war eine Erinnerung an Aglaja, seine Mutter. Zara bewunderte diesen Ring. Der Stein in der Mitte war so rot, er leuchtete grell im Licht.

Kala kam angelaufen und legte eine Hand auf Zaras Schulter. Schnell steckte er den Ring in seine Tasche und funkelte sie böse an.

»Es tut mir leid, Zara, ich hätte nicht so gemein sein sollen. Kannst du mir verzeihen?« Kala strich sich über ihr braun weißes Kleid.

»Jeder macht Fehler, Kala, sogar ich«, gab er zu, dann umarmte er sie.

»Ich hab dich lieb, Zara«, flüsterte Kala.

Zara umarmte sie fester. »Ich dich auch.«

Jetzt begriff er, dass er doch noch jemanden hatte. Kala und Sivan hatten ihn ohne zu zögern aufgenommen, ohne zu meckern und ohne ihn wegzustoßen. Dafür sollte er ihnen dankbar sein. Da seine Familie tot war, blieben ihm nur noch Kala, Sivan und Alexander. Er wusste, dass Alexander einer der besten Brüder sein würde, den es gibt und Sivan auf ewig ein lustiger Ersatz eines Vaters bleiben würde.

»Kannst du danach mit mir zu Lucian gehen? Sie wollen dich kennenlernen und dann wollten wir miteinander frühstücken«, erklärte Zara.

»Mal sehen, Zara«, flüsterte sie.

Immer noch umarmten sie sich.

»Du magst sie wirklich, nicht wahr?« Kala lockerte ihre Umarmung und schaute ihm in die Augen.

Zara nickte. »Ja, ich mag sie sehr, Kala.« Er hielt inne. »Sie sind nicht so böse wie du denkst, sie benehmen sich wie normale Hexen, nur nachts verwandeln sie sich in diese Kreaturen, musst du wissen.«

»Wenn du das sagst, glaube ich dir, aber ich werde trotzdem misstrauisch ihnen gegenüber sein, Zara, sei mir nicht böse«, erklärte Kala.

Zara nickte lächelnd. »Aber was wird jetzt unsere Zukunft sein, Kala?«

»Unsere Zukunft?« Kala blickte in den blauen Himmel. »Das erkläre ich dir während der Fahrt, Zara, einverstanden?«

»Einverstanden«, wiederholte Zara sicher.

Lucian und die anderen Männer gruben tiefe Löcher in den Sand, und zwar mit bloßen Händen. Zara schaute ausdruckslos zu. Die Zeit schien ihm eine reine Illusion zu sein. Alles ging an ihm vorbei, alles schien gleichgültig geworden zu sein. Er starrte jetzt die Männer an, die Aglaja wegtrugen, und in diesem Moment lief ihm eine Träne herunter. Zara weinte wieder. Er schluchzte, er hielt sich an seinen Haaren fest, er kauerte auf dem Boden; er brach einfach so zusammen.

›Das ist doch nur ein böser Traum, ein ganz, ganz, ganz böser Traum ... Wenn ich jetzt die Augen schließe und mich fest konzentriere, dann werde ich in meinem gemütlichen Bett aufwachen und Mama, Papa und Nadia sehen‹, dachte er.

Doch es klappte nicht. Er schlug die Augen auf und es war alles wie vorher. Dann dachte er an die Worte der Göttin: *Der Tod wird dir eines Tages Glück bringen.*

›Oder so ähnlich ...‹, dachte er.

Jetzt sah er, wie Aglaja in eines der Löcher gelegt wurde. Zara traute sich, vor dem Loch zu stehen. Er schaute sie an. Es war so dunkel, dennoch erkannte er Aglajas feine Züge. Zaras Tränen tropften ins Loch und dann fühlte er sich auf einmal so schwach, so unendlich schwach. Seine Beine schienen so weich wie Honig zu sein und dann fiel er ... Er fiel in das tiefe Loch auf Aglaja. Zara war ohnmächtig geworden.

* * *

Er befand sich auf weichem Gras. Es war so weich und so warm unter ihm. Zara blickte zum Himmel hinauf. Alles war weiß geworden. Er stand auf und blickte um sich. Dann entdeckte er einen Mann, einen außergewöhnlichen Mann.

»Hallo, Zara«, sagte er freundlich.

Er blickte in seine rehbraunen Augen. »Wer bist du?«, fragte Zara ruhig. Zara betrachtete ihn von Kopf bis Fuß. Er hatte ein großes Hirschgeweih auf der Stirn, langes dunkelbraunes Haar und die Beine eines Rehs.

»Ich habe viele Namen, mein Sohn ... Manche nennen mich Cernunnos und manche auch Pan ... Ich bin der Sonnengott oder auch der gehörnte Gott ... Ich bin der

Gemahl und Sohn der Mondgöttin«, sagte er mit einer fast tierischen Stimme.

»Warum hat mir die Mondgöttin nichts von dir erzählt?«, fragte Zara.

»Na, weil ...« Er hielt verwirrt inne. »Ich weiß es auch nicht, Zara.« Der Sonnengott schaute ihm tief in die Augen. »Ich muss dir etwas ganz Wichtiges sagen, mein Sohn«, sagte er.

»Was denn?«

»Nur du hast die Macht, diese Coraline zu besiegen, Zara, und in deinen Händen liegt auch das Schicksal der magischen Wesen, hörst du? Du sollst sie alle retten, ich erkläre es dir nicht nur, nein, ich befehle es dir! Du wirst sie zwar nicht heute besiegen, auch nicht morgen, aber glaube mir, Zara, irgendwann ...«, sagte der Sonnengott ernst. »Und jetzt will ich, dass du es mir nicht so schwer machst, wie meinem Weib ... Ich meine, du liegst gerade auf der irdischen Dimension, ohnmächtig auf deiner Mutter, also ...« Er holte tief Luft, Zara wollte noch etwas sagen aber er konnte nicht. »Wach auf!«

Der Sonnengott nahm Zaras Kopf zwischen die Hände und presste seine Lippen auf Zaras ...

* * *

Zara wachte auf. Er keuchte. Dann berührte er mit seinen Fingern seinen Mund. Der Sonnengott hatte ihn tatsächlich geküsst. Alles um ihn war dunkel. Was war geschehen? Er lag auf etwas. Oh nein! Das durfte doch nicht war sein, er lag auf seiner Mutter.

»Tut mir leid, Mutter«, flüsterte er panisch.

»Hilfe ... Könnt ihr mich hier weg bringen?«, schrie er.

Lucian zeigte sich. »Bist du in Ordnung, Junge?«

»Kann man nicht so sagen, Lucian ... Ich lieg hier auf meiner toten Mutter«, rief er schrill.

»Ich komme jetzt herunter, hörst du? Ich werde dich herausholen ... Achtung ...« Er sprang einfach so hinunter. Zum Glück hatten die Männer die Grube breit genug gegraben, denn sonst wäre er direkt auf ihm gelandet.

»Was machst du mir für Sachen, Zara?«, murmelte er, dann schüttelte er unwillkürlich den Kopf.

»Komm, klammere dich an meinem Rücken fest, ich werde hinauf klettern«, sagte er und blickte nach oben.

»Ist der Sand nicht viel zu rutschig?«, fragte Zara.

»Die Grube ist neun Fuß tief, das heißt, ich springe fünf Fuß hoch und dort ist eine Wurzel, ich klammere mich dort fest und versuche, so gut wie möglich hoch zu kommen«, erklärte er ihm lächelnd.

Dann bückte er sich, Zara klammerte sich an seinem Rücken fest. Lucian sprang, er sprang so hoch er konnte, und er griff dann tatsächlich nach der Wurzel, die aus dem feuchtem Boden heraus hing. Dann grub er blitzschnell wie eine Kobra seine Hände in den Boden, um Halt zu bekommen.

Schließlich erblickte Zara das helle Licht der Sonne. Lucian hatte es geschafft ihn daraus zu holen.

»Danke«, murmelte er.

»Es gibt nichts zu danken.« Lucian strich sich über sein langes Haar. »Ich rate dir, dich auszuruhen, Zara.«

»Später vielleicht.« Zara schloss einige Momente seine

Augen.

»Nun, ich denke es wäre besser, sie mit Sand und Erde zu begraben«, sagte Lucian zu einen jungen Burschen.

»Junge, ich weiß, wie schwer es ist, seine Eltern zu verlieren, aber schau mich an ... ich lebe immer noch.« Lucian drückte Zara an sich. »Es tut mir leid«, flüsterte er.

Zara trat von ihm weg. »Danke Lucian.« Er weinte.

Die Männer schütteten die Gräber zu.

»Gute Nacht, Mutter«, flüsterte Zara.

Aglaja wurde jetzt für immer dort ruhen.

Kala legte eine Blume über die Gräber.

DAS PIRATENSCHIFF

Zara schlief neben Aglajas Grab. Mittlerweile wurde es schon Abend.

»Kala, richtig?« Selin schaute Kala freundlich an. »Darf ich dich etwas fragen?«

Kalas Blick war skeptisch. »Nur zu.«

»Ich wollte dich fragen, ob ich Zara kurz bei mir behalten kann. Ich kann seine geschwollene Augen heilen und wenn du willst, deine auch.« Sie lächelte.

»Ich denke nicht, dass das eine gute Idee ist«, zischte Kala kalt.

»Warum bist du so unbarmherzig zu uns?« Selin machte einen Schritt auf sie zu.

»Weil ich jederzeit damit rechnen kann, dass ihr mein Blut nehmt.« Kala wich unwillkürlich zurück.

Selin blickte Kala traurig in die Augen. »Wir beherrschen uns so gut es geht, aber du musst wissen, dass wir tagsüber so gut wie nie durstig sind.« Sie lächelte schwach und legte eine Hand auf ihre Schulter.

Kala zwang sich zu lächeln. »Gut«, sagte sie kurz und betrachtete Selins Hand, dann wandte sie sich wieder an Selin. »Ja, gut, wir werden jetzt bei dir vorbei kommen.«

Selins schwaches Lächeln entwickelte sich zu einem freundlichen, herzlichen und zufriedenen Lächeln. »Gut, sehr gut ... Habt ihr noch Vorräte?«, fragte sie besorgt.

Kala schüttelte den Kopf. »Nein, nicht so viele. Heute

haben die meisten von uns nichts gegessen, Zara auch nicht, vielleicht hat er deswegen immer wieder das Bewusstsein verloren.«

»Verstehe, komm, ich möchte Zara nicht ewig dort kauern sehen.« Selin eilte zu Zara, der vor Kälte in sich gesunken neben dem Grab Aglajas lag.

»Armes Ding, er tut mir wirklich leid. Wenn ich könnte, würde ich ihm alles geben, was er verloren hat.« Selin legte ihre Hand auf ihre Brust.

»Ja, Zara hat schon genug erlebt. Ich wünsche mir auch, dass er eines Tages wieder glücklich ist.« Kala kratzte sich am Kopf.

Selin hob Zara sanft vom Boden und streichelte sein schwarzes Haar. »Er ist wirklich ein wunderschönes Kind, nicht war?«

Kala nickte. »Das Haar und die Augen ähneln denen seines Vaters, doch die kleine Stupsnase, den sinnlichen Mund und sein markantes Kinn sind ganz die Mutter.« Sie lächelte, und bemerkte plötzlich, dass Selin nicht so blutrünstig und böse war, wie sie dachte.

»Hör mir zu, Kala, ich will dich nicht als Feindin haben, ganz im Gegenteil, ich möchte dich als gute Freundin betrachten.« Selin flehte sie fast an.

Kala lachte. »Wer weiß? Du scheinst mir nicht so zu sein wie ich dachte, vielleicht können wir ja beste Freundinnen werden ...«

»Das freut mich, dass von dir zu hören, Kala.« Selin schaute zu Boden. »Nur, ich hatte nie eine ›beste‹ Freundin. Alle Freunde, die ich bislang hatte, sind gestorben oder hatten einfach zu viel Angst vor mir«, erklärte sie.

»Weißt du was?« Kala lächelte immer noch. »Ich habe meine Angst vor dir überwunden ... und ...«, sie hielt inne. »Wie wäre es, wenn wir in deinen Wagen gehen, wir fahren doch bald los, und zusammen etwas essen?«

»Ja, gut, komm, hier geht es entlang.« Selin führte sie zu ihrem Wagen.

»Darf ich dir meine Töchter vorstellen? Juliette, Luna, Pearl, Yule, Jordan, Jolie und die kleinste, Ellione«, sagte Selin stolz.

»Du hast wirklich schöne Kinder, Selin.« Sie bewunderte die Mädchen mit ein wenig Neid.

»Hast du auch Kinder?«, fragte Selin aufgeregt.

»Ja, einen Sohn.« Kala errötete, sie fühlte sich so, als ob sie vor einer fruchtbaren Aphrodite stand, sie dagegen war einfach nur ein unfruchtbares Wesen, das nicht richtig in der Lage war, sich zu vermehren. All die Jahren fragte sie sich, wie sie nur einmal schwanger werden konnte, sie hätte auch gerne ein zweites Kind von Sivan bekommen, obwohl sie sich mit ihm jede Nacht paarte, klappte es einfach nicht, noch einmal schwanger zu werden.

»Wie heißt er?«, fragte Selin und legte Zara sanft auf eine Decke.

»Er heißt Alexander, mein kleiner schützender Mann.« Kala stieg auch in den Wagen.

Juliette gab ihr gleich Wasser und Brot.

»Danke«, murmelte Kala.

Selin war dabei, Zaras Augen mit speziellen Kräutern zu bedecken.

»Ich müsste Zara ausziehen, um zu sehen, ob er noch andere Verletzungen hat, er ist doch in diese Grube gefallen«, erklärte Selin sachlich.

Kala nickte.

»Das mach ich, Mama, ich will dir helfen.« Jordan trat hervor und half ihr, Zara auszuziehen.

»Mama, er hat sich die Schulter verrenkt.« Jordan deutete auf seine linke Schulter.

»Gut, dann sollten wir sie wieder einrenken.« Selin legte Zara auf den Bauch, dann legte sie ihre weiche Hand auf seine Schulter, mit der anderen Hand hielt sie seinen Arm fest und begann, daran zu ziehen.

Zara wachte auf und schrie vor Schmerz.

»Schon gut, Zara, wir haben deine Schulter wieder eingerenkt.« Jordan lächelte und streichelte seine Wange.

Zara verzerrte sein Gesicht vor Schmerzen, der Schweiß rann über seine Stirn, sein Gesicht war schneeweiß.

Jordan tupfte mit einem nassen Tuch über seine Stirn.

»Hier, trink das!« Selin reichte ihm eine Schüssel.

»Was ist das?«, fragte Kala besorgt.

»Ein Zaubertrank aus verschiedenen Kräutern, es hilft ihm, besser zu schlafen und ihn zu beruhigen.« Selin hob sanft seinen Kopf und ließ ihn den Trank trinken. Wenige Sekunden später schlief Zara friedlich wieder ein.

»Du bist eine gute Hexe, nicht mal wir haben so starke Tränke, um kranke Menschen zu heilen.« Kala setzte sich neben Zara.

»Danke ... soll ich dir helfen, die Kranken zu heilen?«

Selins Miene verdüsterte sich. »Ich kann auch andere Frauen meines Volkes fragen, ob sie beim Heilen helfen wollen.«

»Ja, das wäre sehr gütig, alleine schaffe ich das nicht, weil ich die einzige Hexe bin, die noch laufen kann.« Kala blickte Selin fest in die Augen.

Sie fühlte sich so machtlos, sie war alleine, keiner konnte ihr helfen, sie war die Einzige, die den verletzten Hexen helfen konnte. »Kannst du meine geschwollenen Augen heilen?« Kala rieb wieder daran.

»Nicht reiben ...« Selins einfühlsame Stimme klang wie Musik in ihren Ohren.

Kala nickte und hörte sofort auf. Selin trat mit verschiedenen Blättern und Kräuter hervor. Sie dufteten herrlich.

Die Sonne ging unter. »Können wir die Heilungen nicht doch morgen erledigen?«, fragte Selin plötzlich.

»Warum, ich dachte du wolltest ...« Kalas Herz schlug schneller, als sie Selin in die Augen schaute.

»Es wird Zeit für mich, meinen Hunger zu stillen«, sagte Selin traurig. Ihre Augenfarbe wurde schneeweiß und ihre Eckzähne verwandelten sich in messerscharfe Waffen, auch die Zähne neben den Schneidezähne wurden spitz, sodass sie vier lange und scharfe Zähne im Mund hatte. »Es tut mir leid«, flüsterte sie nur.

Kala fand ihre Sprache wieder. »Ich ... ich dachte ... du könntest heute Nacht während der Fahrt mit mir die Verletzten heilen.«

»Tut mir leid, Kala, wir haben einen sehr großen HUNGER, wir können uns nicht erlauben, jetzt frisches und fließendes Blut zu sehen, wir würden sonst die Fassung verlieren und euch alle versehentlich töten ...« Selin schaute Kala mit einem unheimlichen Hunger an.

Juliette und die anderen Mädchen sahen alle gleich aus, sie hatten diese dämonenähnlichen Augen und diese vier Reißzähne.

»Meine Mutter spricht die Wahrheit, Kala ... Bitte ... trage Zara weg von hier und gehe zu deinem Volk ... Wir haben Hunger, wir möchten nicht, dass du uns so siehst, wir wollen nicht, dass du dir ein schlechtes Bild von uns machst«, sagte Juliette hungrig.

»Nein!« Kala ballte ihre Fäuste. »Ich werde Zara von hier wegbringen und dann werde ich zurückkommen, ich möchte nämlich alles wissen, ich möchte wissen, wie meine neuen Freunde wirklich sind.« Sie hob Zara hoch und trug ihn von den Wagen fort.

»Ich rate dir, nicht zurückzukommen, Kala«, riet Luna ihr. »Wir werden jetzt die toten Soldaten aussaugen.«

Kala blickte nicht einmal zurück, sie kam der Kutsche immer näher.

Sivan sprang aus der Kutsche. »Wo warst du? Ich dachte, du wolltest die Verletzten heilen.«

»Werde ich auch, Sivan, ich habe mich mit Selin angefreundet, und dass ist besser so, weil sie eine gute Heilerin ist ... Hier«, Kala drückte ihm schnaufend den schlafenden Zara entgegen. »Lege ihn in der Kutsche«, sagte sie streng.

»Wohin gehst du?«, fragte Sivan besorgt.

»Ich gehe meine neue Freundin stärken, sie braucht mein Blut und *ich* werde es ihr geben.« Kala wandte sich zum Gehen.

»Warte!« Sivan schrie es fast schrill, doch bevor er einen ganzen Satz sagen konnte, war Kala schon weg.

Selin saß mit einem der toten Soldaten auf dem Boden. Sie saugte wie wild an ihm, ihr Biss schien den Soldaten die Kehle heraus zu beißen. Ihr Gesicht war zu einer bestialischer Fratze verzerrt. Juliette, Pearl und Luna teilten sich einen Soldaten, Yule, Jordan und Jolie einen anderen. Sie saugten an verschiedenen Stellen, eine biss den Soldaten am Hals, die andere am Arm, und die andere am Handgelenk, eben an jeweils anderen Stellen des Körpers.

Kala schaute sie mit verängstigten und große Augen an. Doch sie schienen Kala nicht einmal wahrzunehmen.

Kala stieg mit großer Angst in den Wagen. »Selin?«

Selin regte sich endlich und warf ihren Kopf zurück. »Habe ich dir nicht gesagt, dass du nicht hierher kommen sollst? Verschwinde!«, zischte sie.

Kalas Herz hämmerte panisch, doch sie ließ nicht locker. »Ich möchte verhandeln!«, sagte sie ausdruckslos.

Selin erhob sich, Blut klebte an ihrem Mund, brutal schleuderte sie den toten Soldaten zu ihren Töchtern. »Juliette, Luna, er gehört euch!«, rief sie kalt.

Wie Wölfe stürzten sich die Vampirhexenmädchen auf den bleichen Soldaten und gruben ihre Zähne blitzschnell wie Kobras in seinen Hals.

Kala wurde ein wenig übel, sie konnte es sich nicht vorstellen, Blut eines Toten zu trinken.

Selins Blick war starr, so starr wie das eines Raubtiers.

»Was für ein Handel!?«, rief sie immer noch kalt.

»Einen Bluthandel« Kala schnaufte einmal tief durch und versuchte, nicht die Fassung zu verlieren, aber sie brauchte Selin, sie war ihre einzige Hoffnung.

»Komm!« Selin trat vor und führte Kala aus den Wagen.

Sie gingen weit weg von den Karren, damit keiner sie sehen konnte.

»Gut, was willst du genau?«, fragte Selin.

»Ich möchte, dass du mein Blut nimmst, damit du stark für die Nacht bist, weil du mir beim Verarzten helfen musst«, erklärte Kala.

»Einverstanden.« Selin lächelte. »Wo willst du deinen Biss haben, Kala?«

»Egal wo, Hauptsache ich sterbe nicht daran«, überlegte Kala.

»Leg dich auf den Boden, Kala«, verlangte Selin.

Kala gehorchte aufs Wort. »Und dann?«

Selin kniete sich vor sie. »Dann werde ich dich in den Hals beißen, kämpfe lieber nicht dagegen an, der Schmerz wird sonst unerträglich sein. Lehn dich einfach zurück und genieße es, könnte sein, dass es sogar für dich sehr schön sein wird.«

»Gut.«

Selin legte sich auf sie, sanft. Dann streichelte sie Kalas Hals und suchte nach einer Vene, die sie durchbohren konnte. »Schließe deine Augen«, flüsterte sie.

Doch Kala gehorchte nicht gleich, sie sah ihr immer noch fest in die dämonenähnlichen Augen.

»Tut mir leid, was ich machen muss, Kala«, sagte Selin. Stolz zeigte sie ihre messerscharfen Zähnen, sie fauchte kurz. Und dann kam er. Der Biss.

Kala konnte nicht mehr klar denken.

Es tat tatsächlich weh, aber nicht sehr.

Selin gab sich ganz ihrer Lust hin, sie hielt Kala leidenschaftlich an ihren Armen fest.

Dann schloss auch Kala endlich die Augen; auch sie genoss nun diesen bittersüßen Schmerz auf ihrem Hals. ›Es fühlt sich an, als würde ich ein Neugeborenes säugen, als wären unsere Seelen eins‹, dachte sie.

Sie lächelte schwach.

Selin schluckte und schluckte, sie wurde immer satter. Sie befand sich wie auf Wolke Sieben, sie fühlte sich stark und glücklich, sie konnte sogar alles spüren, was Kala spürte. Und Kala ging es genauso.

Bis plötzlich ...

Selin wurde von Kala weggerissen. Jetzt hatte Kala für einen kurzen Moment, einen quälenden Schmerz gespürt.

»Bist du denn verrückt geworden, Selin?«, schrie Lucian. »Du bist sogar unfair den anderen gegenüber! Die sollen Leichen aussaugen, und du machst dir ein schönes Leben und bekommst frisches Blut einer Hexe aus unserem Schwesternstamm!«, schrie er immer noch.

»Wir haben verhandelt!«, schrie Selin zurück.

Lucian nahm ihren Kopf zwischen seine Hände. »Du kleines Miststück, lüg mich nicht an, du hast sie doch beeinflusst, damit sie dir ihr Blut gibt ... Du hast so ein Glück, dass ich dich so liebe, sonst hätte ich dir einen Pflock in dein Herz gestoßen.« Er leckte das Blut von ihrem Mund und küsste sie, dann schauten sich beide an und grinsten. »Tu so etwas nie wieder, verstanden?«, sagte Lucian jetzt ernst.

»Was soll ich nicht tun, Liebling? Ich habe sie nicht beeinflusst, sie hat es mir freiwillig gegeben, damit ich stärker bin, ich muss heute Nacht während der Fahrt mit ihr die verletzten Hexen heilen«, sagte sie eifrig.

Niemand von ihnen schien Kala zu bemerken. Blut floss immer noch aus ihrem Hals. Sie versuchte, mit einer Hand die Blutung zu stoppen. Sie blutete so sehr. Kala hob ihren Kopf und setzte sich auf. Ihr Kopf schien schwerer zu werden. Übelkeit stieg in ihr auf.

»Leute, mir ist ein wenig schwindelig«, sagte sie verwirrt.

Endlich blickten sie zu ihr rüber.

»Oh, ja, natürlich, natürlich ...« Lucian kam auf sie zu und kniete sich neben sie.

Plötzlich biss er sich am Handgelenk in die Pulsader. Ohne ein Wort drückte er sein Handgelenk auf Kalas Mund und zwang sie, sein Blut zu trinken.

Kala stöhnte auf und versuchte, seinen blutigen Arm wegzustoßen, doch sie konnte nicht, er war viel zu stark. Sie schluckte diese abscheuliche Flüssigkeit, die nach Metall und verdorbenem Wasser schmeckte. Kala bekam einen Würgereiz und in diesen Moment ließ Lucian sie los. »Ich weiß, unser Blut schmeckt schrecklich, Menschenblut ist wesentlich besser.« Er grinste.

Kala legte ihre Finger auf ihren blutüberströmtem Mund. »Warum hast du das getan?«, fragte sie Lucian.

»Warum? Wenn meine dumme Frau weiter an dir gesaugt hätte, wärst du wie ein ausgedörrtes Blatt gestorben, also habe ich mein Blut gegeben, um dich am Leben zu halten ... Du brauchst jetzt sehr viel Wasser und ... Oh, wenn du jetzt sterben solltest, wirst du einer von uns, also rate ich dir, viel Milch zu trinken, dass verhindert die Verwandlung.« Er wandte sich zu Selin. »Bring mir ein großes Brennnesselblatt, um die Blutung zu stoppen.«

Selin gehorchte und ging fort.

»Nun, es sei denn, du willst einer von uns werden, Kala«, sagte er böse.

»Du elender Bastard«, zischte Kala.

Lucian verdrehte die Augen. »Du bist aber sehr unhöflich, Kala, ich bin kein Bastard.«

Selin kam wie aus dem Nichts mit einem großen Brennnesselblatt hervor. »Hier.« Sie gab es Lucian und er legte es schließlich auf Kalas Hals. »Versuche mal aufzustehen«, verlangte Lucian ruhig.

Kala stand auf, doch ihr wunde so schwindelig, dass sie umkippte. Lucian fing sie auf.

»Danke«, murmelte Kala.

»Macht nichts, ich schätze ich muss dich tragen«, sagte er besorgt.

Er trug Kala zu den Verletzten. Selin gab ihr eine Wasserflasche, dann trank sie daraus, was tatsächlich half. Es ging ihr gleich viel besser.

Die Pferde gingen los. Sie reisten ab. Kala und Selin heilten die ganze Nacht die verletzten Hexen.

Es war Morgen. Die Sonne küsste Zara wach. Er blinzelte. Alexander stand neben ihm. »Was ist passiert?«, fragte Zara und versuchte diese Kräuter, die Selin auf seine Augen gelegt hatte, abzukratzen.

»Meine Mutter hat dich, als du geschlafen hast, zu Selin gebracht, und die hat deine geschwollenen Augen geheilt.« Alexander lächelte.

»Wo ist Kala?«, fragte Zara.

»Sie ist immer noch bei den anderen Hexen und heilt mit Selin die Verletzten.«

»Mit Selin?« Zara runzelte die Stirn.

»Ja, sie sind gute Freundinnen geworden«, erklärte Alexander.

»Ich dachte, Kala kann Selin nicht ausstehen.«

»Dachte ich auch, aber na ja, was kann man da schon machen?« Alexander zuckte mit den Achseln.

»Ich habe Hunger«, meinte Zara.

»Bald machen wir eine Pause. Mein Vater sagt, dass wir bald an einer Weide voller Kühe vorbeikommen sollen, dort können wir frische Milch trinken«, erklärte Alexander.

»Verfolgen uns die Soldaten denn nicht?«, fragte Zara besorgt.

»Nein, sie haben so gut wie keine Pferde mehr, bis die uns finden, sind sie bestimmt schon längst tot«, scherzte Alexander.

»Ich glaube, dies war der letzte Verband oder?« Selin wischte sich den Schweiß mit ihrem Ärmel ab.

Kala hatte nach so langer Zeit nicht einmal bemerkt, dass Selins Augen wieder eisblau waren und ihre Reißzähne sich zurückgebildet hatten. Sie lächelte jetzt ihre Freundin dankbar an. »Danke, dass du mir geholfen hast.«

»Keine große Sache, meine Liebe, du hast mir dein Blut gegeben und hast mich stark wie noch nie gemacht.« Selin blickte auf Kalas Hals. »Tut es noch sehr weh? Lass mich mal sehen, ob es anfängt zu heilen.« Ganz vorsichtig machte sie das Brennnesselblatt weg und schmiss es auf den Boden. »Ich muss deine Wunde auswaschen und ein neues Brennnesselblatt darauf legen, dann wird es sich nicht entzünden«, erklärte sie.

Mit schmerzverzerrtem Gesicht nickte Kala zustimmend.

Selin wusch die Wunde mit Wasser aus, dann holte sie aus ihrem Kräuterbeutel ein Brennnesselblatt heraus und legte es sanft auf Kalas Hals. »Wie war eigentlich die Mutter von Zara?«

Kala lächelte traurig. »Sie war eine mutige, schöne und starke Frau, sie hieß Aglaja. Und sie war meine beste Freundin.«

Selin blickte zu Boden. »Tut mir leid, ich wollte dich nicht traurig machen.«

»Nein, nein, du hast ein Recht darauf, es zu erfahren, du bist doch jetzt auch meine Freundin.« Kala spielte an ihrem Kleid rum.

»Dann erzähle mir doch auch von Zaras Vater. Wer war er?«, fragte Selin.

»Wer er war? Er war der Steinschützer. Doch wie sich herausstellte, war er nicht der Auserwählte, sondern sein Sohn Zara.« Kala machte eine verwirrte Miene. »Vielleicht hatten die Druiden seinen Vater ausgewählt, weil sie Zara und Falak verwechselt haben. Du musst wissen, dass einer der Hauptdruiden eine Prophezeiung macht, um den Steinschützer zu erwählen. Zara sieht seinem Vater fast zum Verwechseln ähnlich, der Druide könnte gedacht haben, es wäre Falak.«

»Sein Name war Falak? Das bedeutet doch ›Stern‹, oder?« Selin runzelte ihre Stirn.

»Ja, in der Tat. Und er war nicht nur ein Stern, er war wie ein lodernder, liebenswürdiger Komet, der allen ein Lächeln ins Gesicht zauberte. Er war Sivans bester Freund.« Kala hielt inne. »Er war zwar nicht der Steinschützer, doch alle liebten ihn, er war einfach fantastisch. Er verdrehte allen Frauen im Dorf den Kopf; alle, wirklich alle verliebten sich in ihn.«

Selin unterbrach schnell: »Auch du?«

Kala riss die Augen weit auf. »Was? Nein, als ich ihn richtig kennengelernt habe, war ich schon längst mit meinem Sivan verheiratet und bereits schwanger mit Alexander.« Kala seufzte. »Wir hatten in Devon so ein tolles Leben.« Ihr Gesicht verdüsterte sich. »Bis Coraline uns alles wegnahm.«

»Wer ist Coraline?«

»Wer sie ist? Sie ist ein abscheuliches Monster, sie ist jetzt die Frau des Inquisitors und hat jene Macht, um jeden zur Strecke zu bringen. Damals, als sie noch mit uns in Devon lebte, war sie noch eine Hexe, doch jetzt ist sie ein nutzloser Mensch«, erklärte Kala.

»Aber warum ist sie denn so bösartig geworden?« Selin strich sich übers Haar.

»Sie war schon immer eine Hure gewesen, sie hat mit jedem gevögelt, der sie anlächelte. Keiner wusste, wie sie das anstellte, nicht schwanger zu werden.« Sie lachte lautlos. »Und stell dir vor: Sie war auch in Falak verliebt, bevor er zum Steinschützer wurde ... Du musst wissen, dass ihre Ahnen komischerweise alle Steinschützer waren, also wartete sie jetzt auch auf diesen Stein. Sie wollte ihre Ehre wiederherstellen, sie wollte nicht mehr länger als Hure bezeichnet werden.«

»Und dann?«

»Tja, dann, als Falak den Stein bekam, dachte Coraline, sie müsste sich an ihn ranmachen, sie wollte alles tun, um an diese Macht zu gelangen. Sie wollte Falak dazu bringen, sie zu heiraten, doch Falak lehnte ab, denn er liebte Aglaja, die kleine, schöne, glänzende, zierliche Culinasaga.«

»Culinasaga? Bedeutet das denn nicht Kräuterhexe?« Selin lächelte.

»Nein, aber sie konnte mit Kräutern wirklich gut umgehen. Sie half ab und zu dem alten Druiden Odin beim Heilen und Kräutersammeln. Dabei verdiente Aglaja ein wenig Geld. Doch sie konnte ausgezeichnet kochen. Alles, was sie zubereitete, war fantastischlecker, sie war eine Küchenhexe«, erklärte Kala stolz, ihre Augen glänzten.

»Was passierte dann?« Selin spielte mit einer ihrer Haarsträhnen.

»Aglaja wurde schwanger von Falak, doch sie mussten das geheim halten ... Aglaja log, und behauptete von einem irischen Mann vergewaltigt worden zu sein. Alle glaubten ihr, und so durfte sie auch Falak zwei Jahre später heiraten ... Wie auch immer, Coraline begann Aglaja und Falak zu hassen. Falak hasste sie, weil er den Stein besaß, und sie hasste Aglaja, weil sie und Falak ein Paar waren.« Wieder seufzte Kala. »Und dann auf ihrer Hochzeit, ruinierte Coraline die Feier. Schließlich wurde ihr als Strafe das Menschenzeichen auf den Rücken gebrannt, das heißt, dass sie zu einem Menschen geworden war. Sie konnte nicht mehr zaubern, schließlich wurde sie aus dem Dorf verbannt.« Kala hielt inne. »Ich glaube, sie wollte Rache an uns nehmen, also ist sie nach Frankreich gereist und hat den Inquisitor aufgespürt und hat uns verraten. In der Zwischenzeit heiratete sie den Inquisitor und bekam einen Sohn von ihm. Dann nahm sie mit der Armee Kurs auf England und zerstörte unser Dorf. Und sie war diejenige, die Falak, Zaras Vater, tötete. Wir flohen dann mit einer Kutsche, doch die Armee holte uns ein und wir landeten unglücklicherweise in ihrem Versteck. Coraline tötete da auch Aglaja ... Na ja, und dann trafen wir auf euch.«

»Schicksal, nicht wahr?« Selin kicherte.

»Was ist eigentlich mit euch passiert, Selin?«, fragte Kala ernst.

Selin hörte auf zu kichern, ihr Gesichtausdruck war ernst. »Wir sind eigentlich Nomaden, wir leben nicht an den selben Orten, doch dieses Mal wollten wir uns in Cornwall niederlassen. Unglücklicherweise trafen wir auf diesen verfluchten Inquisitor und seine Armee. Sie hielten uns dann in Eisenkäfigen gefangen; das schwächt uns sehr.«

»Das ist ja grausam«, sagte Kala laut.

»Wir hungerten viele Tage, sie gaben uns höchstens etwas Wasser und Apfelschalen. Jede Nacht hofften wir, nicht die Fassung zu verlieren, denn wir standen sehr oft kurz davor, uns gegenseitig zu beißen und die letzte Lebenskraft des anderen aufzusaugen.« Selins Augen funkelten. »Ich habe noch nie so gehungert.«

Kala schaute ihr verzweifelt in die Augen. »Was ist mit deiner ganz kleinen Tochter?«, fragte sie.

»Meinst du Ellione?«

»Ja, was ist mit ihr? Hat sie auch so sehr hungern müssen?«, fragte Kala neugierig.

Selin lächelte. »Ellione ist nicht wirklich unsere Tochter, wir haben sie aufgenommen.«

»Aufgenommen? Wo habt ihr sie gefunden?« Kala schaute sie mit großen Augen an.

»Als wir in diesen engen Käfigen gefangen waren, verging jeder Tag qualvoll. Alles schien meinem Volk und mir gleichgültig geworden zu sein, doch an diesem Tage war etwas anders. Wir alle hatten das Gefühl, dass etwas Wunderbares geschehen würde«, fing Selin an. »Plötzlich hörten wir das Geschrei einer Frau und dann das eines Neugeborenen. Eine Sklavin, oder wer auch immer sie war, war zu uns gekommen und hielt ein Baby in den Armen. Kurz machte sie unseren Käfig auf und sagte: ›Hier, lasst es euch schmecken, ihr Monster, denn es wird wahrscheinlich euer letztes Blutopfer sein.‹ Sie schmiss das Baby zu uns. Mit meiner letzten Kraft konnte ich sie grade noch vor dem Aufprall retten.«

»Und ihr wolltet das Kind nicht essen?«, fragte Kala

verwundert.

»Wir hatten zwar einen bestialischen Hunger, doch ich würde einem Kind niemals wehtun ... Wir beschlossen also das Kind zu behalten und es zu unserer Tochter zu machen. Ich gab ihr den Namen Ellione, aber ich habe keinen blassen Schimmer, was der Name bedeutet. Dennoch passt er fantastisch zu ihr.« Selin hielt kurz inne. »Tja, dann kam gleich darauf Zara und befreite uns.«

Kala wurde plötzlich etwas klar. »Warte, warte, ich glaube, ich weiß, wer diese Frau war, die so geschrien hatte ...«

»Wer denn?«, fragte Selin.

»Ich glaube, es war Aglaja«, sagte Kala leise.

»Aglaja, aber sie hatte doch kein ...«

Kala unterbrach Selin schnell. »Ellione ist Aglajas und Falaks Tochter. Kurz bevor sie starb gebar Aglaja ihr zweites Kind, Nadia.«

»Du willst mich doch hereinlegen, oder?« Selin wurde nervös.

Kala schüttelte den Kopf. »Ich dachte, Nadia hätten sie auch umgebracht.«

»Heißt das, du willst meine Ellione wieder haben?«, fragte Selin traurig.

»Es ist eigentlich meine Pflicht, es zu tun, doch ich kann mich jetzt unmöglich um drei kleine Kinder gleichzeitig kümmern und ich denke, bei euch ist sie besser aufgehoben als bei uns«, meinte Kala.

Selin begann wieder zu lächeln. »Ich verspreche dir, ich werde sie wie meine eigene Tochter lieben.«

»Versprich mir nur eines«, bat Kala. »Verwandle sie

nicht in eine Vampirhexe, und bringe ihr gut das Hexen bei.«

Selin nickte. »Ich wusste, dass Ellione eine Verbindung zu euch hat ...«

Kala schaute sie immer noch mit ernster Miene an. »Ich will aber, dass du sie auch Nadia nennst, denn so heißt die Kleine in Wirklichkeit.«

»Gut.«

Zara schaute aus dem Fenster, sie kamen wirklich an einer Weide mit Kühen vorbei. Dann hörte er von draußen laute strenge Rufe. »ANHALTEN! PAUSE!«

Kala, ja es war tatsächlich Kala, die da rief.

Die Kutsche hielt. Als die Pferde bremsten, quietschten die Räder leicht. Sivan sprang aus der Kutsche und machte die Tür auf. »Schaut Jungs, da sind die Kühe. Nimmt euch irgendwelche Behälter und fangt an, sie zu melken. Ihr wisst ja, wie das geht, oder?«

Zara und Alexander nickten. Sie stiegen aus der Kutsche aus.

»Alexander?«, fing Zara an.

»Hm?«, gab Alexander von sich.

»Kannst du für mich melken? Ich muss kurz rüber zu Lucian«, erklärte Zara.

»Ja, ist gut.«

Zara machte sich auf den Weg zu Lucian. Er begegnete anderen Vampirhexen und sagte ihnen höflich »Hallo«, obwohl er diese Leute nicht kannte.

»Guten Morgen Zara!«, sagte eine gutgelaunte Stimme hinter ihm. Zara dachte für einen Moment, es sei

Jordan, doch es war glücklicherweise Juliette, die Ellione sicher im Arm hielt. »Wo willst du denn hin?«, fragte sie freundlich, ihre Augen leuchteten gold im grellen Licht.

Erst jetzt bemerkte Zara, dass Wolken am Himmel aufzogen, und plötzlich war die Sonne nicht mehr zu sehen, der Himmel von den Wolken vollkommen bedeckt.

»Ich will zu euch.« Zara lächelte.

»Die anderen sind schon auf der Weide und melken die Kühe, ich will jetzt auch dorthin, um Ellione zu füttern. Komm«, sagte Juliette, legte eine Hand auf seine Schulter und führte ihn zu den anderen.

»Du musst sehr müde sein, um nicht zu merken, dass wir schon alle dort sind.«

»Ja, kann sein.« Zara rieb seine Augen.

Auf der großen Wiese saßen die Schwestern neben einer braunen Kuh, die gerade Graß fraß. Jordan stand auf und rannte zu Zara, dann breitete sie wie ein Vogel ihre Arme aus und umarmte ihn ganz fest. »Du bist gekommen und willst mich besuchen«, sagte sie ganz laut.

Zara konnte nichts anderes tun, als sie auch zu umarmen, obwohl er das nicht wollte.

Die anderen Mädchen schauten Zara und Jordan verwirrt an.

»Jordan, es reicht«, sagte Juliette streng.

Jordan funkelte Juliette böse an, doch sie wurde plötzlich ganz ruhig, so als ob sie ein wenig Furcht vor ihr hätte.

Yule gab ihm gleich eine Schüssel voller Milch.

»Danke«, murmelte er.

Zara trank die Milch, dann streichelte er diese zahme Kuh, von der wahrscheinlich die Milch stammte.

»Wisst ihr was?«, begann Jordan eifrig. »Wir spielen jetzt am Strand ein Spiel.« Sie klatschte einmal in ihre Hände.

»Am Strand?«, rief Luna verwirrt.

»Ja, am Strand dort unten.« Jordan lachte.

Lucian stand plötzlich hinter ihnen. »Ich finde, das ist ein wunderbarer Vorschlag. Geht spielen, aber kommt bald wieder«, sagte er.

»Gut.« Jordans Augen funkelten fröhlich, sie stand als Erstes auf. »Zara spielt natürlich auch mit«, rief sie herausfordernd.

»Na gut, doch ich möchte noch meinen Freund Alexander holen, damit er auch mitspielen kann«, sagte Zara.

Als sie alle am Strand waren, konnte Zara Lucian nicht mehr sehen. Er wunderte sich, dass Pearl auch mitspielen wollte, sie war doch sehr schüchternd.

»Nun«, begann Jordan, »wie wäre es, wenn wir verstecken spielen?«

»Ich finde, das ist ein tolles Spiel«, rief Alexander fröhlich.

»Wer zählt?«, fragte Luna.

»Oh, ich möchte.« Juliette trat hervor. »Ich zähle bis vierzig, einverstanden?«

Alle stimmten ihr zu.

Juliette begann zu zählen »Eins ... zwei ... drei ... vier ...«

Zara begann lachend, die Küste entlang zu rennen.

»... zehn ... elf ... zwölf ... dreizehn ... vierzehn«, hörte Zara noch vom Weitem.

Er rannte und rannte.

»... fünfundzwanzig ... sechsundzwanzig ... siebenundzwanzig ... achtundzwanzig ...«

Und endlich fand er ein perfektes Plätzchen, einen alten Busch, mit vielen Blättern, um sich zu tarnen. Als er sich mitten im Busch befand, zog jemand an ihm und er plumpste rückwärts nach unten. Endlich konnte er die Gestalt erkennen. Jordan.

»Warum tust du das?«, flüsterte Zara.

»Komm, das ist kein gutes Versteck, hier findet dich Juliette auf jeden Fall«, flüsterte sie zurück.

»... fünfunddreißig... sechsunddreißig ... siebenunddreißig ...«

»Komm, wir haben noch ein wenig Zeit.« Jordan zerrte ihn weiter die Küste entlang.

»... vierzig!«, schrie Juliette.

Jordan und Zara kamen an vielen Büschen vorbei. Sie sprangen hinein und liefen weiter.

»Hier Zara, genau hier, sie wird uns niemals finden«, lachte Jordan leise.

»Sind wir nicht zu weit weg?«, fragte Zara nervös.

»Nein.«

Plötzlich hörte Zara Stimmen, männliche Stimmen.

»Hörst du das?«, flüsterte er panisch.

»Klar und deutlich«, sagte Jordan.

»Wer sind diese Männer?«, fragte Zara.

Jordan roch in die Luft. »Böse Menschen, Wasserratten, Ausbeuter.« Sie hielt inne. »PIRATEN!« Jordan leckte ihre Lippen. Zara bemerkte, das in kurzer Zeit ihre Zähne zu messerscharfen Waffen wurden.

»Schau, da hinten liegt ihr Schiff. Kannst du es sehen?«, flüsterte Jordan.

Zara streckte sich, und er konnte das große Schiff mit den schwarzen Segeln sehen, schnell duckte er sich wieder, denn in diesem Moment kam ein junger Pirat mit einer kleiner Truhe auf das Gebüsch zu. »Wer ist da?«, fragte er ernst.

Jordan biss sich auf die Lippen, die gleich danach zu bluten begannen, und dann wie durch ein Wunder sofort heilten. »Warte hier«, sagte Jordan hungrig, sie stand auf.

»Jordan, was machst du denn? Komm zurück!«, rief Zara leise.

Zu spät.

Jordan ging aus dem Versteck heraus und ging eifrig auf den Piraten zu. »Na, was machst du denn hier ganz alleine, kleines Mädchen?«, fragte er lächelnd.

Jordan lächelte. »Ich weiß nicht, aber ich glaube, ich muss euch Wasserratten wohl oder übel bei meinen Eltern verpetzen müssen.«

›Was tut sie da? Sie wird sterben. Piraten sind grausam‹, dachte Zara zitternd.

»Das wirst du nicht tun, Mädchen. Du forderst einen Piraten heraus, das heißt, du wirst jetzt sterben«, sagte er kalt.

»Nein, das werde ich bestimmt nicht«, sagte Jordan frech.

›Nein!‹, dachte Zara.

Der Pirat ließ die Truhe fallen, holte seinen Dolch heraus und rammte ihn in Jordans Herz.

Zara wurde weiß im Gesicht: ›Nein, sie stirbt.‹

Jordan gab ein dumpfes Geräusch von sich. »Das hätte ich an deiner Stelle nicht getan, Wasserratte«, sagte sie. Mit einer Hand zog sie den Dolch aus ihrem Herzen und warf ihn in den Sand.

Der Pirat trat unwillkürlich zurück. »Was zum Teufel ...«

Jordans Augen wurden weiß, ihre Zähne noch schärfer und unter ihren Augen bildeten sich kleine Äderchen. Man konnte sehen, wie durch diese das Blut strömte. Dann warf Jordan den Piraten in den Sand und stürzte sich auf ihn. Sie biss ihm in den Hals. Der Pirat schrie, doch Jordan ließ nicht locker, sie saugte das Blut aus seinen Adern.

Nach einer Zeit bewegte sich der Pirat nicht mehr. Jordan stand auf, sie war blutverschmiert. Schnell wischte sie mit ihrem Ärmel das Blut weg. »Lecker! Zara, komm raus! Wir gehen zurück, der Pirat ist so oder so tot, wir müssen das unseren Eltern sagen.«

Ihre Augen waren wieder schwarz, doch ihre Zähne blieben leicht spitz.

Sie rannten zurück.

»Mama, ich habe eine gute Nachricht ...«, rief Jordan laut.

Selin erhob sich. »Wir haben uns große Sorgen gemacht! Wo wart ihr!?«, schrie sie fast.

Juliette trat hervor. »Genau, wo wart ihr?«

»Wir haben vielleicht Verstecken gespielt, erinnerst du dich nicht mehr, du Dummkopf? Du musstest uns suchen, es war ceine Aufgabe!«, zischte Jordan.

»Hört sofort auf damit, Mädchen.« Selin machte eine strenge Handbewegung, sie wandte sich zu Jordan. »Jordan, warum bist du blutverschmiert?«

»Mutter, da drüben liegt ein Piratenschiff. Einer der Piraten hat mich gesehen und hat mir einen Dolch ins Herz gerammt. Dann habe ich mich gewehrt und habe ihn getötet«, erklärte Jordan.

›Du meinst, deinen Hunger gestillt‹, dachte Zara mürrisch.

»Stimmt das, Zara?«, fragte Selin streng.

»Ja, es stimmt, sie hat sich nur gewehrt«, log Zara. ›Mist, warum lüge ich?‹ Zara schaute Jordan hektisch an.

Jetzt trat Lucian lachend hervor. »Wisst ihr, was das bedeutet?«, fragte er.

»Nein, was denn?« Selin drehte sich zu ihm um.

»Wir sind gerettet, wir können mit den Piraten in ein anderes Land segeln«, schrie er fast.

»Ach du meine Güte, du hast recht, Lucian!« Selin lachte mit ihm und küsste Lucian.

»Volk, wir sind gerettet!« Er schaute Selin tief in die Augen. »Ich werde heute noch mit dem Kapitän reden«, sagte Lucian ernst.

»Und bist du dir wirklich sicher, dass das eine gute Idee ist?« Sivan trat hervor und machte eine merkwürdige Geste.

Lucian drehte sich zu ihm um. »Aber natürlich ist das

eine gute Idee.« Er hielt inne. »Oder weißt du einen Weg, wie wir aus England herauskommen? Hm?«

Sivan senkte sein Kopf. »Leider nicht.«

Dann wandte Lucian sich an den anderen. »Piraten, betrügerische kalte Ausbeuter, nicht wahr? Doch wenn man sie besticht oder anders beeinflusst, können sie zu vertrauten oder sogar amüsanten Freunden werden, findet ihr nicht?«, sagte er mit poetischer Stimme.

Alle nickten zustimmend.

»Und was sagt Ihr, Kapitän?« Lucian verschränkte seine Arme.

»Ich werde keine Hexen auf mein Schiff lassen und erst recht keine ... Wie war der Name? Diese Mistgeburten von Vampire!«, schrie der Kapitän fast.

»Passt auf, was Ihr sagt!«, zischte Lucian böse.

»Du siehst doch recht normal aus, also sind Vampire nur eine blöde Legende! Du bist krank, du hast doch nicht alle Nerven im Hirn!«, schrie der Kapitän.

»Nein, Ihr Narr, Ihr müsst besser hinschauen. Ihr habt doch nur schlechte Augen, um zu erkennen, was ich bin, elender Bastard!« Lucian knurrte.

Der Kapitän machte einen Schritt zurück.

Es war schon Nacht. Lucians Aussehen hatte sich schon längst verändert. »Werdet Ihr uns jetzt auf Euer Schiff einladen, oder nicht?«

»Nein, sagte ich, nein!« Der Kapitän ballte seine Hände zu Fäusten.

Lucian wurde wütend, er packte den Piraten am Hals und hob ihn problemlos hoch.

»Ha... Habt ... Gna... Gnade, Herr«, bettelte der Kapitän.

Stolz entblößte Lucian seine Zähne und fauchte. Der Pirat zitterte.

»Na, was sagst du jetzt, alter Mann?«, sagte Lucian kalt. »Du musst wissen, dass ich einen großen Hunger habe und na ja, ich habe dich hier und ... Ach, wie auch immer, du bist jetzt mein Abendessen.«

Bevor der Kapitän noch irgendetwas sagen konnte, bohrte Lucian seine Zähne in seinen Hals. Er saugte alles Blut und alle Energie aus seinem Körper. Bis der Kapitän schlapp auf den Boden fiel.

»Ups! Er ist tot«, sagte Lucian unschuldig.

Er ging schnell zu Selin. Sie schaute ihn voller Hoffnung an. »Und? Hat er zugestimmt?«

Lucian nahm Selins Hände. »Bevor ich irgendetwas sage, muss ich etwas beichten.« Selin schaute ihm verwirrt in die Augen. »Ich musste meinen Hunger stillen und habe ihn getötet, und beim Gehörnten, ich wollte das nicht, ich konnte einfach nicht widerstehen. Verzeih mir bitte, Selin, aber schau, ich habe einen neuen Plan, und ... und ...«

Selin legte ihren Finger auf seinen Mund. »Es ist mir egal, es ist mir sogar recht, dass du ihn getötet hast. Jetzt kannst du den anderen Piraten Befehle geben.« Dann küsste sie ihn sanft auf die Lippen und versuchte, ihre scharfen Zähnen nicht in seiner Unterlippe zu bohren.

»Mein schwarzer Engel, ich bedaure, dass ich dich angeschrien und beschimpft habe, als du Kalas Blut getrunken hast. Ich kenne den Hunger, verzeihe mir«, heulte er fast.

»Du weißt, dass ich dir verzeihen werde, du bist mein Mann, mein geliebter Ehemann. Einen besseren Mann kann man sich nicht wünschen. Du weißt doch, dass ich dich über alles liebe«, sagte sie ruhig. »Und deshalb musst du mir nichts vorheulen, wir müssen noch heute Nacht aufbrechen, also los und gehe jetzt!«, sagte sie mit harter Stimme.

Sie hatte ihn durchschaut.

»Natürlich denken Männer nie, bevor sie etwas tun, doch dann bedauern sie es schnell«, murmelte sie.

Mit offenem Mund betrachte Lucian seine Frau, und erst jetzt bemerkte er, wie wunderbar sie doch war.

Dann lächelte er. »Komm wir gehen gemeinsam zu den Piraten.«

Selin nickte.

»Bist du dir sicher, dass du alles hast?«

»Ja, habe ich«, sagte Sivan gelangweilt.

»Deine Kleider?«, fragte Kala.

»Ja.«

»Deine Bücher?«

»Ja.«

»Deine Gegenstände?«

»JA!«, schrie Sivan jetzt.

Kalas Blick wurde böse. »Gut.«

»Tut mir leid, Kala, ich wollte dich nicht anschreien, aber ich bin nicht nur nervös, sondern auch übermüdet.

Ich habe so wenig Schlaf in der letzten Tagen bekommen, ich weiß nicht mehr, wo vorne und hinten ist,« erklärte Sivan müde, er massierte seine Augen und seufzte.

Kala zog Sivan an sich und küsste ihn. »Mir geht es genauso, Sivan, aber bald können wir wieder schlafen.«

»Passt du auf die Jungs auf? Ich muss noch zu Selin«, sagte Kala.

»Ist gut.« Sivan lagerte die Koffer auf dem Boden.

Kala lächelte, dann wandte sie sich zum Gehen. Kala lief die Küste entlang. Es war frisch geworden, ihr war kalt, sie zog ihren Umhang enger an sich. Das Meer war auf seine Art schauerlich geworden, es hatte so eine tintenähnliche Farbe angenommen. Es war eine sternenlose Nacht. Kala schaute sich um, dennoch war Licht, das Schiff war die einzige Lichtquelle.

Sie blieb stehen, das Schiff machte ihr ein wenig Angst, doch sie riss sich zusammen. ›Komm schon, Kala, du hast einer Vampirhexe dein Blut gegeben, hast gesehen, wie die Leute aus deinem Dorf sterben, und du hast Angst vor einem dämlichen Schiff?‹, dachte sie.

Als sie weitergehen wollte, tauchte Juliette wie aus dem Nichts auf und hielt Kala an.

Kalas Herz pochte. »Du hast mich erschreckt, Juliette.« Sie schluckte.

»Tut mir leid«, rief sie hektisch. »Was machst du hier?«, fragte sie und packte Kalas Schultern.

»Ich will zu deinen Eltern, ist das machbar?«, sagte Kala misstrauisch.

»Nein, es ist nicht machbar!«, flüsterte Juliette.

»Warum nicht?,« fragte Kala jetzt auch flüsternd.

Juliette schloss kurz ihre Augen und seufzte. »Mein dummer Vater hat den Kapitän getötet, und ...«

Kala unterbrach: »Warte, warte, warum hat er ihn umgebracht?«

»Weil sein Hunger viel zu groß war, und jetzt sprechen sie mit der Mannschaft und versuchen sich rauszureden. Und wenn sie dich jetzt sehen, da machst du eben alles kaputt, verstehst du?«, erklärte Juliette immer noch im Flüsterton.

»Verstehe«, zischte Kala.

›So ein elender Bastard, dann schreit er noch Selin an, weil sie mein Blut getrunken hat‹, dachte Kala wütend.

»Ihr müsst euch alle gedulden. Ich wette, dass du und die anderen bald an Bord kommen könnt«, erklärte Juliette nervös. Sie zitterte.

»Und wann kann ich kommen?«, fragte Kala.

»Geh jetzt zurück! Ich werde kommen und allen Bescheit geben.«

Kala nickte. »Aber warum kannst du hier bleiben?«

»Mir können sie nichts antun. Sie können mir so oft sie wollen einen Dolch in den Körper rammen oder mich hundertmal mit Pistolenkugeln beschießen, doch ich werde nicht sterben, ich bin eine Proserpivie, eine Vampirhexe, ich lebe ewig. Vergiss das nicht«, rief sie noch flüchtig.

»Aber ...«, bevor Kala noch etwas sagen konnte, verschwand Juliette plötzlich. Sie war wie vom Erdboden verschunden.

Kala kehrte um. Sie lief wieder zu Sivan.

»He, seid Ihr nicht der Herr, der mit Captain Drake sprechen wollte?«, rief einer der Piraten auf dem Schiff.

»Ja, der bin ich«, sagte Lucian vergnügt.

»Wo ist Captain Drake?«, fragte ein anderer.

»Was soll ich dazu noch sagen? Er schmort jetzt wahrscheinlich in der Piratenhölle, denn er ist tot!« Lucian lächelte eifrig.

Ein Mann mit schwarzer Haut trat hervor. Er hatte Eisenarmbänder an den Handgelenken. »Sir, meint Ihr das ernst?«, fragte er hoffnungsvoll.

Lucian musterte ihn noch mal kurz. »Natürlich, seht!« Selin trat mit dem Leichnam vor und schmiss ihn auf den Boden.

Die Piraten begannen zu lachen.

»Was ... Ich meine, wie ist er gestorben?«, fragte der dunkelhäutige Pirat lachend.

»Ich will euch die Wahrheit sagen. Ich habe ihn getötet«, sagte Lucian.

Der Pirat schaute verwirrt. »Aber wie? ... Er hat doch ...«

Lucian trat aus der Dunkelheit hervor.

»Was zum Teufel ...«, schrien die anderen Piraten, doch der dunkelhäutige Pirat sagte nichts, er wich nur vor Schreck zurück.

»Was seid Ihr?«, fragte der Pirat mutig.

»Jedenfalls keine Menschen«, lachte Lucian und zeigte stolz seine messerscharfen Zähne. »Ratet!«

Ein junger Pirat trat vor. »Ihr seid ein Vampir«, sagte er ängstlich.

»Wohl kaum, Small-dale«, rief der dunkelhäutige Pirat.

»Hätte ja sein können, Morgan«, rief der junge Pirat, der offenbar Small-dale hieß.

»Jetzt Schluss mit dem Radau«, rief Lucian. »Wir sind Proserpivien.«

»Noch nie davon gehört«, sagte ein alter Pirat.

»Sei still, Oldy-John«, flüsterte der Dunkelhäutige.

»Damit Ihr es versteht, in Eurer Sprache: Vampirhexen«, erklärte Lucian weiter. »Morgan, richtig?« Er zeigte zum dunkelhäutigen Piraten.

Morgan nickte.

»Ist es machbar, dass Ihr mich und zwei weitere Völker hier auf diesem Schiff aufnehmen könnt?«, fragte Lucian.

»Kommt darauf an, wie viele es sind ...«

»Wir Vampirhexen sind dreißig, die Hexen noch mal so viele. Insgesamt also sechzig Leute«, erklärte Lucian.

»Für zwei Völker ist das ganz schön wenig«, sagte Morgan nachdenklich.

Lucian trat vor und packte Morgan am Kragen: »Hör mal, wir waren mal zweihundert und mehr, wir sind die letzten Überlebenden unseres Volkes. Und nur weil so ein christlicher Bastard meint, wir wären Geschöpfe der Unterwelt, heißt es noch lange nicht, dass wir ganz unmenschlich sind, kapiert? Dieser Inquisitor und seine verrückt gewordene Frau ist mit einer ganzen Armee auf dem Weg hierher, und wenn sie uns erwischen, erwischen sie auch euch.«

Morgan wagte es nicht zu atmen.

»Und«, fügte Lucian hinzu, »er wird euch alle töten, wie er es mit meinem Volk und dem Hexenvolk getan hat.« Er ließ Morgan los.

Unruhe verbreitete sich in der Piratenmenge.

»Männer, wir haben ein großes Problem ...«, rief Morgan.

Der alte Pirat Oldy-John schüttelte den Kopf. »Ich denke nicht, dass wir ein großes Problem haben, wir sind jetzt freie Menschen. Captain Drake ist ja tot, er kann uns zu nichts mehr zwingen ... Leute, ich weiß nicht, wie es euch geht, aber ich will zurück nach Kopenhagen fahren, zurück zu meiner Familie, und ich werde endlich als freier, ehrlicher Mann arbeiten, so wie früher.«

»Natürlich, natürlich kannst du das tun, mein Freund«, erklärte Lucian und legte dem alten Mann einen Arm um seine dürren Schultern, »aber wir müssen noch heute Nacht aufbrechen, denn wenn sie sehen, dass ihr Proserpivien und Hexen auf eurem Schiff habt, werdet ihr mit einem ollen Strick an die Bäume gehängt.«

»Na gut, einverstanden, aber wer soll jetzt dieses Schiff leiten?«, fragte Oldy-John.

Lucian schaute sich um. »Morgan, du wirst Kapitän spielen müssen«, sagte er kurz, dann wollte er sich zum Gehen wenden, doch Morgan hielt ihn auf. »Nur noch eins ... Wie viel Gepäck habt ihr?«

Lucian lächelte. »Nur das Nötigste, was man zum Leben braucht.«

»Gut, Lucian, soll ich Juliette Bescheid sagen?«, sagte Selin hinter ihm.

»Natürlich, mein Engel.«

Zara hörte das laute Geschrei Juliettes. Es war Zeit, aufs Schiff zu gehen, zu segeln und ein neues Land zu betreten. Zara war darüber traurig, alles zurückzulassen, doch ihm war bewusst, dass er gehen musste. Er betrachtete das Schiff mit großen Augen, es war riesig.

»Jungs, jetzt werden wir fürs Erste in Sicherheit sein«, erklärte Kala müde.

Sicherheit? Wie Sicherheit? Früher oder später würde Coraline ihn finden und töten, dachte Zara.

»Und wohin segeln wir?«, fragte Alexander.

»Ich weiß es nicht, mein Waldgeist, jedenfalls an einen sicheren Ort, das verspreche ich dir.« Kala streichelte über Alexanders Haar.

»Ich weiß nicht, wie Lucian es geschafft hat, doch ich bin dankbar«, sagte Kala zu Sivan.

»Obwohl er ein Dummkopf ist?«, fragte Sivan.

»Obwohl er ein Dummkopf ist«, wiederholte Kala lächelnd.

Und endlich gelangten sie am Bord. Zara wurde nicht herzlich begrüßt, wie bei den Vampirhexen, er wurde nur schief angeschaut. Die Piraten machten ihm ein wenig Angst.

Eine bekannte Person näherte sich.

Lucian.

Er sah mächtiger und glücklicher denn je aus, er breitete seine Arme aus. »Ah, da seid ihr ja, man erwartet euch im Zimmer des Kapitäns«, sagte Lucian.

Erleichterung stieg in Kala auf. »Gut zu wissen, ich

kann dann auch gut ausschlafen.«

Auch Sivan sah erleichtert aus.

»Los, kommt mit!«, verlangte Lucian. Er führte sie zu einer kleine Treppe, die zur Kabine des Kapitäns führte. Lucian machte die Tür auf. Zara traute seinen Augen nicht. Alles war schön und luxuriös eingerichtet, in einer Ecke lag eine offene Truhe voller Goldmünzen.

»Ich glaube, hier ist Platz für uns alle«, platzte Lucian plötzlich.

Kala schaute Lucian böse an. »Ich glaube, du bist blind, siehst du nicht, dass hier in diesem Bett nie dreizehn Personen hinein passen können?«

Lucian lachte auf »Liebes, das sehe ich auch, doch ich kann mir eine Decke holen und auf dem Boden schlafen«, erklärte er.

»Wisst ihr was? Ich teile euch einfach auf, verstanden?« Selin hielt inne, dann schnappte sie nach Luft und begann zu reden: »Hier ist ein großes Bett, also würde ich sagen, Kala, Juliette, Luna und ich schlafen darauf ... Yule, Pearl, Jordan, ihr könnt auf dieser großen Fensterbank schlafen ... Zara, Alexander, ihr könnt euch das kleine Sofa teilen ... Jolie, wenn du willst, kannst du es dir auf diesem Sessel gemütlich machen, wenn nicht, dann schläfst du mit Papa und Sivan auf dem Boden.« Sie wandte sich an die kleine Ellione, die immer noch in Juliettes Armen schlief. »Und du schläfst in einer Truhe.«

Alle sahen Selin schief an. »In einer Truhe?«, fragte Sivan.

»Ja, warum denn nicht? Wir leeren eine der Truhen aus, füllen sie mit Decken und dann haben wir ein Babybett«, sagte sie glücklich.

»Das ist eine gute Idee«, meinte Kala müde und schmiss sich auf das große Bett.

Sivan machte einen seiner Koffer auf und nahm eine große Decke heraus, dann legte er sich auf den Boden und machte es sich gemütlich. Er schaute die anderen müde an und sagte: »Gute Nacht, Leute.«

Als Zara auf dem Sofa lag, wurden seine Augen immer schwerer, plötzlich verschwamm alles, seine Augenlider schlossen sich endlich.

* * *

Er wusste nicht, wo er war, doch er war nervös. Zara sah seine Hände, waren es tatsächlich seine? Seine Hände sahen wie die eines Mannes aus, sein ganzer Körper schien erwachsen geworden zu sein. Er saß auf einem Bett, jemand streichelte sein Haar. Zara spürte, dass dieser Jemand eine Frau war, doch was hatte sie mit ihm vor? Sie streichelte ihn immer noch. »Habe keine Angst!«, sagte sie ausdruckslos, dann zog sie blitzschnell seinen Kopf zurück und biss ihn in den Hals. Ihre messerscharfen Zähne, bohrten sich in sein Fleisch. Die Frau saugte das Blut aus ihm heraus.

Eine Erinnerung kam in ihm auf. *»Der Tod ist eine Illusion ...«* Man tauchte ihn in Schmerz.

Ein Gesicht erschien ihm für einen Moment – die Frau mit der Mondsichel *»... eine geistige Erlösung ...«*, sagte sie in seinem Kopf, *»... der Tod wird dir eines Tages Glück bringen ...«* Die Frau ließ ihn los, doch stattdessen nahm sie Zaras Kopf zwischen die Hände.

Der letzte Satz der Mondgöttin, schoss wieder in Zaras Kopf: »... *er wird sich stark machen!*«

Jetzt blickte Zara ins Gesicht der Frau. Es war nicht Coraline, nicht seine Mutter, Kala oder Selin. Ihre Augen waren weiß, darunter hatte sie diese Äderchen, die auch Jordan hatte, ihr Haar war nussbraun und hatte ein paar goldene Strähnen, ihr Mund war sinnlich und blutverschmiert. Sie hatte Ähnlichkeiten mit jemandem, aber mit wem? Zara wusste es nicht. Sein Verstand verschwamm, er konnte nicht mehr klar denken, denn sie begann ihn zu küssen.

* * *

Jemand rüttelte ihn. Zara schlug seine Augen auf.

»Zara, tut mir leid, dass ich dich jetzt wecken muss!«, flüsterte diese zarte Mädchenstimme.

Zara konnte immer noch nicht erkennen, wer dieses Mädchen war. Doch nicht etwa Jordan? Nein, dieses Mal war es jemand ganz anderes. Mit diesem Mädchen hätte Zara nie gerechnet, er erkannte sie endlich. Es war Jolie. Zaras Herz pochte.

»Habe ich dich erschreckt?«, fragte Jolie flüsternd und lächelte.

Zara musterte Jolie. »Ja, du hast mich wirklich erschreckt, aber warum hast du mich geweckt?«

»Komm mit, ich zeige dir, warum.« Jolie streckte ihre Hand aus und schleifte Zara mit sich. Sie öffnete eine Tür und ging eine Treppe hinunter. Dann standen sie wieder vor einer Tür, dahinter verbarg sich ein Zimmer. Dort brannte Licht.

»Jetzt kein Wort mehr sagen«, verlangte Jolie fast lautlos.

Zara nickte.

»Das ist das Kompasshaus«, flüsterte Jolie immer noch.

»Ja, aber warum führst du mich hierher?« Zara wartete ungeduldig auf ihre Antwort.

Jolie runzelte die Stirn. »Du wolltest doch wissen, wo wir hingehen werden, oder? Mein Vater spricht mit dem neuen Captain.«

Freude erfüllte Zaras Herz. »Und? Wohin fahren wir denn nun?«, fragte er.

»Nach Frankreich, dann werden wir nach Nord- oder Süditalien ziehen.«

»Echt?«

»Pst, sei leise!« Jolie legte ihr Ohr auf die Tür und lauschte.

Zara schwieg einige Minuten lang.

»Wir werden erst in einer Woche dort sein, dann werden wir in Carteret, Frankreich, ankommen«, sagte Jolie.

»Und dann?«

»Dann müssen wir wieder mit Kutschen nach Italien fahren, dahin, woher wir kamen, in unsere Heimat«, erklärte sie fast schwärmend.

»Ihr kommt aus Italien?«, fragte Zara.

»Ja, dort wurde ich geboren, doch wir mussten weg, denn die Menschen dort begannen zu merken, dass meine Eltern nicht altern.« Sie hielt inne. »Komm, wir gehen jetzt zurück, bevor mein Vater uns bemerkt.«

»Wie alt ist dein Vater?«, fragte Zara und wandte sich zurück zur Treppe.

»Mein Vater ist sehr alt«, erklärte Jolie.

»Wie alt?«

»Ich glaube, er ist ein paar tausend Jahre alt«, überlegte sie.

»Und wie alt bist du?«, fragte Zara.

»Ich bin noch sehr, sehr jung«, antwortete Jolie.

Dann stiegen sie die steile Treppe hinauf. Endlich gelangten sie wieder ins Zimmer. Zara legte sich wieder in sein Bett. Erst jetzt bemerkte er, dass es langsam Morgen wurde. Dennoch schlief er ein.

LAND IN SICHT!

Als Kala am Morgen erwachte, konnte sie endlich einmal richtig lächeln. Sie blickte zu Zara und Alexander, beide schliefen noch auf dem gemütlichen Sofa.

»Guten Morgen.«

Kala zuckte zusammen, als sie die Stimme hinter sich hörte. Es war Selin, auch sie lächelte glücklich. »Hast du gut geschlafen?«, fragte sie.

»Ja, sehr gut sogar.« Kala gähnte, streckte ihre Arme nach oben und ließ sie schließlich auf ihre Schenkeln fallen.

»Wo sind Lucian und Sivan?«, fragte Selin und stand aus dem Bett auf und nahm Ellione in die Arme.

»Ich weiß es nicht, ich denke mal, sie besprechen mit Morgan, wohin wir segeln.« Kala stand nun auch auf. »Aber ich schätze, wir gehen nach Frankreich.«

»Denke ich auch.« Selin streichelte die ruhige Ellione, dann wickelte sie sie in eine warme Decke. »Komm, wir gehen raus. Ich habe Hunger und Ellione sicher auch.«

Kala nickte und ging mit ihr hinaus. Draußen herrschte eine friedliche Stimmung, das Meer rauschte, es gab noch kein Anzeichen von Land, noch keine Spur von Frankreich. Noch nie hat Kala das weite Meer gesehen. Möwen flogen am Himmel, das Wasser glitzerte im hellen Licht, doch der Wind pustete und ließ das Schiff ein wenig schneller segeln.

»Wo werden die anderen untergebracht?«, fragte Kala beunruhigt.

»Die wurden alle in der Lebensmittelkammer untergebracht«, erklärte Selin.

Kala lächelte. »Du kennst dich wohl mit dem Schiff aus, nicht wahr?«

»Ja, in der Tat. Als ich noch jünger war, bin ich mit meinem Vater viel gereist.« Selin hielt kurz inne. »Dann habe ich Lucian kennengelernt, wir konnten nicht immer am selben Ort bleiben, denn sonst hätte jemand gemerkt, dass wir keine Menschen sind. Und aus diesem Grund mussten wir ständig reisen, wir haben schon fast die ganze Welt gesehen. Glaube mir: Wir waren in Germanien, in Sizilien, im fernen Osten, in Bulgarien, Italien, wir waren auch schon in Amerika, in Salem, in Virginia ... überall, wirklich.«

»Das muss wohl ein aufregendes, langes Leben sein, oder?«, fragte Kala ein wenig neidisch.

»In der Tat, es ist ein aufregendes Leben, doch es ist meist auch sehr, sehr anstrengend und schwer, musst du wissen. Mein Volk wollte sich fürs Erste in Lancashire oder in Kent niederlassen, doch wir sind unglücklicherweise auf den Inquisitor und seine Armee gestoßen«, erklärte Selin.

»Wir hatten einfach nur Pech, und wurden von einer bösen Frau unseres Dorfes verraten.« Kala blickte Selin freundlich in die Augen. »Sollten wir nun nicht zu den Verletzten gehen und sie verarzten?«

»Ja, natürlich, doch lass mich als Erstes Ellione mit ihrer Ersatzmilch füttern, dann wecke ich Juliette auf und überlasse ihr Ellione.«

Zara hörte eine Stimme. Er blinzelte und erblickte Selin und Kala. Er war wohl der Letzte, der aufstand. Alle anderen waren schon hellwach und alberten herum.

»Guten Morgen«, sagte er leise.

Alle blickten zu ihm herüber und wünschten ihm auch einen guten Morgen. Alle, außer Jolie, sie sagte nichts, sie schaute Zara nur flüchtig an und errötete ein wenig.

Dann kam Jordan, sie hatte wieder diesen verspielten Blick. »Zara, wir wollen später auf dem Oberdeck fangen spielen. Du machst doch mit, oder?«

›Nein! Sage ihr, es geht nicht, ich spiele nicht gerne mit Mädchen‹, dachte Zara nervös. »Natürlich mache ich mit.« Zara lächelte falsch, dann wandte er sich zu Kala. »Welcher Tag ist heute?«

Kala lächelte. »Wir haben den vierzehnter September, noch eine Woche bis zum großen Fest, du weißt doch, Mabon, die Herbst-Tag-und-Nacht-Gleiche.«

»Ich hatte es vergessen, Kala.« Zara hielt inne. »Feiern wir dann Mabon hier auf dem Schiff?«

»Ich weiß es nicht, ich glaube, dieses Jahr wird es kein richtiges Mabon geben, wir haben nichts zum Opfern oder zum Feiern, aber wenn der Tag kommt, ist es schon eine kleine Opfergabe an den Gott und die Göttin, wenn wir an sie denken. Ich denke, der Gedanke an sie zählt, das ist das Wichtigste«, sagte plötzlich Selin.

»Wie auch immer, spielt und macht, was ihr wollt, ich und Selin wollen jetzt die Kranken behandeln, doch ich brauche ein wenig Hilfe.« Kala schaute die Mädchen im

Zimmer an. »Yule, Pearl?« Sie hielt inne. »Wollt ihr mir beim Verarzten helfen? Ich könnte jede Hilfe gebrauchen und ihr könnt von mir auch ein wenig lernen, ihr wisst schon, Botanik und so was.«

Yule und Pearl schauten einander kurz an, dann lächelten beide. »Selbstverständlich werden wir dir und Mutter helfen«, sagte Yule. »Stimmt's, Pearl?«

Pearl blickte verlegen zu Boden, lächelte ein wenig und errötete. »Hm, hm«, murmelte sie nickend.

»Du brauchst dich nicht so zu schämen, Pearl. Ich beiße ja nicht, ich mag dich doch. Na komm!« Kala trat zu ihr und legte ein Arm um ihre Schultern, dann verließen sie das Zimmer.

»Na ja, das heißt mal wieder, ich muss auf euch aufpassen.« Juliette seufzte und begann ein wenig mit Zara, Alexander, Jordan, Jolie und Luna herum zu albern.

Ellione schlief wieder in der Truhe ein.

* * *

Die Tage vergingen. Zara verbrachte seine Zeit mit Alexander und Lucians Töchtern. Er wusste nicht, wie lange er schon kein Land mehr gesehen hatte. Wo auch immer er hinsah, er sah nur das weite Meer.

Jede Stunde dieser Tage, spielte er Spiele mit den Mädchen, vor allem mit Juliette, er fand sie nicht nur nett, sie erinnerte ihn auch ein wenig an seine Mutter. Juliette hatte diese wunderschöne Aura, sie kümmerte sich gut um Zara, hatte viel Respekt vor allen, wo auch immer sie ging, verbreitete sie eine liebliche Wärme und zauberte jedem ein Lächeln ins Gesicht. Das mochte Zara sehr. Nachdem sein Herz in Millionen kleine Teilchen zersplittert war, konnte er durch Juliette eine Zeitlang alles vergessen, was er durchgemacht hatte: den Tod Falaks, den Tod Aglajas, Nadias Verschwinden, den Massenmord an seinem Volk und die Angst, die Wut auf Coraline und den Selbstzweifel, den er in sich hatte.

Jordan war jetzt für Zara kein besonders großes Problem, er wurde mit ihr fertig, sie war sehr aufdringlich und manchmal auch grausam, doch auch sie hatte ein Herz. Hier auf dem Schiff konnte sie auch sehr freundlich und hilfsbereit sein, manchmal riss sie Witze und hinterher lachten sich alle Matrosen fast zu Tode, auch Zara.

Mit Pearl und Yule spielte Zara auch gerne. Pearl sprach nicht viel, sie war sehr schüchtern, manchmal erinnerte sie Zara an ein scheues, wunderschönes und zierliches Reh. Sie war zwar älter als Zara, doch das scherte ihn nicht das Geringste. Das Gleiche galt auch für Yule und Luna. Beide waren nett, hilfsbereit und wunderschön. Luna mit ihrem weißen Haar und ihren eisblauen Augen und Yule, die wie ein kleiner Waldgeist aussah, braune dunkle Augen, dunkelbraunes Haar und rote weiche Lippen.

Zara mochte einfach jeden von ihnen. Nur Jolie konnte er nicht einschätzen, sie verhielt sich eigenartig, als ob sie ein dunkles Geheimnis mit sich tragen würde, sie war zu Zara durchaus nett, doch auf irgendeine Weise auch nicht.

Dennoch fand Zara sie am schönsten, obwohl er auch ihr Aussehen komisch fand: Noch nie hat er braunes

Haar mit goldroten Strähnen gesehen, und ihre Augen waren zwar leuchtend braun, aber wenn man genauer hinsah, hatte sie auch grüne Sprenkel, wie kleine winzige Sternchen, ihre Pupillen erweiterten sich manchmal stark und manchmal waren sie auch so klein wie ein kleines Muttermal.

Jolie hielt ein wenig Abstand von Zara, und aus diesem Grund konnte er sie nicht so gut einschätzen.

Es stellte sich heraus, dass Ex-Pirat Morgan auch von Hexen abstammt und sein Volk und seine Familie in Salem getötet und von Inquisitoren heimgesucht wurde.

Morgan wollte sich Lucian anschließen und ein neues Leben als Proserpivie anfangen.

Selin und Kala vergaßen alles um sich herum. Die letzten Tagen verbrachten sie damit, die Verletzten zu heilen und sich Geschichten aus der Jugend zu erzählen.

»Woher kommst du überhaupt?«, fragte Kala.

»Aus Italien«, antwortete Selin stolz.

»Wirklich? Woher genau?« Kala lächelte fröhlich und genoss die schöne Morgendämmerung.

Die Sonne ging endlich auf. Selins Augen nahmen ihre menschliche Gestalt an und ihre Reißzähne bildeten sich zurück, blieben aber dennoch leicht spitz. »Ich komme aus der Toskana«, sagte Selin.

»Wie?« Kala schaute verwundert.

»Du weißt schon, Empoli, eine Stadt ziemlich nahe bei Florenz.« Selins Augen glänzten. »Es ist auch eine sehr berühmte Stadt in Italien, dort lebte ich früher mit meinem Vater. Ich hatte alles, was mein Herz begehrte, ich war reich, hatte die neusten Kleider und vieles mehr.«

»Du warst reich?«, empörte sich Kala aufgeregt.

Selin nickte »Ja, damals hieß ich noch Selena Dicomano. Mein Vater war ein Conte in Empoli, ich wusste, und weiß heute noch nicht, was die Aufgabe eines Contes ist, oder was genau mein Vater gemacht hat, doch er war ziemlich anerkannt und verdiente sehr viel Geld. Er versuchte, mir so gut es ging alles zu verheimlichen, was zu verheimlichen war.«

Kala runzelte die Stirn. »Was zum Beispiel?« Selin blickte in die See und lächelte.

»Dass meine Mutter eine Hexe war.«

»Das verstehe ich jetzt nicht so ganz. Dein Vater war also nicht der magischen Kunst kundig?« Kala seufzte und wartete auf Selins Antwort.

»Natürlich nicht, mein Vater war ein Mensch. Er war berühmt. Er durfte das gar nicht. Verstehst du, die Menschen verabscheuen uns, sie töten uns, wenn sie einen in die Finger bekommen.« Sie hielt inne. »Dennoch verliebte mein Vater sich in eine Hexe, aber das musste er geheim halten.«

»Wie war deine Mutter?«, fragte Kala.

»Ich weiß es nicht, sie starb bei meiner Geburt, ich habe sie nie kennengelernt. Ich weiß nur von meinen Vater, dass sie blondes langes Haar und meerblaue Augen hatte. Sie war angeblich bildhübsch«, erklärte Selin.

Kala schaute ihr in die Augen. »Wie hieß sie denn?«

Selin lächelte und blickte in den klaren Himmel, ihre Augen glitzerten dabei. »Sie hatte einen wunderschöner Namen ... Ellione, doch alle nannten sie Aurora, weil sie wie die Morgenröte strahlte.«

»Hatte sie einen Coven? Einen Hexenklan?«, fragte Kala aufgeregt.

»Nein, sie war eine Einzelgängerin.«

»Hast du Geschwister?«

Selins Miene verdüsterte sich. »Ich hatte mal einen Bruder.«

»Wie jetzt ›ich hatte mal‹?«, hakte Kala nach.

»Er wurde eines Nachts entführt, als ich tief und fest in meinem Bett schlief«, erklärte sie leise.

»Wie hieß er?« Kala legte leicht eine Hand auf ihre Schulter.

»Dante, war sein Name, Dante Dicomano. Er war erst sechzehn, als man ihn entführte ... Ich liebte ihn so sehr.« Selin schüttelte den Kopf. »Warum es so weit kam, weiß keiner.«

»Ich will zwar nicht zu neugierig sein, aber wie hieß dein Vater?«, fragte Kala.

»Cosimo Dicomano«, antwortete Selin kurz.

»Hat dein Vater, Cosimo, nichts unternommen, als Dante entführt wurde?«, grübelte Kala.

»Doch natürlich. In seinem Bett wurde viel Blut gefunden, sein Blut. Ein Suchtrupp suchte nach ihm, doch man fand ihn einfach nicht«, erklärte Selin.

»Von was wurde er entführt oder getötet?«

»Von einem Vampir.« Selins Wut begann zu steigen.

»Wie meinst du das, von einem Vampir?« Kala wich unauffällig einen Schritt zurück.

»Ich fand nach drei Wochen nach seinem Verschwinden einen Brief und darin stand: ›Euer Sohn ist auf dem Weg zu einem ausgezeichneten Blutsauger und Mörder, die Verwandlung hat er auch gut überstanden. Das Licht wird er nie wieder sehen können und euch auch nicht. Sucht ihn nicht, vergesst ihn! Tut mir leid, dass ich ihn ohne euch zu fragen mitgenommen habe, doch ich brauche mehr Vampire in meinem Clan. Ich habe euren Sohn erwählt, und auch er hat sich entschieden, ein Leben als Mörder zu leben. Schweigt lieber oder euch wird etwas schlimmes widerfahren. Grüße aus der dunkelsten Dunkelheit: *Lupo*.‹ Ich kann heute noch den ganzen Brief auswendig«, erklärte Selin leise.

»Aus irgendeinem Grund hat hier jeder eine schlimme Vergangenheit«, bemerkte Kala traurig.

»Ja, nicht nur ich, auch Lucian zum Beispiel. Er redet nie gerne über seine Vergangenheit, doch eins weiß ich: Er ist der erste reine Proserpivie auf dieser Welt«, sagte Selin.

»Was? Er war der Erste?«, gab Kala laut von sich.

»Mehr als tausend Jahre hat Lucian Hexen gesucht, verwandelt und sie zu seinen Untertanen gemacht ... dazu gehöre ich auch.« Selins Gesicht wurde ernst.

»Kann ich dich noch etwas fragen?« Kala spielte nervös mit einer ihrer Strähnen.

»Ja, frage mich, was du willst.«

»Kann man einen normalen Menschen in eine Vampirhexe verwandeln?«, fragte Kala.

»Nein, wenn man einen Mensch verwandelt, wird er nur zum Vampir und kann bei Tageslicht nicht hinaus gehen ... Verwandelt man eine Hexe, kann sie bei Tageslicht herauskommen, muss aber dennoch nachts Blut trinken. Verstehst du das? Es ist so viel besser, eine Hexe zu sein«, antwortete Selin sachlich.

Beide schauten jetzt in die Ferne. »Wann, denkst du, werden wir endlich in Frankreich ankommen?«, fragte Kala nachdenklich.

Selin streckte lachend die Hand aus, sie hatte Tränen in den Augen. »Jetzt.«

Kala konnte nicht fassen, was sie gerade gehört hatte, doch sie schaute in die Ferne und konnte ihren Augen nicht trauen. »LAND IN SICHT!«, schrie sie. »WIR SIND DA! LAND IN SICHT!« Sie freute sich so sehr, dass sie Selin umarmen und sie immer wieder auf ihre Wangen küssen musste.

Auch Lucian kam aus dem Kompasshaus und begann zu lächeln.

»Wir sind endlich in Frankreich angekommen!«, flüsterte Selin bei sich.

Dann drehte sie sich um und ging auf Lucian zu, danach küsste sie ihn.

»Wir müssen uns beeilen, wir müssen unsere Sachen packen, wir kommen maximal in einer Stunde aufs Land«, sagte Lucian zu Selin.

»Ist gut, ich werde mein Bestes tun, Liebling«, flüsterte Selin, Lucian lächelte wieder und küsste Selin auf die Stirn.

Kala rannte zu Sivan. »Sivan, wir sind endlich angekommen!«

»Kala, ich bin nicht dumm, natürlich weiß ich, dass wir da sind.«

»Du bist gemein zu mir«, sagte Kala neckend.

»Ich weiß.« Sivan schnalzte einmal frech mit der Zunge. »Du weißt doch, dass ich dich liebe.«

»Vater, wo sind wir jetzt genau?«, fragte Jordan.

»In Carteret, mein Engel, wir werden jetzt mit dem Schiff anlegen«, antwortete Lucian.

»Aber wir werden doch nicht etwa in Frankreich leben, oder? Ich will kein Französisch lernen, ich mag die Sprache nicht.« Jordan guckte ein wenig böse.

»Nein, das musst du nicht, wir reisen wieder in Mutters Heimat, la bella Italia, weißt du noch?« Lucian nahm Jordans Hand und sah, wie sich das Schiff immer mehr dem Land näherte.

»Naturalmente, Padre«, sagte Jordan auf Italienisch.

»Die Sprache wirst du wohl nie verlernen, nicht wahr?« Lucian schaute Jordan Stolz an.

»No, non la dimenticheró mai«, sagte Jordan wieder auf Italienisch.

Jetzt hörten sie die hektischen Stimmen der Menschen am Hafen. Frankreich, das christliche Land der Franken. Die Matrosen ließen die Anker fallen.

»Und vergesst nicht, ihr müsst euch falsche Namen geben«, sagte Selin hektisch.

»Wie sollen wir uns denn nennen?«, fragte Kala verzweifelt.

»Gut, dann werde ich euch benennen.« Selin überlegte kurz. »Sivan, du heißt jetzt Gabriel.« Sie holte tief Luft. »Zara wird jetzt William und Kala Rosalie heißen. Verstanden?«

»Aber wieso?«, fragte Kala.

»Frankreich ist ein sehr christliches Land, und ihr habt

Hexennamen. Wenn ihr auffliegen wollt, dann bitteschön, ich wollte euch nur helfen.« Selin hielt kurz inne. »Ich finde Gabriel, William und Rosalie sehr christlich und populär.«

»Na schön, wir werden diese Namen annehmen, doch was ist mit Alexander?«, fragte Sivan.

»Er hat schon einen sehr gängigen Name, er kann ihn behalten«, antwortete Selin.

»Und was ist jetzt mit den restlichen Hexen unseres Dorfes?«, fragte Sivan.

»Sivan, die Hälfte ist gestorben, uns sind noch dreizehn Hexen geblieben, gerade noch genug, um einen kleinen Klan zu bilden, einen Coven«, sagte Kala.

»Kala hat recht, Sivan, manche sind seekrank geworden und hatten noch die verbrannten Füße. Sie sind vor Schwäche gestorben«, bestätigte Selin.

»Auch Vampirhexen sind hier am Bord gestorben, stell dir vor, es gab nicht genug Blutopfer, um alle satt zu bekommen. Von dreißig sind nur neunzehn übrig geblieben«, erklärte Kala.

»Und warum bekomme ich bitteschön nichts davon mit?« Sivans Wut stieg immer mehr.

»Weil wir dich nicht beunruhigen wollten«, erklärte Kala.

»Das ist für mich aber keine richtige Erklärung, Kala«, schrie Sivan fast.

»Sivan, bitte, ich will jetzt nicht streiten, nicht vor Alexander und Zara«, sagte Kala flehend.

»Gut, jetzt gehen wir nach Frankreich und was dann? Hm?«

»Nein, wir werden nicht in Frankreich bleiben, wir werden nach Italien gehen«, sagte Selin ruhig.

»Wohin, nach Rom? Die Stadt der Oberchristen? Vielleicht gleich in den Vatikan? Mit all diesen christlichen Bastarden? Nein, Leute, so kann ich nicht leben! Wäre ich doch nur in Devon mit Falak gestorben«, schrie Sivan.

Kala fühlte sich beleidigt, schlug ihm mit voller Wucht ins Gesicht. »Ich sagte, nicht vor den Kindern«, schrie sie.

Sivan erholte sich von dem harten Schlag Kalas, er drehte sich um und schlug Kala zurück. Doch jetzt ging Selin dazwischen. Sie packte ihn blitzschnell am Hals, drückte ihn gegen die Holzwand, entblößte ihre Reißzähne und fauchte bedrohlich. »Bist du nicht ganz bei Sinnen? Die eigene Frau zu schlagen, die du eigentlich liebst? Sie hat dir eine geklebt, damit du wieder zur Vernunft kommst!«, brüllte Selin.

Kala hatte Tränen in den Augen. »Beeinflusse ihn, bitte«, flehte sie.

Selin nickte, jetzt schaute sie Sivan tief in die Augen: *Du wirst nach Italien gehen und du wirst nicht meckern oder Kala in irgendeiner Form runtermachen. Du wirst dich an dieses Ereignis nicht mehr erinnern können, du wirst dich auf Frankreich und Italien freuen,* beeinflusste Selin ihn mit ihrer besonderen Gabe.

»Ich werde mich auf Italien und Frankreich freuen«, wiederholte Sivan ausdruckslos.

Dann ließ Selin Sivan los, dann lächelte sie. »Wo waren wir stehen geblieben? Ach ja, ihr müsst euch noch einen Nachnamen aussuchen, wie wäre es mit Donovan?«

»Ja, das klingt gut, Selin«, sagte Sivan freundlich. »Ich werde also Gabriel Donovan heißen. Und das hier sind meine wunderbare Frau Rosalie Donovan und meine zwei Kinder Alexander und William Donovan.«

Selin blickte Kala ruhig an. *Alles ist gut,* sagte sie telepatisch.

Kala schaute sie verwundert an. »Ihr könnt telepatisch reden?«

»Ja, natürlich können wir das«, flüsterte Selin.

»Wie auch immer, ich gehe jetzt zu den anderen und werde ihnen Name zuteilen«, sagte Selin laut.

»Und ich komme mit«, entgegnete Kala schnell.

Schnell verließen sie das Zimmer und gingen nach unten in die Lebensmittelkammer. »Alles in Ordnung mit dir?«, fragte Selin.

»Das Verhalten von gerade eben, von meinem Mann, ich ... eh ... ich wollte mich entschuldigen, er verhält sich nur so, wenn er in Panik ist«, murmelte Kala und strich sich über ihre errötete Wange.

»Du brauchst dich nicht zu entschuldigen, Männer sind eben so. Sie neigen zu Gewalt, wenn sie Angst haben.« Selin hielt inne. »Doch jetzt ist alles in Ordnung, nicht wahr?«

»Ja.« Kala umarmte Selin kurz, dann gelangten sie endlich zu den anderen.

* * *

Endlich wurde alles geregelt. Den dreizehn Hexen wurden populäre, britische Namen zugeteilt und die Koffer wurden wieder gepackt. Es war endlich Zeit, an Land zu gehen und eine neue Welt zu sehen.

Zara konnte Sivans Verhalten nicht verstehen, er wollte schließlich Kala helfen, doch er war zu geschockt. Alexander sah dies lockerer, als ob er so etwas schon öfters bei den beiden gesehen hätte.

»Nun beginnen wir ein neues Leben«, flüsterte Zara.

»Mit wem redest du denn da?« Jordan erschien hinter ihm, sie sah glücklich und zufrieden aus.

»Mit niemandem«, sagte Zara kurz.

»Komm, wir müssen an Land gehen.« Jordan lächelte freundlich.

»Das Schiff steht aber, wie sollen wir denn ankommen, wenn dieses Schiff nicht weiter segelt?«, fragte Zara unruhig.

»Es gibt kleine Boote, die uns zum Festland bringen, du Dummkopf. Ein Schiff darf doch nicht ganz so nahe am Sand liegen, sonst bleibt es darin stecken.« Sie schüttelte den Kopf und lachte ihn ein wenig aus.

»Was ist? Ich kenne mich eben nicht mit Schiffen aus«, sagte Zara.

»Na komm, du Donovan, Kala wartet schon auf dem Boot.« Jordan nahm seine Hand und führte ihn zum kleinen Boot. »Da bist du ja, Zara. Komm, steig schnell ein, und vergiss nicht: Wenn dich ein Fremder anspricht und um deinen Namen bittet, dann sage ihm, du heißt William Donovan, verstanden?«, erinnerte ihn Kala ernst.

»Ja, Miss«, sagte Zara gelangweilt. »Ich hasse diesen Namen«, murmelte er hinterher.

Flink stieg Zara in das kleine Boot hinein. Langsam ließen die Matrosen die Boote hinunter ins Wasser gleiten. Lucian saß alleine in einem Boot, dieses war mit allen Koffern beladen. Dann gab es weitere zwei Boote für die restlichen Hexen und Proserpivien.

Es dauerte eine Weile, bis sie alle zum Festland gerudert waren. Zara beobachtete das grünblaue Wasser, er streckte seine Hand aus und berührte das Salzwasser. »Warum schmeckt das Meerwasser so salzig?«, fragte er.

»Ich weiß es nicht, Zara, ich denke, die Götter wollten es so, und jetzt ist es eben so«, erklärte ihm Selin.

»Die Götter wollten auch nicht, dass unser Dorf niedergebrannt worden ist, doch sie haben es einfach geschehen lassen ... Warum?«, sagte Zara fast wütend.

»Ich weiß es nicht.« Selin seufzte.

»SCHAU! Da, Mama! Dort ist Monsieur Pierre de Beauvais«, schrie Jordan und zeigte auf einen Mann, der am Hafen entlang lief.

»Du hast recht, meine Liebe, das ist er!«, sagte Selin glücklich. »PIERRE! PIERRE!!! Wir sind hier! PIERRE!!!«, schrie sie winkend.

An Land regte sich der gut gekleidete Mann und winkte freundlich zurück. »Tiens, tiens! Schau, schau! Moi maîtresse! Moi Selena! Mademoiselle, ihr seid wiedergekommen!«, rief er überglücklich.

»Wer ist Pierre?«, fragte Kala leise zu Selin.

»Ein alter Freund von mir. Ich verwandelte ihn vor

zweihundert Jahre, er stammt auch von Hexen ab«, antwortete Selin noch leiser zurück.

»Verstehe«, gab Kala von sich.

Endlich gelangten die Boote auf die Bootsstege. Selin stand als Erste auf. Pierre half ihr, er nahm ihre Hand und zog sie auf den Bootssteg.

»Es ist schön, dich wiederzusehen, Pierre.« Selin umarmte ihn und küsste seine Wangen – ein Kuss auf die rechte, einen auf die linke Seite.

»Langsam, langsam, moi Selena, stelle mir erstmal deine neuen Freunde vor ...« Pierre ging zu Kala und küsste ihre Hand.

Ein wenig angewidert zog Kala die Hand zurück und wischte sie an ihrem Kleid ab. »Ich bin Rosalie Donovan und das ist mein ...«

Selin unterbrach Kala schnell. »Du brauchst nicht deinen falschen Namen zu nennen. Er ist ein Freund, Pierre ist einer von uns«, erklärte sie.

»Oui Mademoiselle, Ihr braucht Euch keine Sorgen zu machen, ich verrate nichts ... Ihr seid eine Hexe, nicht wahr? Ich schmuggle hier andauernd Hexen«, erklärte Pierre belustigt.

»Ich heiße Kala, das hier sind mein Mann Sivan, mein Sohn Alexander und das ist der Sohn meiner Freundin, Zara.« Kala legte ihre Hand auf Zaras Schultern.

Pierre sah plötzlich verwundert aus. »Selena, mon trésor, warum seid ihr wieder zurückgekommen? Ihr schaut so traurig, schmutzig und ausgehungert aus! Was ist nur geschehen? Ich dachte, ihr wolltet euch in Bretagne niederlassen.«

»Wir wurden vom Bösen heimgesucht, ein Inquisitor tötete die Hälfte unseres Volkes.« Selins Miene wurde ernst.

»Nach der Hälfte sieht das nicht aus, Selena«, bemerkte Pierre besorgt. »Ihr seid gerade mal noch achtundzwanzig Vampirhexen! Merde!«

»Ja, wirklich ›Merde!‹«, sagte Lucian hinter Kala. »Wir waren mal über zweihundert.«

»Wo wollt ihr jetzt hin?«, fragte Pierre.

»Wir wissen es nicht«, antwortete Kala.

»Ich habe eine Idee.« Er überlegte kurz und blickte allen einmal tief in die Augen. »Ihr kommt jetzt alle mit zu mir nach Hause. Ich kann euch für eine gewisse Zeit Unterkunft geben. Aber erst mal badet ihr alle, auch die fremden Hexen dort drüben, und dann bereden wir alles in Ruhe am Tisch beim Essen, oui?«

»Ja, das klingt wirklich gut«, sagte Lucian überzeugt.

»Ich sage nur kurz meinen Arbeiter, dass ihr Chef früher Feierabend hat.« Pierre lächelte. Er traf auf einen jungen Burschen, einen seiner Arbeiter. Er redete mit ihm ein Paar Worte auf Französisch, klopfte dem jungen Mann auf die Schulter und gab Selin ein Handzeichen, dass sie kommen konnten.

»Wisst ihr, ich habe eine große maison, dort passt ihr alle rein. Ich habe reichlich Diener, ihr könnt sie aussaugen wie ihr wollt.« Pierre lief eine kleine Straße entlang. »Ich lebe neben den Feldern dort hinten. Seht ihr sie? Es ist ein wenig weiter weg vom Dorf«

»Ja, ich kann sie sehen«, sagte Juliette. Sie hielt Ellione fest in den Armen.

Zara schaute das Land mit großen Augen an. Er hatte noch nie so große Felder gesehen. Die Ernte wird hier wohl jedes Jahr gut sein, bemerkte er. Endlich sah Zara auch Pierres großes Haus, ein riesengroßes Fachwerkhaus. Da passten bestimmt mehr als sechzig Leute rein.

»Voilà, mein Haus.« Pierre legte stolz seine Hände auf die Hüften.

»Ich glaube es nicht! Als ich dich verwandelte, warst du sozusagen ein Bettler, der durch die Straßen dieses Dorfes ging und sein Essen klaute, und jetzt hast du ein großes Haus«, sagte Selin fassungslos.

»Ich habe nicht nur ein Haus, ich habe auch meine eigene Familie gegründet, Selena«, erklärte Pierre.

»Du hast geheiratet und hast schon eine Familie?«, fragte Lucian plötzlich.

»Oui, oui, Monsieur, ich wollte euch auf meine Hochzeit einladen, doch ihr wart damals in der neuen Welt, wisst ihr noch? Amerika? Ich kannte euren Wohnort nicht und konnte die Einladung nicht verschicken«, erklärte Pierre ein wenig traurig.

»Vor vier Monaten waren wir doch auch in Frankreich. Warum hast du uns das nicht erzählt?«, fragte Selin.

»Meine Liebe, ich kam gar nicht dazu, euch dies zu erzählen. Wir waren doch alle mit wichtigen Sachen beschäftigt«, antwortete Pierre. »Aber jetzt kommt, meine Frau wartet schon auf mich, und ich habe ein wenig Hunger.«

Sie gelangten endlich in dieses fantastisch aussehende Haus. Einer der Diener machte auf. »Préférée, ich bin zu

Hause!«, schrie Pierre glücklich.

Zara betrachtete alles mit großen Augen. Plötzlich wie aus dem Nichts kam eine Frau, aber statt sich vorzustellen, schmiss sie sich blitzschnell auf Pierre. Beide krachten zu Boden und küssten sich wie wild.

Selin guckte ein wenig verwirrt – eigentlich guckten alle ein wenig verwirrt und schamhaft zugleich.

Endlich lösten sich Pierres Lippen von der Frau. Er hielt ihr Gesicht liebevoll in den Händen. »Ma chère, wir haben Gäste«, sagte er lächelnd.

»Das schert mich nicht, Pierre, gebe mir doch stattdessen ein baiser«, sagte die Frau verschmust.

»Später vielleicht!« Pierre lächelte.

»Nein, jetzt!« Die Frau streichelte Pierres Haar.

»Gut, einen noch.« Er küsste die Frau, dann stand er auf.

»Darf ich vorstellen, dass ist meine Frau Terpsichore«, sagte Pierre.

Terpsichore sah ganz anders aus als die anderen. Sie hatte dunkle Haut, lockiges schwarzes Haar, dunkelgrüne Augen, trug goldene große Ohrringe und ein hübsches Kleid.

»Ist sie auch eine …?«, begann Selin, doch sie konnte den Satz aus irgendeinem Grund nicht zu Ende bringen.

Pierre nickte. »Sie ist auch eine Vampirhexe.«

»Stammt sie aus einem Coven?«, fragte Lucian.

»Nicht direkt, ihr Coven ist eher eine große Familie«, erklärte Pierre.

»Ich war eine Zigeunerhexe«, sagte Terpsichore laut und frech.

»Wusste ich es doch«, murmelte Lucian.

»Wie auch immer, es freut mich, euch kennenzulernen.« Terpsichore verbeugte sich kurz, dann schaute sie alle einmal genau an, bei Zara verweilte sie. »Du«, sagte sie kurz und zeigte auf ich. »Du bist heilig, du besitzt eine Waffe, die uns retten kann. In dir sehe ich eine Schlacht, eine gefährlich Zukunft ...«

»Arrète, mein Schatz, lass das jetzt sein!« Pierre legte eine Hand auf Terpsichores Hüfte. »Führe jetzt doch alle Frauen in die Badezimmer und sage dem Koch, er soll ein Festessen zubereiten, ja?«

»Gut«, sagte sie verärgert, dann wandte sie sich zu Zara. »Ich will nachher mit dir reden, fremder Junge. Geht das?«, fragte sie.

Zara nickte unsicher.

»Na gut, meine Diener, ihr könnt die Koffer in die Gästezimmer legen«, sagte Pierre. »Und, ihr Jungs, kommt mit mir in die anderen Badezimmer, gleich gegenüber des der Frauen. Wascht euch richtig, dann besorge ich euch neue Kleider und dann essen wir. Findet ihr das gut?«, fragte er die Männer hinter sich.

»Ja, das finden wir gut«, sagten ein paar.

Als Zara das Badezimmer betrat, wurde er von edlen Düften und einer riesigen Badewanne umzingelt. Alexander war ebenso erstaunt wie Zara. Alles sah so edel und schön aus.

»Wir sind als Erstes dran«, sagte Lucian zu Sivan.

»Na gut.« Sivan zog sich schnell aus und gelangte endlich in das lang ersehnte warme Wasser.

Nach so langer Zeit fühlte sich Zara wieder richtig

sauber und entspannt.

Doch er dachte immer noch an seine Eltern. Schmerz umhüllte wieder sein Herz, doch dieses Mal weinte er nicht, er ließ dem tiefen Schmerz einfach freien Lauf. Das Wasser machte es ihm ein wenig einfacher, und die Badesalze, die die Diener hinein taten, waren so himmlisch wie das Ambiente selbst.

Der Schmerz in seinem Herzen ließ nach kurzer Zeit endlich nach. Er dachte an die Götter. ›Wenigstens lassen mich die Götter nicht im Stich‹, sagte er zu sich selber.

Zaras dreckiges Haar und sein Körper waren wieder sauber, und auch alle anderen sahen ein wenig zufriedener aus. Dann begann Zara Morgan zu beobachten. Er hatte noch nie zuvor einen Mann mit dunkler Haut gesehen, am Rücken hatte er eine schwarze Tätowierung, doch Zara konnte nicht erkennen, was für eine Figur oder was für ein Symbol es war.

Morgan wurde zu Lucians bestem Freund; beide lachten immer und besprachen alles miteinander. Lucian hatte ihn noch an Bord verwandelt, denn Morgan wollte ein neues Leben anfangen und zwar an der Seite von Lucian.

Endlich stieg Zara aus dieser enormen Wanne und trocknete sich mit einem Tuch ab. Ein Diener brachte ihm edle und neue Kleidung, die perfekt passte, als wäre sie extra für ihn geschneidert worden.

Auch Alexander, Sivan und Lucian bekamen edle Kleider. Schnell zogen sie sich an und gingen aus diesem Luxusbadezimmer.

»Hier entlang, meine Messieurs«, sagte Pierre und zeigte auf einen breiten Flur, der zu einer schönen Marmortreppe führte. Diese stiegen sie hinunter. Pierre lief zu einer riesigen Holztür, die mit riesigen wunderschönen Mustern verschönert war.

»Das ist das Esszimmer.« Pierre machte die Tür auf. Alle waren gespannt, was dort auf sie warten würde. Im Raum befand sich ein riesiger, langer Tisch voller Essen.

»Ihr esst aber noch nichts, Messieurs, wir warten doch noch auf die Damen«, sagte Pierre warnend. »Aber ihr könnt euch ruhig schon hinsetzen.«

Zara setzte sich einfach irgendwo hin. Lucian saß rechts neben Zara, auf seiner linken Seite saß noch niemand. Er konnte es kaum erwarten, das Essen vom Tisch zu nehmen und anzufangen zu essen.

Auf seinem Platz lag ein Porzellanteller mit Silberbesteck und eine Serviette aus edlem Stoff. Daneben stand ein Glas. Auch die anderen hatten diese edlen Sachen auf ihrem Platz.

›Wann kommen die Frauen endlich?‹, fragte sich Zara.

Sie warteten lange Zeit. Zaras Hunger wurde immer größer.

Doch dann kam Terpsichore aus der großen Holztür. »Die Frauen sind jetzt wunderschön, sauber und fertig für das Mahl«, sagte sie stolz und glücklich. Sie schob die Tür weit auf, und ließ die gepflegten schönen Frauen herein.

Alle Frauen trugen ein langes Brokatkleid. Juliette strich an Lucian vorbei, schnell gab sie ihm die Hand. »Vater, schau!«, sagte Juliette leise.

»Du bist wunderschön, mein Schatz«, flüsterte Lucian. Dann ließ er ihre Hand los und ließ sie weiterlaufen.

Zara betrachtete Juliette mit großen Augen, und dieses Mal war sie so schön wie noch nie. Sie hatte ein dunkelgrünes Kleid an, ihr langes Haar wurde ein wenig zusammengeflochten, zwei kleine Zöpfe waren nach hinten gebunden, doch der Rest des Haars fiel noch elegant auf ihren Rücken.

Als sich Zara wieder zum Tisch wandte, erschrak er; Jordan lächelte und starrte ihn an. »Hallo Zara«, sagte sie. »Habe ich dich wieder erschreckt?«

»Ein wenig schon«, antwortete Zara, doch dann lachte er ein wenig. Er hatte vergessen, wie schnell sie doch war.

»Und?«, fing sie an. »Wie findest du mein Kleid?«

»Ganz gut«, antwortete Zara.

Ihr Brokatkleid passte wirklich gut zu ihr, es war schwarz und auch ein wenig grau.

Ein Klirren lenkte die Aufmerksamkeit auf Pierre. Er hielt ein Glas in der Hand und klopfte mit einer Gabel lautstark darauf. »Darf ich um eure Aufmerksamkeit bitten? Oui?«, sagte er laut.

Alle richteten sich zu ihm. »Ich will euch alle herzlich willkommen heißen. Ihr hattet es in den letzten Wochen bestimmt nicht leicht. Aus diesem Grund werde ich euch verwöhnen lassen, und für einige Zeit Unterkunft gewähren.« Er hielt inne. »Dann werde ich euch für die lange Reise nach Italien alles besorgen, was ihr braucht und wünsche euch viel Glück und den edlen Segen der Götter!« Dann schaute Pierre auf seine Frau und lächelte. »Und …«, begann er noch mal, »falls ihr es vergessen haben solltet, das ist meine Frau, Terpsichore, und daneben meine Kinder, César und Madeleine.« Er hob das Glas. »Bon appétit!«, rief er kurz.

Fünf Diener kamen um den Tisch herum, sie trugen große Kessel. Jedem schöpften sie eine rötlich aussehende Suppe auf die Teller. ›Was ist das bloß?‹, fragte sich Zara.

Als sie bei Zara anlangten und die Suppe auf den Teller schöpften, beobachtete er Jordan. Graziös nahm sie den Löffel und kostete die Suppe. Als die warme rötliche Brühe in ihren Mund gelangte, bemerkte Zara, dass Jordans Zähne wieder spitz und messerscharf wurden. Sie legte kurz den Kopf in den Nacken und schloss dabei die Augen. Ihre Zähne waren ein wenig rot gefärbt und diese feinen Äderchen unter ihren Augen tauchten wieder auf.

Endlich öffnete Jordan die Augen. Sie sah plötzlich wild und hungrig aus. Erst löffelte sie so schnell wie möglich die Suppe, doch dann schmiss sie den Löffel auf den Tisch, ergriff blitzschnell den Teller und schluckte die ganze Suppe hinunter.

Jordans Teller war endlich leer. »Mehr«, murmelte sie. »Mehr!«, sagte sie nun klar und deutlich. Sie wandte sich zu den Dienern: »ICH WILL MEHR!«, schrie sie fast.

Einer der Diener lief schnell mit dem Kessel zu ihr und schöpfte ihr noch mehr von der rötlichen Suppe auf den Teller. Dann begann Jordan wieder vom Neuem.

Lucian lachte bloß, auch seine Zähne waren lang und messerscharf. »Was ist mit dir, mein Junge? Hat dir Jordan etwa die Sprache verschlagen?«

»Nein, nein, es ist nur ein bisschen ungewöhnlich, Jordan so essen zu sehen«, antwortete Zara.

»Warum kostest du denn nicht? Die Suppe schmeckt einfach fantastisch.« Er klopfte Zara kurz auf die Schulter und löffelte langsam und gelassen die Suppe.

Zara überlegte. Er hatte noch nie in seinem Leben eine rote Suppe gesehen, schon gar nicht eine, die die Zähne so bestialisch rot macht. Doch was hatte er zu verlieren? Er hatte so vieles erlebt, und er machte sich Sorgen wegen einer roten Suppe? Zara zuckte kurz mit den Achseln, nahm den Löffel in die Hand, tunkte ihn in die Suppe und ließ sie in seinen Mund laufen.

Die Suppe hatte einen eigenartigen Geschmack. War etwa die gemahlene Leber einer Kuh darin? War es ein wenig gestampfter Rotkohl? Oder doch das Knochenmark eines Schweins? Nein, für Zara war es eindeutig: Rotkohl und Knochenmark. Aber was auch immer noch darin war, es schmeckte erstaunlich lecker. Wie konnte er nur so misstrauisch sein? Alle anderen schlürften doch auch die Suppe, sogar Kala, sie war bereits bei ihrem zweiten Teller.

»Pierre, du musst mir das Rezept geben«, rief Lucian.

Pierre lächelte. »Gerne, Terpsichore kann sie dir geben. Sie hat das Rezept erfunden. Diese Suppe stärkt sehr.«

»Aus welchem Blut wird sie gemacht?«, fragte Lucian zu Zaras Entsetzen.

Es war Blut, und er hatte es getrunken. Kein Wunder, dass Jordan und die anderen Vampirhexen so darauf abfuhren.

»Blut einer Jungfrau«, rief Pierre vergnügt.

»Ich habe Blut getrunken?«, fragte Zara laut und entsetzt. Er ließ den Löffel sprachlos in die Suppe fallen.

Lucian fing wieder an zu lachen. »Ja, natürlich! Was denn sonst?«

Zara wurde es plötzlich richtig übel. Er stand auf und übergab sich in eine große Vase, die in einer Ecke des Raumes stand.

Auch Kala sah schockiert aus, sie ließ wie Zara den Löffel in die Suppe fallen.

»Das ist doch nicht euer Ernst?«, fragte Sivan laut.

»Nein, das ist mein voller Ernst, Monsieur«, antwortete Pierre.

»Wir sind sterblich, wir brauchen kein Blut zu trinken, und ihr gebt uns eine Jungfrauenblutsuppe?«, fragte Sivan noch lauter.

Pierre schlug sich auf den Kopf und schüttelte ihn. »Oh, Monsieur, ich bitte um Vergebung, pardon! Ich hatte den Köchen vergessen zu sagen, dass sie für die Sterblichen extra ohne Blut kochen sollen! Ich bitte vielmals um Entschuldigung! Pardon Monsieur!«, entschuldigte sich Pierre.

Er wandte sich zu den Dienern, sprach ein paar Wörter auf Französisch und ließ sie gehen.

»Ihr könnt euch doch jetzt das Obst und das gekochte Gemüse vom Tisch holen, während ihr auf eure Gerichte wartet, oui?« Pierre wandte sich danach wieder zu Terpsichore.

MABON

Kala begann zu lachen. »Unglaublich, wie konnte Pierre vergessen, dass Sterbliche am Tisch sitzen?«

»Ich habe keine Ahnung«, antwortete Selin.

»Ich denke, das ist ein Ereignis, über das wir noch in zwanzig Jahre lachen können«, scherzte Sivan, der gerade Wein aus seinem Glas trank.

Die Diener brachten endlich eine blutlose Gemüsesuppe, danach gab es einen großen Schweinebraten und hartgekochte Eier. Für die Vampirhexen im Saal gab es noch weitere Blutgerichte, sie servierten sogar reines Blut statt Wein.

»Monsieur Pierre?«, fing Juliette an, die neben Pierre saß.

»Was kann ich für dich tun, Mademoiselle?« Pierre schaute sie freundlich an und trank Blut aus dem Glas.

»Serviert ihr noch etwas Frisches? Wenn ihr wisst, was ich meine ...«, fragte Juliette leise.

»No, no, das könnte unsere sterblichen Gäste doch traumatisieren. Ich serviere frisches Blut nur, wenn wirklich alle Proserpivien sind«, antwortete Pierre. »Warum fragst du überhaupt?«

Juliette seufzte. »Ich will nicht unhöflich sein, doch dieses Blut schmeckt mir nicht so ganz. Es ist Blut einer Frau nicht wahr?«

»Ja, sicherlich. Ich finde, weibliches Blut hat einen besseren Geschmack als das männliche«, meinte Pierre ruhig.

»Ich bin ganz anderer Meinung, Pierre, tut mir leid«, erklärte Juliette.

»Aber nur, weil du eine Frau bist.« Pierre lächelte und trank wieder von dem Blut.

»Du hast recht, Frauen mögen meistens männliches Blut und Männer begehren eher weibliches Blut.« Juliette lehnte sich in ihrem Stuhl zurück und lächelte.

»Abgesehen natürlich von meiner Frau, sie begehrt seltsamerweise nur Jungfrauenblut. Aber ich meine, jeder Geschmack ist anders, meine Liebe.« Pierre nahm wieder einen Schluck Blut.

»Also servierst du mir jetzt einen jungen Mann? Also hier auf dem Tisch?«, fragte Juliette erwartungsvoll.

»Nicht hier am Tisch, meine Süße, aber ich kann dir das männliche, frische Blut natürlich besorgen«, versicherte Pierre.

»Danke, Pierre.« Juliette beugte sich vor und gab ihm einen Kuss auf der Wange.

Pierre errötete. »Hm, ich weiß nicht, ob ich überzeugt bin, ma chère.«

Juliette verdrehte die Augen. »Gut, noch einen.« Sie beugte sich wieder vor und küsste ihn noch einmal. »Genügt dir dies?«

Pierre nahm ihre Hand und küsste sie. »Oui, das genügt mir.« Er wandte sich zu den Dienern und verlangte das frische Blut, das Juliette wollte.

Nach einer Weile waren alle satt.

Lucian stand auf und wischte sich eine Haarsträhne

aus dem Gesicht. »Ladys, Gentlemen, ich bin satt und ich denke, ihr alle auch, ich würde jetzt vorschlagen, wir gehen auf unsere Zimmer, ruhen uns aus und dann treffen wir uns zum Abendmahl wieder«, verkündete er den anderen.

Dann stand Pierre auf. »Er hat recht.« Er klatschte ein Mal in die Hände. »Diener, bringt sie auf ihre Zimmern.«

Du bleibst noch hier, Pierre, sagte Lucian telepatisch.

Was ist los, Monsieur Lucian?, fragte Pierre und trat zu ihm.

Alle begaben sich schon zum Ausgang des Saals, doch Juliette war misstrauisch und blieb noch kurz stehen.

»Ich möchte eine Erklärung«, verlangte Lucian bedrohlich.

»Eine Erklärung wofür?«, fragte Pierre verwundert.

»Willst du mich für dumm verkaufen? Was war das eben am Tisch mit meiner Tochter?« Lucians Augen funkelten.

»Was meinst du?«, fragte Pierre.

»Ich helfe dir ein wenig auf die Sprünge: Warum hat sie dich geküsst und warum du sie?« Lucians Frage klang bedrohlich und böse.

»Du brauchst dir doch keine Sorgen machen, sie hat sich nur bedankt, weil ich ihr wie gewünscht frisches, männliches Blut serviert habe«, erklärte Pierre ruhig.

Lucian packte ihn am Hals und hielt Pierre mit der bloßen Hand hoch, dann entblößte er seine scharfen Zähne. »Ich warne dich. Pierre, wenn du sie auch nur mit einem Finger anfasst, dann reiße ich dir das Herz aus deiner Brust und werde es an die Straßenhunde verfüttern. Habe ich mich klar und deutlich ausgedrückt?«

Pierre versuchte, sich zu wehren, doch er konnte nicht, Lucian war viel zu stark. »Monsieur ... ich flehe Euch an«, stöhnte Pierre.

»Ich gebe dir einen Rat: Lege dich niemals mit dem Einzigwahren an. Denke immer daran: Ich war und bin der Erste unserer Art, ich bin über tausend Jahre alt und somit viel stärker als du«, erklärte Lucian. »Ich könnte dich jeder Zeit in Fetzen reißen, wenn ich es so will.«

»Oui, Monsieur, aber bitte, ich hatte und habe auch nie vor ... Eure Tochter zu verführen oder was auch immer Ihr denkt.« Vor Schmerz hielt er inne. »Ich habe mich doch nur nett mit ihr unterhalten.«

In diesen Moment kam Juliette. »Vater, hör auf damit, hör auf!«, sagte sie schrill. »Vater, ich sagte, lass ihn los ... Bitte!«

Lucian ließ Pierre zu Boden fallen. Pierre schnappte nach Luft und massierte seinen Hals.

Juliette beugte sich zu Pierre und half ihm aufzustehen. »Oh Pierre, das schlechte Benehmen meines Vaters tut mir schrecklich leid.« Dann wandte sie sich zu Lucian. »Du bist so eifersüchtig, du hast Angst, dass deine Tochter mit männlichen Wesen in Berührung kommt«, schrie sie ihn an. »Und weißt du was? Ich bin jetzt schon erwachsen genug, also kann ich tun und lassen, was ich will.«

»Du, mein Täubchen, wirst gar nichts tun, irgendwann wirst du heiraten, aber den Mann, den ich dir aussuchen werde. Hast du mich verstanden, Juliette?«, sagte Lucian trocken.

»Ich habe es allmählich satt, dir zuzuhören, ich will frei und unabhängig von dir sein. Ich liebe dich über alles, Vater, doch ich hasse es, wenn du mich wie einen Vogel im Käfig einsperrst.« Sie wandte sich an Pierre und schaute ihm tief in die Augen und lächelte. »Also werde ich das tun ...« Sie nahm Pierres Gesicht zwischen ihre Hände.

»Juliette, ma petite, tu das nicht ...« Doch bevor er sich noch wehren konnte, küsste sie ihn auf die Lippen.

»Juliette!«, schrie Lucian entsetzt.

Juliette ließ Pierre los, der vor Scham errötete. »Es tut mir leid. Mein Vater brauchte eine Lektion, Pierre, und jetzt hatte ich die Gelegenheit dazu«, erklärte Juliette.

»Das war aber nicht nötig«, stotterte Pierre.

»Warum hast du zugelassen, dass sie dich küsst?«, schrie Lucian Pierre an.

»Ich hatte doch gar keine Chance, mich zu wehren, Monsieur Lucian.« Pierres blaue Augen funkelten.

»Du willst mich ernsthaft anlügen, oder? Willst du mir also damit sagen, dass du den Kuss meiner Tochter genossen hast?« Lucian wurde vor Wut rot im Gesicht.

»Nein, nein, es war nur so, dass ich eigentlich nichts gefühlt habe, Monsieur. Ich liebe sie nicht.« Pierre hielt ängstlich inne. »Ich habe eine Frau und zwei Kinder, ich könnte deine Tochter niemals lieben.«

»Willst du mir also damit sagen, dass meine Tochter hässlich ist?«, schrie Lucian.

»No, no, Lucian, ganz im Gegenteil, deine Tochter ist wunderschön, ehrlich, eine einzigwahre Schönheit«, stotterte Pierre.

»Also doch!«, fing Lucian noch wütender an. »Du wolltest sie doch verführen!«

»Verführen?«, schockiert starrte Juliette Lucian mit offenem Mund an. »Ich bitte dich, Vater, hör auf damit! Er wollte mich niemals verführen!«

»Ich bitte Euch, Monsieur Lucian, ich hatte nie vor, Eure Tochter zu verführen!«, schrie Pierre verzweifelt.

»Jetzt reicht es mir, Pierre, ich werde dich umbringen!«, schrie er blind vor Wut. »Umbringen, verstehst du?«

Juliette konnte gerade noch verhindern, dass sich Lucian auf Pierre stürzte.

»Monsieur, ich habe Euch wirklich nichts angetan, ich habe Euch allen hier eine Unterkunft gegeben, und jetzt wollt Ihr mich töten, nur weil Eure Tochter mir ein albernes, dankendes Baiser gegeben hat? Merkt Ihr selber nicht, dass Ihr so Eure Tochter verliert?«, wagte es sich Pierre zu sagen.

»Vater, wenn du dich nicht jetzt sofort beruhigst, werde ich Pierre wieder küssen.« Juliette schaute ihrem Vater eindringlich in die Augen.

»Sei still, Mademoiselle, das macht die Situation nur noch schlimmer!«, sagte Pierre fast panisch.

»Das würdest du nicht noch einmal wagen, Juliette!« Lucians Augenfarbe veränderte sich; sie wurden wieder weiß.

Dann erklang eine bekannte Stimme im Raum: »Was um Dianenswillen, ist hier los?«, sagte Terpsichore.

Pierre fiel ein Stein vom Herzen. »Oh, ma chère, du bist hier, Lucian ist total irre geworden!«

»Sei still, Pierre! Ich will von Juliette wissen, was passiert ist«, sagte Terpsichore kalt. »Nun«, fing sie an, »was ist passiert, Juliette?«

»Also, alles fing am Tisch an, ich bat Pierre, mir männliches frisches Blut zu servieren, und er brachte mir das auch. Gleich danach gab ich ihm als Dankeschön zwei flüchtige Küsse auf seine Wange.« Juliette hielt inne und schaute ihren Vater böse an. »Mein Vater hatte alles vom anderen Tischende beobachtet und dachte, wir wären heimlich ein Paar, was natürlich völlig irrsinnig ist«, erklärte sie.

»Ja, ja, rede weiter«, murmelte Terpsichore.

»Ja, und nach dem Essen wollte mein Vater Pierre zur Rede stellen, was das am Tisch sollte. Pierre erklärte es ihm auch, doch mein Vater wollte es nicht glauben und wollte ihn umbringen. Zum Glück war ich da und konnte ihn noch rechzeitig retten.«

»Retten? Erzähle ihr doch, was für eine ›Lektion‹ du mir erteilt hast, was du mit Pierre gemacht hast«, schrie Lucian.

Terpsichore schaute erst Pierre und dann Juliette an. »Sage mir, was noch passiert ist.«

Juliette seufzte. »Ich habe es satt, von meinem Vater wie ein Vogel eingesperrt zu werden, also habe ich Pierre geküsst, als Zeichen der Rebellion.«

Pierre errötete und schaute zu Boden.

»Pierre, ist das wahr?«, fragte seine Frau.

»Ja, es ist wahr! Doch glaube mir, ich hatte keine Gelegenheit, mich zu wehren, so schnell war sie«, erklärte er. »Bist du sauer auf mich, ma chère?«

»Nein, überhaupt nicht, ich finde, Juliette hat das sehr gut gemacht.« Terpsichore lächelte. »Als ich so jung war wie du, habe ich genauso gehandelt, ma petite. Mein Vater hatte den gleichen Charakter wie Lucian, und ich rebellierte.«

»Dann wäre dies also geklärt, oder?« Pierre schaute Lucian ängstlich an.

»Ich will, dass du dich entschuldigst, Lucian. Ich weiß, ich sollte mit dem Einzigwahren ein wenig respektvoller sprechen, doch hier geht es um die Moral. Du hast einen Fehler gemacht, Lucian, und das müsstest du jetzt auch zugeben«, sagte Terpsichore ruhig.

Lucian seufzte. »Gut, es kann sein, dass ich einen Fehler gemacht habe.« Er hielt inne. »Aber ich bin eben auch nur ein Vater, und Väter sind meistens eifersüchtig und machen sich Sorgen um die Töchter. Es tut mir leid, Pierre.« Er streckte seine Hand aus.

Pierre schüttelte sie misstrauisch. »Heißt das jetzt, dass Ihr mich nicht tötet?«, fragte er.

»Nein, nein«, versicherte Lucian, dann schaute er zu Juliette. »Ich denke, du musst dich auch entschuldigen, meine Liebe.«

»Du hast recht.« Juliette ging zu Pierre. »Es tut mir leid, was ich getan habe, Pierre.«

Pierre nickte.

»Also wäre dieses große Missverständnis geklärt«, meinte Terpsichore zufrieden. »Dann geht jetzt in eure Zimmer und ruht euch aus. Ich habe hier noch einiges zu tun.« Dann verließ sie den Saal.

Lucians Blick wandte sich zu Pierre. »Du hast eine sehr

willensstarke Frau.«

»Ich weiß. Und aus diesem Grund liebe ich sie auch, sie ist einfach einzigartig«, erklärte Pierre. »Solltet Ihr Euch jetzt nicht ausruhen?«

»Du hast recht. Komm, Juliette, wir gehen in unsere Zimmer.« Er legte einen Arm um sie und verließ mit ihr zusammen langsam den Saal.

»Hier ist es wirklich schön!« Kala schmiss sich auf das luxuriöse Bett und seufzte.

»Was denkst du, wie lange wir noch hier bleiben?«, fragte Sivan.

Kala überlegte. »Hm, von mir aus würde ich hier mein ganzes Leben verbringen«, scherzte sie.

Sivan verdrehte die Augen. »Jetzt mal im Ernst, Kala.«

Kalas Gesicht verdüsterte sich, sie runzelte die Stirn und schaute zu Boden. »Ich denke, zwei bis drei Tage.«

Plötzlich klopfte es an der Tür. »Darf ich hereinkommen?«, fragte Terpsichore aufgeregt. »Ich hoffe, ich habe Euch nicht gestört.«

Kala schüttelte widerwillig den Kopf. »Nein, nein, wir haben uns nur ganz kurz unterhalten.« Sie hielt inne. »Aber was wollt Ihr hier?«

Terpsichore lächelte. »ich wollte nur mit dem Jungen sprechen«, antwortete sie erwartungsvoll.

»Welcher der Jungen, ich habe ja zwei davon.« Kala lächelte freundlich.

»Der Schwarzhaarige, der mit dem Stein«, verlangte Terpsichore.

Sivan strich sich übers Haar und schaute Kala an.

»Dann meint Ihr wohl Zara.«

»Ja, genau den meine ich.« Terpsichore blickte sich kurz um und schaute fragend. »Und wo ist der Junge?«

»Er ist draußen in Eurem Garten und spielt mit Lucians Töchtern«, antwortete Kala ruhig.

Terpsichore nickte. »Danke, das wollte ich nur wissen.« Sie wandte sich zum Gehen, doch sie blieb noch kurz stehen und überlegte. »Vergesst bitte nicht, dass wir heute noch zu Abend essen.«

»Um wie viel Uhr?«, fragte Kala.

»Um acht.« Sie griff nach der Türklinke und machte die Tür auf. »Und noch was«, platzte sie heraus. »Morgen ist Mabon, ich werde für euch alle festliche Kleider besorgen und eine Feier organisieren.«

Kala drückte sich die Hand aufs Gesicht. »Oje, das hatte ich total vergessen. Ist es schon morgen? Wie feiert Ihr das Fest?«, fragte sie.

»Auf meine Art, Ihr werdet schon sehen«, sagte Terpsichore geschwind, dann verließ sie den Raum.

»Was denkst du, was sie von Zara will?«, fragte Sivan und schmiss sich aufs Bett.

»Nun, ich denke, sie wird mit ihm reden, vielleicht deutet sie auch die Zukunft. Ich habe gehört, dass Zigeunerhexen das gut können«, meinte Kala widerwillig.

»Ich habe gehört, dass Zigeunerhexen miese Ausbeuter sind.« Sivan schloss seine Augen und seufzte.

»Ruh dich erstmal aus mein Lieber«, sagte Kala und küsste Sivans Wange.

»Wer fängt jetzt?«, fragte Alexander.

»Na, der, der gefangen worden ist«, erklärte Jordan.

»Und wer ist der Fänger?«, fragte Alexander weiter.

Jordan überlegte, dann lächelte sie. »Du!« Sie tatschte ihn kurz an den Arm und rannte kichernd weg.

»Das ist nicht fair, ich habe gar nicht mitbekommen, dass du der Fänger bist«, rief Alexander beleidigt.

»Das ist deine Schuld, wenn du beim Spielen nicht aufpasst!« Zara lachte, dann betrachtete er kurz den Garten. Noch nie hatte er so schöne Blumen gesehen, Rosen jeder Art wuchsen neben dem asphaltierten Weg. Es gab sogar ein Labyrinth, das aus dunkelgrünen, hohen und perfekt geschnittenen Büschen bestand. Die Nachmittagssonne schien hell vom Himmel, alles schien in Gold getaucht zu sein.

»Du bist!«, rief Alexander. Erst jetzt bemerkte Zara, dass er gefangen worden war.

»Zara, du träumst vor dich hin«, motzte Jordan. »Wenn du weiter so trödelst, macht es keinen Spaß mehr.«

»Sie hat recht, es macht keinen Spaß, wenn du rum träumst, Zara!«, mischte sich Luna ein. Ihre blauen Augen leuchteten.

»Wie spät ist es eigentlich?«, fragte Yule und schnaufte.

»Hm, dem Stand der Sonne nach müsste es jetzt vielleicht fünf Uhr sein«, schätze Luna. Sie schaute mit schmerzerfülltem Gesicht zur blendenden Sonne.

»Zara? ... Zara?«, rief vom Weitem eine Frau. Es war Terpsichore, Pierres Frau, die Frau, die ihn sprechen wollte. »Zara?«, rief sie noch einmal fragend.

»Ja?« Zara blieb stehen.

»Kann ich mit dir sprechen?«, fragte sie.

»Ja, sicher«, meinte Zara, dann wandte er sich zu den Mädchen und Alexander. »Ich komme gleich wieder«, versicherte er ihnen.

»Ich habe doch erwähnt, dass ich mit dir sprechen wollte, weißt du noch?« Terpsichore streichelte leicht Zaras Arm.

»Ja, Madame, das habt Ihr.« Zara schnaufte. »Über was wollt Ihr mit mir reden?«, fragte er.

»Über dich«, antwortete sie.

»Warum denn über mich?« Zara machte ein verwundertes Gesicht.

Terpsichore schaute ihn ernst an. »Komm mit!« Sie nahm ihn bei der Hand und lief mit ihm ein Stück.

Sie gingen auf die großen Felder zu, die Sonne schien grell über ihnen. Keiner konnte jetzt noch mithören. Jordan und die anderen spielten ohne ihn weiter.

»Hast du dir jemals die Frage gestellt, warum du Steinschützer bist?«, fragte Terpsichore.

»Ja, das habe ich mich oft gefragt«, überlegte Zara. »Hast du eine Antwort?«

»Ja. Du bist der Auserwählter, du hast sogar direkten Kontakt mit den Göttern«, erklärte Terpsichore. »Kennst du die Legende des Steins nicht?«, fragte sie.

»Nein, ich kenne sie nicht«, antwortete er.

»Willst du sie hören?«, fragte sie.

»Ja, gerne.«

Beide ließen sich nieder, Terpsichore begann zu erzählen: »Es gab einmal eine Zeit, als die Waldgeister, Hexen und Menschen in Harmonie und Frieden lebten. Doch die Menschen begannen, die Kräften der magischen Wesen für ihre eigenen Zwecke auszunutzen und schon sehr bald versklavten die Menschen sie sogar. Eine Zeit der Traurigkeit und Gefangenschaft begann für uns magische Wesen. Dann kamen noch die Christen ins Spiel, die Kirche verlangte, uns magische Wesen zu töten, uns komplett aus der Welt zu verbannen«, erklärte sie.

»Aber warum?«, fragte Zara.

»Weil sie vielleicht neidisch auf unsere Macht sind«, überlegte Terpsichore.

»Wie ging es dann weiter?«

»Die magischen Wesen begannen, so gut wie möglich im Verborgenen zu leben, doch immer wieder fingen und töteten uns die Menschen. Den Hexen wurde es zu viel, mit all ihrer Magie riefen sie die Götter herbei. Zu ihrem Erstaunen erschienen sie sogar. Beide Götter versprachen uns Schutz, und dass das Leid ein Ende haben würde. Sie würden sich bis zu der Abendstunde, in der die Sonne und der Mond parallel zueinander stehen, vom Himmel eine Waffe schicken, die alle magischen Wesen beschützen würde. Die Hexen warteten viele Stunden lang auf diese Waffe, bis endlich die erste Abendstunde erreicht worden war und die Sonne und der Mond zusammen grell am Himmel schienen. Zwei riesengroße Raben erhoben sich in die Lüfte. Einer der Raben hatte goldenes Gefieder und der andere war ganz in Silber getaucht. Beide Raben flogen kreisend über die Hexen und hielten zwei Steine in den Krallen. Immer wieder umkreisten sie die Hexen. Dann endlich flogen sie aufeinander zu und streckten dabei ihre Beine weit nach vorne, bis sich beide Steine berührten. Plötzlich gab es eine Explosion, ein weißes blendendes Licht erschien am Himmel. Die Raben waren verschwunden. Es knallte und leuchtete, keiner der Hexen konnte richtig in das weiße Licht hineinschauen, es blendete die Augen. Als es erlosch, fiel ein schwarzer Stein vom Himmel und landete in den Händen eines weisen, jungen Mannes.«

»Wie hieß der Mann?«, fragte Zara.

»Der Legende nach hieß er Ilian, er war der erste Steinschützer.« Sie schwieg eine Weile. »Nun denn, er war der Auserwählter, dieser Ilian. Die Mondgöttin und der Sonnengott erschienen wieder. Sie sagten, sie hätten einen Stein der Unterwelt und einen Stein des Sommerlandes genommen und einen Teil ihrer Macht in diese hinein gegeben. Durch den Raben der Sonne und den Raben des Mondes vereinten sie diese Mächte und ließen einen einzigwahren Stein, der weder weiße noch schwarze Magie enthielt, daraus werden. Dieser Stein müsse beschützt werden, weil die Macht so groß war, dass man auch viel Unheil und Zerstörung in das Land bringen konnte. Nun hatte Ilian so viel Macht, wie er nur haben konnte, und niemand durfte ihm den Stein wegnehmen, weil er den Schutz der Götter hatte. Ilian zog schon sehr bald in den Wald, nahm den Stein aus der Hosentasche und präsentierte ihn den Satyrn, Feen, Nymphen und den anderen Wesen des Waldes. Allen fiel ein Stein vom Herzen und sie tanzten vor Freude um ihn herum. Einige schlugen vor, es den Menschen heimzuzahlen, andere meinten, man könne den Menschen eine gewisse magische Macht geben, damit sie nicht mehr so neidisch waren, und manche schlugen vor, die Menschen selbst zu versklaven, wie sie es einst mit ihnen gemacht hatten. Man überlegte sogar, ihr Gedächtnis ganz zu manipulieren. Doch Ilian wollte nicht ungerecht sein, er wollte weder rachsüchtig noch manipulierend sein, auch die Natur des Menschen wollte er nicht verändern. Er wollte weder Mensch noch magischen Wesen schaden. Er überlegte und kam zu dem Entschluss, den magischen Wesen, außer den Hexen, die Gabe der Unsichtbarkeit zu geben. Denn nur so konnten sie friedlich, ohne bemerkt zu werden, weiterleben. Ilian schloss seine Augen, schmiss den Stein in die Höhe und schrie: ›*Lass die magischen Wesen, außer die Hexen, unsichtbar werden!*‹ Dann fing er den Stein wieder auf.

Um sich herum verschwanden alle Wesen: die Satyrn, die scheuen Feen, und sogar die temperamentvollen Nymphen. Ilian erlaubte den Wesen aber, wenn sie es wollten, sich wieder sichtbar zu machen.

Wieder zu Hause bohrte er ein Loch in den Stein, fädelte ein Lederseil hindurch und band es sich um den Hals.

Die Menschen begannen zu vergessen, und die Kirche suchte wieder einen neuen Feind, um den Ruf ihres Glaubens aufrecht zu erhalten.

Ilian belegte den Stein zusätzlich mit einem Zauber. Der Stein sollte nur vom Steinschützer getragen werden, wer nicht von den Druiden auserkoren wird und den Stein dennoch besitzt, wird nur Unheil bringen, wenn er ihn benutzt. Und er sollte nur im Namen des Volkes benutzt werden und niemals für eigene Zwecke.

Nach vielen Jahren starb Ilian als ehrwürdiger, weiser alter Mann. Drei Tage nach seinem Tod, als man seinen Körper verbrannt hatte, ließ man seine Asche im kühlen Herbstwind verwehen. Die Asche im Wind formte sich zu einem Raben, und der flog in den Himmel. Da wusste man, dass Ilians Seele das Leben auf dieser Welt stolz und in Ehren verließ«, erzählte Terpsichore.

»Und der Stein, den ich habe, hat wirklich Ilian gehört?«, fragte Zara.

»Natürlich.« Terpsichore hielt inne. »Was ich mit dieser Geschichte sagen will, ist ...«, sie seufzte. »Ich meine, ich wollte fragen, ob du mit dem Stein umgehen kannst.«

»Nein, überhaupt nicht«, gestand Zara.

»Hast du den Stein schon einmal benutzt?«, fragte Terpsichore.

»Nicht direkt, aber er hat schon zweimal Besitz von mir ergriffen«, erklärte Zara. »Und ich bin nicht stolz darauf.«

»Warum nicht?«, fragte Terpsichore.

»Weil ich damit versehentlich getötet habe.« Zara seufzte und senkte den Kopf.

»Kopf hoch, es ist nicht schlimm, wirklich«, lachte Terpsichore. »Du hast damit deine Arbeit getan, du hast uns magische Wesen beschützt.«

»Aber das wollte ich gar nicht, ich konnte es nicht kontrollieren.« Zara hatte einen Kloß im Hals.

Terpsichore überlegte. »Was hat es ausgelöst?«, fragte sie.

»Wie?«

»Was ist passiert, bevor der Stein Besitz von dir ergriffen hat?« Terpsichore schaute ihn ernst an.

»Ich habe meine Mutter auf dem Scheiterhaufen brennen sehen, dann schrie ich ganz laut ›*Nein*‹ und dann kann ich mich an nichts mehr erinnern«, antwortete er. »Wie kann ich lernen, ein richtiger Steinschützer zu sein?«

»Ich denke, mit viel Verstand, Mut, und Selbstvertrauen wirst du das schon alleine herausfinden, Zara.« Terpsichore schaute ihm tief in die Augen und lächelte.

»Aber ich weiß nicht, wie ich das machen soll«, sagte Zara traurig.

»Du wirst es schon schaffen. Du bist noch klein, deine Aufgabe ist jetzt erstmal nur, auf diesen Stein aufzupassen und ihn niemandem zu zeigen. Irgendwann, wenn die Zeit gekommen ist, wirst du ihn benutzen können«, versicherte ihm Terpsichore. »In deiner Zukunft sehe ich ein sehr gefährliches Leben, doch du wirst es schaffen, was auch immer geschehen mag.« Sie hielt inne. »Und nun, ma petite, kannst du wieder spielen gehen.«

»Danke«, rief Zara noch flüchtig, dann stand er auf und ging wieder mit Jordan und den anderen spielen.

»Was ist eigentlich unten im Saal passiert, Liebling?«, fragte Selin.

»Nichts, was eine Frau wie dich angeht«, antwortete Lucian mürrisch.

»Weshalb diese schlechte Laune?«, fragte Selin weiter.

»Selin, lass es einfach!«, gab Lucian heiß von sich.

Selin überlegte. »Du musstest dich bei jemandem entschuldigen, nicht wahr?« Sie schaute ihn an. Lucian blickte böse zu ihr hinüber. »Ich wusste es, du bist immer so schlecht drauf, wenn du dich entschuldigen musst«, lachte Selin.

»Halt mal für einige Momente den Mund!«, brüllte Lucian fast.

»Du brauchst dich nicht so aufzuführen, Lucian!«, sagte Selin laut.

»Gut, du hast mich durchschaut, und? Bedanke dich bei deiner Tochter, dass ich so schlechte Laune habe.« Lucian kehrte ihr den Rücken zu.

»Welche der Töchter meinst du denn? Falls du es noch nicht bemerkt hast, wir haben sieben.« Selin lächelte.

Lucian schnaufte und schloss einige Momente die Augen. »Juliette«, sagte er nur.

»Ja, und was ist mit ihr?«, fragte Selin.

»Sie ist so ... Oh, wenn ich nur daran denke ...« Er hielt inne. »Weißt du was, du hast recht, ich sollte mich nicht so aufführen. Du solltest Juliette selbst fragen.«

»Sag doch, was ist passiert?«, fragte Selin.

»Ich will nicht mehr darüber reden, Selin«, sagte Lucian böse. »Jedenfalls möchte ich, dass Juliette heiratet, und zwar schnell.«

»Warum? Lass ihr doch ein wenig Zeit«, meinte Selin ruhig.

»Ich werde einen jungen schönen Hexenburschen für sie aussuchen, ihn verwandeln und sie mit ihm verheiraten«, entschied Lucian mürrisch.

»Und was ist, wenn sie den Burschen nicht möchte?«, fragte Selin.

»Sie wird ihn schon mögen, glaube mir«, versicherte Lucian. »Ich will jetzt nicht mit dir über dieses Thema diskutieren, Selin.«

Selin verdrehte die Augen. »Wie du meinst, edler Herr.«

Lucian nahm Selins Gesicht in seine Hände. »Das war etwas zu dick aufgetragen, Liebling«, und küsste sie.

»Du überreibst auch«, meinte Selin.

Lucian lachte. »Nein, ehrlich.« Lucian küsste sie wieder.

Plötzlich klopfte es an die Tür. Lucian seufzte verärgert. »Herein!«

»Entschuldige die Störung, Lucian, Madame Terpsichore verlangt, in zwanzig Minuten zu Abend zu essen«, sagte Morgan.

»Gut, wir werden da sein, richte es ihr aus, bitte.« Er wandte sich wieder zu Selin. »Bist du fertig?«, fragte er.

»Ja, sicher.« Selin fuhr sich durchs Haar. »Gut, wir können gehen.«

Als alle endlich am Tisch saßen, begann Terpsichore die Rede, sie erhob sich und schaute jeden mit ernstem Gesichtausdruck an. »Wie ihr wisst, ist morgen Mabon, der Tag, an dem wir uns bei der Göttin und dem Gott für die gute Ernte bedanken. Morgen werden wir den Herbstanfang mit Freude empfangen. Das Ritual werden wir draußen im Zentrum des Labyrinths feiern, dort finden jedes Jahr unsere Feste statt. Auch andere Hexen des Landes werden kommen und mitfeiern.« Sie hielt inne. »Bei Tagesanbruch werden sie hier sein. Ich bitte euch darum, spätestens um sieben im Frühstückssaal zu sein.« Sie lächelte. »Und nun: Bon appétit!«, sagte sie nur und verbeugte sich.

Die Diener kamen wieder, zum Glück nicht wieder mit einem Kessel voller Suppe, sondern mit einem schönen Gänsebraten und vielen anderen Leckereien, die sie auf den Tisch stellten.

Zum ersten Mal war Zaras Bauch voll. Es fühlte sich toll an, nicht mehr hungern zu müssen. Er konzentrierte sich nur aufs Essen, alles andere war ihm egal.

Nach dem Essen standen alle auf, gingen in ihre Zimmer und legten sich schlafen.

* * *

Zum ersten Mal seit Langem wachte Zara entspannt auf. Er musste keine Angst haben, dass Coraline herein platzen und ihm das Herz aus dem Leibe reißen konnte. Und es war Mabon, der Herbstanfang.

»Einen Tag beginnt man immer mit einem fröhlichen Lächeln, dann fängt der Tag schon gut an, hat Mutter immer gesagt«, sagte er leise und lächelte.

»Zara, du bist wach! Schön, dann komm schnell, wasch dein Gesicht und zieh dich an, die anderen sind bestimmt schon im Frühstückssaal«, munkelte Kala hektisch. »Alles Gute zum Mabon, Zara«, sagte sie und gab ihm einen Kuss auf die Wange.

»Dir auch, Kala.« Zara lächelte und zog sich schnell an.

Unten im Frühstückssaal waren alle schon versammelt. Sie sahen heute glücklich aus. Zara wünschte allen im Saal ein fröhliches Mabon.

»Fröhliches Mabon, mein Lieber«, sagte Selin zu ihm und umarmte ihn.

»Dir auch, Selin.«

Jordan stand wieder vor ihm. »Ich warte«, sagte sie.

»Auf was?«, fragte Zara.

»Dass du mir ein gutes Mabon wünschst«, verlangte sie.

Zara riss sich zusammen, atmete tief ein und schloss für einige Sekunden die Augen. »Ein fröhliches Mabon, Jordan.«

Jordan schaute ihn misstrauisch an, doch dann lächelte sie. »Na komm!« Sie schmiss sich mal wieder auf ihn und umarmte ihn fest. »Ich wünsche dir auch ein fröhliches Mabon, Zara«, sagte sie. »Sitzen wir wieder nebeneinander, wie letztes Mal?«

Zara lächelte. »Ja, warum denn nicht?« Und er setzte sich neben Jordan.

»Warum ist Pierre nicht hier?«, fragte Zara.

»Er hat wahrscheinlich viel zu tun. Ich meine, er hat ja das Fest organisiert, und so wie ich ihn kenne, wird er ein spezielles Spektakel veranstalten«, erklärte Jordan.

»Wie meinst du das?« Zara runzelte die Stirn.

»Er macht die schönsten Feiern des Landes, er hat einfach Stil beim Organisieren, er bestellt die besten Sänger, oder lädt Schauspieler ein, um verschiedene Göttergeschichten, die zu Mabon passen, darzustellen«, erzählte sie.

»Welche Stücke denn?«, fragte Zara.

»Kennst du die Geschichte von Persephone und Demeter? Die hat er vor drei Jahren aufführen lassen, und es war wunderschön«, sagte Jordan mit Begeisterung.

Dann kam Terpsichore heraus, sie hielt Madeleine in den Armen, ein kleines Mädchen mit dunkler Haut, blondem Haar und blauen Augen. »Fröhliches Mabon, jeune homme!«, rief sie Zara zu.

»Das bedeutet ›junger Mann‹ auf Französisch«, erklärte Jordan leise.

»Danke, euch auch ein gutes Mabon«, rief Zara freundlich zurück.

Terpsichore lächelte und ging mit Madeleine weiter und begrüßte ihre Gäste mit einem glücklichen Gesicht.

Erst jetzt bemerkte Zara, dass alle ihn anstarrten. »Warum starren mich alle an?«, fragte Zara Jordan.

»Du bist der Steinschützer, du bist hier die Hauptattraktion«, erklärte sie ihm.

»Ach wirklich?«, sagte Zara verwundert.

»Ja wirklich! Vergiss aber nicht: Nicht alle hier wissen, dass du der Steinschützer bist«, sagte Jordan ernst und warf ihr schwarzes Haar zurück.

Eine Frau in einem schwarzen Kleid kam herein und begrüßte Terpsichore herzlich. Sie redeten auf Französisch, Zara konnte sie nicht verstehen. »Wer ist die Frau dort drüben?«, fragte Zara.

Jordan lächelte. »Das ist Marguerite Pajot«, sagte sie

schlicht.

Zara runzelte die Stirn. »Woher kennst du sie?«

»Sie ist eine gute Freundin meines Vaters, er rettete ihr Leben«, erzählte sie.

»Wie hat dein Vater ihr Leben gerettet?«, fragte Zara.

»Vor knapp achtunddreißig Jahren wurde sie in Tamnerre, hier in Frankreich, wegen Hexerei angeklagt. Mein Vater wusste, dass sie sterben würde. In der Nacht bevor sie hingerichtet werden sollte, verkleidete sich mein Vater als Mönch. Die Wachen vor dem Gefängnis gewährten ihm Zutritt. Er gab Marguerite sein Blut und versprach ihr, dass sie nicht sterben würde. Am nächsten Morgen wurde sie hingerichtet. Sie starb, doch wachte als Vampirhexe wieder auf, und na ja, sie verdankt meinem Vater ihr Leben«, erklärte Jordan.

»Echt? Das wusste ich nicht«, meinte Zara.

»Da sieh nur«, sie zeigte auf Lucian und Marguerite, die sich gerade umarmten. Jordan lächelte. »Komm, lass uns zu ihnen gehen.« Sie packte seinen Arm und schleifte ihn zu ihnen. »Bonne Mabon, Madame Marguerite«, sagte Jordan.

»Oh, Jordan, bon Mabon, tu est grande réussie!«, sagte sie.

»Oui Madame«, lachte Jordan.

Marguerite hatte blaue große Augen, sie war sehr schlank, ihr blondes Haar war hochgesteckt, ein schwarzer Schleier war daran befestigt.

»Sie ist sehr verwundert, weil ich so groß geworden bin«, übersetzte Jordan.

»Du brauchst nicht zu übersetzen, Jordan«, sagte

Marguerite.

Jordan riss die Augen auf: »Du sprichst Englisch?«

»Ja, natürlich. Ich habe in den letzten Jahren die Sprache erlernt. Es hat mich viel Mühe gekostet, das hört ihr bestimmt an meinem Akzent«, sagte Marguerite mit französischem Akzent. »Und wer ist der hübsche Junge hier?« Sie zeigte auf Zara.

»Er ist der Sohn von Selins Freundin«, sagte Lucian und schaute Zara warnend an.

Zara verstand, was er meinte. Er sollte nicht erwähnen, dass er Steinschützer war; das Risiko war einfach viel zu groß, dass er verraten würde.

»Ich heiße Zara, Madame«, sagte er freundlich.

»Fröhliches Mabon, Zara«, sagte Marguerite. Sie verbeugte sich kurz und setzte sich an den Tisch.

»Ich denke, das Frühstück fängt an«, meinte Lucian. »Halte dich fern von dieser Frau, sie kann eine falsche Schlange sein«, flüsterte Lucian in Zaras Ohr.

Zara nickte.

Endlich setzte sich auch Zara. Er saß neben Jolie.

»Fröhliches Mabon, Zara«, stotterte sie leise, dann lächelte sie schwach.

»Dir auch«, sagte Zara.

Jolies Augen leuchteten, sie hatte heute ein hellgrünes Kleid an und ihr lockiges braunes Haar schimmerte. Es war komisch. Jolie spielte nie mit Zara und den anderen, das konnte er nicht verstehen.

»Willst du später mit uns spielen?«, fragte Zara.

»Ich weiß nicht«, antwortete sie fast abwesend.

»Heißt das, du möchtest nicht mit uns spielen?«, fing

Zara wieder an.

Jolie zuckte mit den Achseln. »Ich sagte, ich weiß es noch nicht.«

Zara überlegte. »Was tust du eigentlich, während wir spielen?«, fragte er.

»Das, was ihr nicht tut«, antwortete Jolie knapp und schnell.

»Und was tun wir nicht?«, fragte Zara.

»Beobachten, was um uns herum passiert.« Jolie wandte ihren Blick von Zara ab.

»Was passiert denn um uns herum, Jolie?«

»Vieles«, antwortete sie.

»Ja, aber was?«, flehte Zara. »Bitte, Jolie, sag es mir!«

Jolie blickte böse zu ihm hinüber. »Ich will, dass du mich in Ruhe lässt, Zara. Du zerrst an mir herum, das will ich nicht!«, sagte sie bedrohlich.

Zara seufzte und blieb still.

»Ich habe dich vor ihr gewarnt, Zara«, meinte Jordan an Zaras linker Seite.

Zara seufzte wieder. »Dürfen wir schon anfangen zu essen?«, fragte er dann. Jordan nickte.

Zum Frühstück gab es frische Milch, Brot, kleine Früchte und andere tolle, süße Leckereien, die Zara noch nie zuvor gesehen und gekostet hatte. Das Essen war glücklicherweise blutlos. Zara dachte an Lucian; ihm fiel ein, dass er erklärt hatte, dass ihm von Blut am Morgen schlecht wurde. Zara grinste.

Eine hektische männliche Stimme erklang im Saal. »Bonjour!«, rief Pierre. Er trug einen schwarzen Umhang, seine schwarzen Stiefeln glänzten in der Sonne.

»Bon Mabon, alle miteinander.« Er lächelte. »Wenn ihr mit dem Frühstück fertig seid, geht noch einmal in eure Zimmer, denn ich erwarte hier noch Gäste und ich muss noch Dinge für das Fest erledigen«, erklärte er.

Jordan stand auf und zerrte mich hinter sich her. »Komm, Zara, wir gehen jetzt spielen.«

»Gut.« Sie lief mit ihm die große Marmortreppe hinauf, auf ihr Zimmer. »Hast du eigentlich schon unsere Zimmer gesehen, wie hübsch eingerichtet die sind?«, fragte sie ihn.

Zara sah sich im Zimmer um. »Es ist ganz ähnlich eingerichtet wie unser Zimmer«, meinte er.

»Was für eine besondere magische Fähigkeit besitzt du?«, fragte sie Zara nun neugierig.

»Ich?« Zara seufzte laut. »Ich kann ein wenig die Elemente bändigen.«

»Echt? Zeig mal etwas«, neckte ihn Jordan.

Zara nickte zufrieden, denn nun konnte er endlich zeigen, was er drauf hatte. »Gib mir mal die Blumenvase dort drüben«, verlangte Zara.

Jordan nahm die Vase aus dem Regal und überreichte sie ihm.

»Schau jetzt genau hin«, sagte Zara ernst, er schloss seine Augen und konzentrierte sich. Plötzlich waren die Blumen in der Vase eingefroren, die Kälte verbreitete sich schnell im ganzen Zimmer.

Jordan klatschte in die Hände. »Das ist ja unglaublich!«

»Findest du?« Zara zuckte schüchternd mit den Achseln. »Kala meint, für mein Alter wäre ich viel zu schlecht«, erklärte er und errötete, weil es ihm peinlich war. »Was ist deine Fähigkeit?«, fragte Zara.

»Meine?« Jordan überlegte. »Ich kann, wenn ich mich anstrenge, Gegenstände bewegen.«

»Echt? Zeige es mir«, forderte Zara.

Jordan lächelte. »Na schön.« Sie schaute sich im Zimmer um. »Bring mir mal diese Schachtel, die dort im Eck liegt.«

Zara tat, was sie verlangte. Er nahm die kleine Holzschachtel und gab sie ihr. Jordan legte diese auf den Boden, dann konzentrierte sie sich. Starr blickte sie zur Schachtel, und wie von Geisterhand bewegte sich die Schachtel.

»Ich finde das unglaublich, meine Fähigkeiten finde ich dagegen langweilig«, sagte Zara und lächelte freundlich. Erst jetzt bemerkte er, wie viel ihm Jordan bedeutete. Sie war zwar aufdringlich und manchmal grausam, doch sie war eine gute Freundin.

Plötzlich ging die Tür auf. Juliette kam herein. Sie hielt Ellione in den Armen. Die Kleine war vor wenigen Wochen geboren worden, doch dafür, dass ihre Familie fast verhungert wäre, war sie recht kräftig.

»Was macht ihr?«, fragte Juliette, sie setzte sich aufs Bett und legte Ellione neben sich hin.

»Wir haben unsere Fähigkeiten getestet. Wusstest du, dass Zara Elemente bändigen kann?«, fragte Jordan.

»Nein, das wusste ich nicht. Kannst du das wirklich?« Juliette wartete gespannt auf Zaras Antwort.

»Nun ja, ein wenig.« Zara blickte ihr in die Augen.

»Kannst du mir was mit Feuer zeigen?«, fragte Juliette.

»Das kann ich nicht so gut«, meinte Zara, »aber ich kann es ja versuchen, wenn du willst.«

Juliette nickte gespannt.

Zara nahm die Kerze vom Nachttisch und verbrachte ein wenig Zeit damit, sich zu konzentrieren, doch es wollte einfach nicht so richtig klappen. Ein paar Funken erschienen zwar ab und zu am Docht der Kerze, ansonsten passierte aber nichts. »Es klappt nicht«, erklärte Zara verzweifelt.

»Streng dich noch einmal an, für mich, bitte«, flehte Juliette.

Zara nickte. Er konzentrierte sich noch einmal, und die Kerze fing wirklich an zu brennen. »Ah, es klappt«, sagte Zara begeistert.

»Gut gemacht.« Juliette klatschte leise in die Hände.

»Was für eine besondere Fähigkeit hast du denn?«, fragte Zara.

»Sehr viele, die zeige ich dir aber irgendwann mal«, meinte Juliette.

»Wann können wir endlich Mabon feiern?«, fragte Jordan nun.

»Bald werden sie uns holen, Jordan. Du weißt doch, erst wird die Zeremonie vorbereitet, und dann feiern wir bis spät in die Nacht«, erklärte Juliette. »Wie habt ihr immer Mabon gefeiert?«

Zara überlegte. »Na ja, erst sind wir morgens aufgewacht und haben uns einen fröhlichen Mabon gewünscht. Dann gab es im Dorf ein Ritual, dort wurde ein Teil der Ernte den Göttern geopfert. Danach gab es kleine Geschenke, und dann haben wir schön gefeiert.«

»Wirklich?«, fragte Juliette.

Zara nickte.

»Das klingt irgendwie langweilig«, meinte Jordan neckend. »Ich hoffe nur, dass Pierre wieder das Theaterstück von Persephone und Demeter vorführen lässt.«

»Wir werden ja sehen, was der noble Herr zu bieten hat«, sagte Juliette und warf ihr Haar zurück.

Plötzlich klopfte es an die Tür. »Juliette, bist du da drin?«, fragte Luna.

Juliette stand auf. »Ja«, murmelte sie.

Die Tür ging auf. Luna kam herein. Sie trug ein wunderschönes blaues Kleid. »Wir sollen nach unten kommen, in den Garten, da in dieses Labyrinth. Mutter hat mich geschickt, um euch zu holen.« Sie blickte kurz zu Zara und lächelte. »Kommt, beeilt euch!«

Als sie das Labyrinth erreichten, blieben sie stehen.

»Das Labyrinth ist so groß! Wie sollen wir jemals den Weg zur Mitte finden?«, fragte Juliette verzweifelt.

Luna schnaufte. »Ich habe den Weg raus gefunden, ich denke, ich kann es auch schaffen, wieder hinein zu kommen.«

Luna lief eifrig in das Labyrinth, ohne jede Sorge, sich zu verlaufen. »Ich denke, das Ritual hat schon längst angefangen«, meinte sie nur.

»Wenn du weiter redest, verpassen wir noch die Hälfte des Rituals, du Dummkopf!«, sagte Jordan böse.

»Halt den Mund, Jordan«, äußerte sich Juliette.

Endlich erreichten sie die Mitte des Labyrinths, das Ritual hatte tatsächlich bereits angefangen. Pierre führte selbst das Ritual. Die Rede und die Gebete, die er sprach, waren auf Französisch. Zara konnte nichts verstehen. Ein wunderschöner Altar wurde aufgebaut und es wurde sehr viel geopfert: Obst, Gemüse und andere Dinge. Alles war einfach herrlich geschmückt.

Es verging eine Ewigkeit, bis das ganze Ritual vollkommen war, so kam es zumindest Zara vor. Er träumte vor sich hin, bis er bemerkte, dass Marguerite ihn anstarrte.

Schnell wandte sie ihren Blick von ihm ab. Doch als sie das tat, befürchtete Zara das Schlimmste.

Zara ging unauffällig auf Lucian zu. Als er ihn erreichte, zog er leicht an seinem Ärmel, um sich bemerkbar zu machen. Lucian drehte sich zu ihm um.

»Lucian, Lucian, Marguerite starrt mich andauernd an«, flüsterte Zara.

»Was für ein Gefühl hattest du, als sie dich anstarrte?«, flüsterte er gelassen zurück.

»Ein schlechtes Gefühl. Verrat und Habgier, das sagte mir ihr Blick.«

»Komm mit«, sagte Lucian und schleppte Zara mit sich. Sie gingen in einen der Gänge des Labyrinths. »Du darfst dieser Frau auf gar keinen Fall vertrauen oder irgendwas von dir erzählen. Hast du mich verstanden?«

»Warum?«, fragte Zara.

»Wenn Marguerite sich irgendwas in den Kopf gesetzt hat, zieht sie das auch durch. Sie fängt erst an, die Leute zu studieren und wenn sie eine Gelegenheit dazu hat, tötet sie sie«, erklärte Lucian.

»Das hat sie also mit mir vor?«, gab Zara leise von

sich.

»Vielleicht.« Lucian runzelte die Stirn. »Oder vielleicht auch nicht, wer weiß? Es kann auch sein, dass wir uns irren, aber dennoch darfst du ihr nicht vertrauen, verstanden?«

Zara nickte und wandte sich zum Gehen, doch er prallte gegen einen Körper. Zara stolperte ein paar Schritte zurück und blickte der Person ins Gesicht.

Marguerite.

»Wisst ihr, als meine Freundin Coraline mir von einem ganz bestimmten Jungen erzählte, wusste ich schon im ersten Moment, als ich dich erblickte, dass du dieser Junge bist. Du besitzt den Stein, nicht wahr?«, sagte Marguerite völlig gefühllos.

»Ich hätte dich nie verwandeln dürfen!«, krächzte Lucian bereuend.

»Mit ihrem Mann, Jonathan, wollte sie an ihrem früheren Volk Rache nehmen und den Stein in ihren Besitz bekommen.« Sie hielt inne. »Sie ist aber vor knapp einem Monat in die Bretagne gesegelt. Wie konntest du entkommen, Junge?«

Zara gab keinen Ton von sich, doch plötzlich stieg Panik in ihm auf.

»Du antwortest mir nicht?!«, sagte Marguerite erstaunt. »Egal. Auf jeden Fall werde ich dich zu ihr bringen.«

»Du Liebste, du wirst nichts tun«, zischte Lucian kalt. Wie ein Blitz stand er schon vor ihr.

»Hm, Lucian«, kicherte sie.

Lucian verlor die Geduld. Er rammte seine Hand in ihre

Brust. Blut floss. Marguerite verzerrte ihr Gesicht und schnappte nach Luft.

»Wann lernt ihr Neulinge, dass ich ein Urvampirhexer bin, eine respektable Person und damit auch hundertmal stärker als ihr.« Dann riss er ihr das Herz heraus.

Marguerite flog tot zu Boden, um sie herum bildete sich eine große Blutlache.

»Hm«, Lucian zuckte mit den Schultern und warf das blutige Herz zu Boden. »Komm, Zara, wir müssen Pierre erzählen, was hier passiert ist.« Er stieg gelassen über die Leiche und schleppte Zara mit sich.

»War es wirklich nötig, sie zu töten?«, fragte Zara.

»Ja, unbedingt! Sie war eine Bedrohung für uns alle, Zara, sie hätte uns sicherlich alle verraten«, erklärte Lucian. »Ich brauche jetzt unbedingt ein Tuch. Meine Hand ist voller Blut.«

Als sie zurückkamen, war das Ritual bereits beendet.

»Pierre, wir haben ein Problem«, sagte Lucian.

»Man kann unmöglich Probleme an Mabon haben. Komm, Lucian, schnapp dir eine meiner Sklavinnen und sauge sie leer, bis sie keinen einzigen Tropfen Blut mehr in ihren Körper hat«, scherzte Pierre laut und fröhlich.

»Pierre, ich meine es ernst.« Lucian schaute ihn drohend an.

Auf diesen drohenden Blick ging Pierre ein. »Gut«, sagte er mit ernster Miene. »Was ist passiert?«

Lucian schilderte ihm die ganze Situation.

Pierre blickte nur starr vor sich hin, einer seiner Diener kam vorbei. Pierre hielt ihn an und verlangte, dass er die Leiche von Marguerite beseitigte.

»So etwas sollte nie wieder passieren«, meinte Pierre. »Das wäre eine Schande, wenn die anderen Gäste die Leiche entdecken würden.« Er hielt inne. »Ich hätte niemals von Madame Pajot erwartet, dass sie eine enge Freundin Coralines war.«

»Nun, in Personen kann man sich sicherlich täuschen, wenn man sie nicht gut genug kennt.« Lucian kratzte sich am Bart und wandte sich zum Gehen. »Ich hätte sie nie verwandeln dürfen, das war mein Fehler. Hätte ich sie nur vor achtunddreißig Jahre am Strick sterben lassen!«

»Und warum habt Ihr das nicht getan, Monsieur Lucian?«, fragte Pierre provokant. »Ich dachte mir, dass jede arme Hexe, die zum Tode verurteilt wird, das Recht hat zu leben, und außerdem brauchte ich ein Volk, mehr Proserpivien. Ich musste so viele Hexen wie möglich verwandeln. Klar so weit?« Lucian trat zur Seite und holte sich ein Glas Wein, dann traf er Morgan. »Ich schätze, jetzt wird richtig gefeiert, richtig?«

Morgan lächelte. »Nun ja, wie jedes Jahr.«

Lucian trank aus seinem Glas.

»Seit meine Familie getötet worden ist, konnte ich keinen einzigen Feiertag mehr feiern, nicht einmal als Pirat«, erklärte Morgan. »Ich dachte, als Pirat ist man ein freier unabhängiger Mann, der nur von Plünderung und mit der See lebt.«

Lucian setzte sich auf einen Stuhl und trank weiterhin vom Wein.

»Ach, weißt du, das dachte ich auch, aber ich war nicht direkt ein Pirat, ich war eher ein Sklave eines Piraten. Dass du dann aufgekreuzt bist, verändert alles«, sagte Morgan. Er schaute Lucian dankbar an und lächelte.

Lucian verzerrte das Gesicht. »Ach, schmoll nicht so, mein Freund, genieße jetzt dein neues Leben, nicht umsonst habe ich dich verwandelt. Hier!« Er griff nach einer von Pierres Sklavinnen und schubste sie zu Morgan. »Saug sie aus, genieße es, tu es für mich, bitte!«, flehte er scherzend.

Morgan lächelte, und schnell grub er seine Reißzähne in den Hals der Sklavin.

Lucian lachte und Morgan genoss es.

Ein großer Tisch wurde aufgebaut, gedeckt und das leckere Essen wurde endlich serviert.

Zara setzte sich neben Jordan.

»Gefällt es dir?« Jordan nahm sich eine Hähnchenbrust, die auf dem Tisch lag und aß sie gierig.

»Ja, sehr, ich ... äh ...« Zara musste jemandem erzählen, was vor wenigen Augenblicken geschehen war.

»Was ist los?« Jordan runzelte die Stirn.

»Dein Vater, er hat vorhin Marguerite umgebracht«, sagte Zara stotternd.

Jordan stand mit offenem Mund da. »Aber warum?«

»Weil Marguerite eine enge Freundin von Coraline war und sie uns an sie ausliefern wollte«, erklärte Zara.

Jordan wirkte enttäuscht. »Das habe ich nicht von Madame Pajot erwartet. Ich fand sie nett, auch wenn man ihr offenbar nicht vertrauen konnte.« Sie verstummte, ihr Blick wirkte leer, doch plötzlich richtete sie sich wieder auf und lächelte. »Weißt du was? Vergessen wir das einfach. Ich meine, es ist mir jetzt auch egal, dass Marguerite tot ist. Wenn mein Vater es für nötig hielt, sie zu töten, dann muss es auch so gewesen sein.« Jordan schnappte sich ihre Hähnchenbrust und aß weiter.

Zara schaute zu, wie sie das Geflügel hinunter schlang. Nachdem sie fertig war, putzte sie ihren Mund, dann schaute sie sich gierig um. Ihr Blick traf auf eine Sklavin von Pierre. »Du, komm her! Ich bin hungrig!«, verlangte sie kalt.

Ohne ein Wort zu sagen kam die Sklavin und hielt Jordan ihr Handgelenk vor die Nase.

»Merci esclave«, sagte Jordan, dann biss sie der Sklavin ins Handgelenk und saugte. Jordan war nicht mehr wiederzuerkennen – diese Wildheit, diese weißen Augen und diese Adern unter ihren Lidern. Sie vergeudete keinen einzigen Tropfen Blut.

Zara schaute ihr tadellos zu.

Die Sklavin zeigte keine Spur von Schmerz, als würde sie keinen verspüren, und Zara bemerkte, dass sie mit Bisswunden übersät war. Zara verspürte Mitleid, sie musste schon viel Schmerz erlitten haben, auch wenn es danach nicht aussah; die Sklavin benahm sich ganz normal.

Jordan löste ihre Zähne von dem Handgelenk.

»Est-ce que tu veux plus?«, fragte die Sklavin freundlich.

Jordan schüttelte den Kopf und schubste sie weg.

Wie konnte man einen Menschen so schlecht behandeln? Sie tat Zara wirklich leid, er mischte sich aber nicht ein. Er betrachtete jetzt Jordan, die ihren blutverschmierten Mund mit der Zunge abschleckte. Sie atmete einmal tief ein und machte kurz die Augen zu. Die feinen Adern unter dem Lid verschwanden, dann öffnete sie die Augen und sie waren wieder schwarz. Jordan lächelte. »Ich war durstig, ich habe das gebraucht.«

»Wie kommt das, dass sie keine Angst vor euch haben?«, fragte Zara.

Jordan runzelte die Stirn. »Na, weil wir ihnen die Angst nehmen«, antwortete sie.

»Wie macht ihr das?« Zara schaute ihr direkt in den Augen.

»Wir beeinflussen die Menschen. Wenn wir etwas wirklich wollen, brauchen wir nur in die Augen der Person zu schauen, es ist wie Magie, eine Art Gabe, die jeder von uns Vampirhexen hat«, erklärte sie.

»Das macht mich irgendwie sprachlos.« Zara hob erstaunt seine Augenbrauen.

»Verschlägt es dir wirklich die Sprache?«, fragte Jordan. »Nun, was ist, wenn ich dir sage, dass wir auch telepatisch miteinander reden können?«

»Ist das wirklich dein Ernst?« Zaras Blick wirkte verwirrt.

»Ich meine es wirklich ernst«, bestätigte Jordan.

»Dann, sage mir irgendwas in telepatischer Form.« Zara grinste.

Jordan verdrehte die Augen. *»Hallo Zara«,* sagte sie.

Zara hörte diese Worte in seinem Kopf, als hätte sie wirklich direkt mit ihm gesprochen. Aber es klang klarer, deutlicher und sehr viel lauter. »Wie machst du das?«, fragte er.

Jordan zuckte mit den Achseln. »Ich tu es einfach. Wenn ich es will, geschieht es auch«, erklärte sie. Sie blickte zu den anderen Gerichten, die auf dem Tisch lagen. »Hast du keinen Hunger, Zara?«, fragte sie.

»Ich kam noch gar nicht dazu, etwas zu essen.« Zara nahm sich was von dem Schweinebraten und den gerösteten Kartoffeln und aß genüsslich. Es schmeckte ihm wirklich gut, sogar das Brot, das er aß, war wirklich gut, noch so warm und weich. Nicht einmal in Devon hatte er so gutes Brot bekommen. Es gab sogar drei verschiedene Sorten Brot; ein normales, dann eines mit Oliven und ein dunkelbraunes Brot, das ein wenig rot wirkte. Für Zara sah das interessant aus und griff sich eine Scheibe.

»Den Fehler machst du tatsächlich noch einmal«, meinte Jordan. »Du willst schon wieder ein Blutgericht essen.«

Zara ließ das Stück Brot auf den Teller zurück fallen. »Das wusste ich nicht«, sagte er angewidert.

»Weißt du, Pierre experimentiert gerne mit Essen. Eigentlich trennen wir Vampirhexen das Essen vom Blut. Wir brauchen zwar beides zum Überleben, aber wir trennen das irgendwie.« Sie hielt inne. »Wenn wir essen, dann mögen wir kein Blut trinken und umgekehrt, doch Pierre versucht immer wieder, beides zu vereinen, und das gelingt ihm ziemlich gut.«

»Ich möchte eigentlich von all diesen Dingen nichts hören, ich will jetzt einfach nur essen«, meinte Zara.

Es gab wirklich viele Blutgerichte, angefangen von

dem Blutbrot und den verschiedenen Suppen, dann gab es noch verschiedene Weine, die gemischt mit Blut waren. Zara musste aufpassen, dass er keines dieser Gerichte erwischte und aß.

»Zara, kommst du mit uns spielen?«, klang da Alexanders Stimme von Weitem.

Zara fuchtelte mit der Hand. »Warte!« Dann stopfte er sich die letzte geröstete Kartoffel in den Mund und rannte zu ihm. »Was wollen wir denn spielen?«, fragte er.

»Ich denke, fangen oder verstecken«, meinte Yule, die hinter Alexander stand.

»Schön, aber wo sollen wir hingehen? Hier sind einfach zu viele Leute!«, sagte Luna.

»Warum spielen wir nicht im Labyrinth?«, schlug Jordan vor. »Juliette, spielst du mit?«, fragte sie.

Juliette schüttelte den Kopf. »Siehst du nicht, dass ich zu tun habe? Ich muss auf Ellione aufpassen«, erklärte sie.

Das zarte Baby gab quiekende Laute von sich. Juliette lächelte. »Schhh, Ellione, wir gehen ja wieder zum Tisch zurück«, sagte sie liebevoll, wandte sich von der Gruppe ab und ging.

»Sie könnte ja gleich ihre Mutter werden!«, beschwerte sich Jordan. »Sie kümmert sich mehr um Ellione als es Mutter tut.«

»Im Gegensatz zu dir kann sie Verantwortung tragen, Jordan!«, rief Luna giftig.

Jordan verdrehte die Augen. »Es war nur eine Bemerkung, Luna!«, zischte sie zurück.

»Hört auf damit! Was soll das? Ich dachte, wir wollten spielen.« Yule schaute die Mädchen mit ernster Miene an, und plötzlich schien alles wieder in Ordnung zu sein. Sie lächelte. »Lasst uns verstecken spielen.«

Alle stimmten ihr zu und das Spiel begann.

»Gefällt es euch hier?«, fragte Selin und reichte Sivan und Kala den Wein.

»Nun«, begann Sivan, »es scheint anders zu sein als in Devon.« Er schaute zu Kala.

»So edel und kostbar schaut es aus«, meinte Kala.

»Pierres Jahresfeste sind unter uns Hexen sehr bekannt und angesehen«, erzählte Selin. »Früher war er noch obdachlos, schmutzig und arm, und plötzlich kann er sich alles leisten und weiß, wie man Veranstaltungen organisiert, und er schätzt das Leben.« Sie schnaufte. »Es war ein Segen für ihn, dass ich ihn verwandelte.«

»Ein Segen ... hm«, überlegte Sivan. »Ist es nicht eher ein Fluch?«

Selin schüttelte den Kopf. »Nicht wirklich. Manche sehen es als Herausforderung des Lebens, manche sogar als Rettung oder auch als Macht.«

»Als Macht?«, entgegnete Sivan empört.

»Ja, als Macht. Manche wollen unbedingt eine Proserpivie werden, um sich damit als ranghöher zu bezeichnet, was eigentlich totaler Unsinn ist, wir alle sind gleich!«, erklärte Selin.

»Ja, so schuf uns eben Gott und Göttin«, sagte Kala und trank den Wein.

»Auf jeden Fall scheint hier die Zeit wie im Nu zu vergehen, findet ihr nicht?«, bemerkte Selin.

Kala schaute Sivan eindringlich und überlegend zugleich an, dann wandte sie sich zu Selin und nickte. »Du hast recht; die Zeit vergeht wirklich sehr schnell hier. Die Sonne wird bald untergehen.«

Draußen dämmerte es tatsächlich bereits.

»Weißt du, was das bedeutet, Kala?« Selin grinste.

»Was denn? Sag schon!«, forderte Kala.

»Das bedeutet, es dauert nicht mehr lange und Pierres Programm wird beginnen.«

»Was wird er vorführen?«, fragte Kala und wartete gespannt auf Selins Antwort. Sivan ignorierten sie vollkommen, als säße er nicht einmal neben ihnen.

»Ich weiß es noch nicht, aber Terpsichore meint, es wird etwas Großartiges, etwas Neues, etwas, dass sie selbst erfunden hat.«

Kalas Augen wurden vor Aufregung größer. »Meinst du etwas ganz Elegantes, wie ein Tanz oder ein Theaterstück?«

Selin nickte. »Wahrscheinlich, es wird bestimmt etwas mit Zigeunerhexen zu tun haben. Also ja, ich würde auf einen üppigen Tanz tippen.«

»Uhm, ma Chéri, wie heißt du denn?« Lucian zog eine brünette Sklavin zu sich und bedeutete ihr, sich auf seinen Schoß zu setzen.

Voller Leben lächelte sie, ganz anders als die anderen Sklavinnen. »Ich heiße Marie, Monsieur«, antwortete sie widerwillig.

»Ich frage mich, warum eine so schöne und lebendige

Frau wie du als Sklavin arbeitet.« Lucian schaute in ihre dunkelbraunen Augen und strich eine Haarsträhne aus ihrem Gesicht.

»Nun, ich denke, dass man mich als Sklavin verkaufte, weil mein Blut so unwiderstehlich ist«, sagte Marie verführerisch.

»Sprichst du auch wirklich die Wahrheit, Marie?« Lucian lächelte, als die Sklavin auch schon ihren Kopf in den Nacken legte und sagte: »Koste mich!«

»Hm«, brummte Lucian müde. »Ich werde nicht aufhören, dein Blut zu trinken, wenn du behauptest, dass deine rote Energie, die in deinen Adern fließt, so köstlich sei. Ich könnte dich versehentlich töten.«

»Dann verwandle mich!«, sagte Marie plötzlich. »Verwandle mich, du hast richtig gehört.«

Lucian lachte. »Was würde es dir bringen, wenn ich dich verwandle? Du würdest als Vampir wandeln und nie wieder ins Sonnenlicht gehen können!«

Maries Miene wurde ernst. »Ich trage ein Geheimnis in mir, aber Pierre darf nie erfahren, dass ich es euch verraten habe.«

Lucian runzelte die Stirn. »Was denn für ein Geheimnis, ma Chéri?«

»Ich bin eine Hexe«, sagte sie.

»Aber das musst du doch nicht geheim halten? Wenn ich von dir trinke und dich verwandle, wirst du wie ich. Das ist doch ein Glück«, versicherte Lucian.

»Das ist auch nicht wirklich mein Geheimnis.« Maries Augen funkelten. »Ich bin Pierres Spielzeug.«

Bei diesen Worten wollte Lucian nur noch mehr ihr

Blut kosten, doch seine Neugier war stärker als der Hunger. »Seid ihr Sklavinnen nicht alle Pierres Spielzeuge?«, fragte er.

»Nein!«, entgegnete Marie. »Diese Sklavinnen sind das Futter, schau sie dir an.« Sie zeigte auf verschiedene Frauen, die starr vor sich hin liefen und die Gäste mit ihrem Blut bedienten. »Sie alle sind Menschen, manipuliert und gezwungen, den Geschöpfen der Dunkelheit als Futter zu dienen.«

Lucian schaute sich um. Innerlich gab er zu, dass sie recht hatte.

»Was fällt euch auf, Monsieur?«, fragte Marie.

Lucian begann, sie mit den anderen Sklavinnen zu vergleichen. »Du bist eine Hexe, und die anderen sind alles Menschen.«

Marie nickte. »Und was noch?«, ermutigte sie ihn.

»Du bist nicht hier, um mit deinem Blut zu dienen«, bemerkte Lucian.

Marie nickte wieder. »Frage mich, warum!«

Er grübelte weiter.

»Ich will euch warnen, Monsieur. Ich bin mit einer guten Absicht zu euch gekommen. Ihr seid der Urvampirhexer ... ihr sollt Pierre stoppen, töten, versteht ihr mich?« Marie nahm Lucians Gesicht zwischen ihre Hände. »Tötet ihn!«

»Nennt mir einen Grund, warum ich das tun sollte«, sagte Lucian hart.

»Weil er an Hexen, Vampirhexen und Menschen rumexperimentiert.« Maries Stimme war leiser geworden.

»Was meinst du damit?«, fragte er.

Schnell nahm sie seine Hand und drückte sie an ihren Unterleib. »Hier, spürt Ihr das?«

Lucian schloss kurz seine Augen. Er spürte etwas, etwas bewegte sich, etwas lebte in ihr, etwas wuchs in ihr. Er öffnete seine Augen. »Du bist schwanger«, sagte er empört.

Tränen liefen ihre Wangen hinab. »Versteht Ihr, da wächst etwas in mir und ich weiß nicht einmal, was es ist. Pierre will eine neue Spezies erschaffen. Er zwang mich, mit ihm zu schlafen, um zu testen, was dabei herauskommt«, schluchzte sie. »Verwandle mich bitte, nur so kann ich verhindern, dass es zu einer Missgeburt wird.« Flehend legte sie ihren Kopf in den Nacken.

»Du hast vollkommen recht.«

Lucian biss sich selbst ins Handgelenk, gab ihr von seinem Blut. Als Marie eine kleine Menge geschluckt hatte, biss er wie ein wild gewordenes Tier in ihren Hals. Er hörte nicht auf, bis sie leblos in seinen Armen lag. Liebevoll legte er sie auf den Boden.

Hass und Wut stieg in ihm auf, er würde Pierre töten, egal wie, er würde es tun. Er war viel zu gutmütig und hatte bislang viel zu viel Erbarmen mit ihm. Aber jetzt konnte ihn nicht einmal die älteste Tochter stoppen, oder Selin. »WIE ERKLÄRST DU MIR DAS, HM? DU VERDAMMTER HURENSOHN!«, schrie er Pierre an. Schnell packte er ihn am Kragen und schleuderte ihn in Richtung Marie.

Pierre besann sich, dann sah er Marie an. »Merde!«, murmelte er.

Lucian stieg über ihn. »Warum spielst du mit den Mächten der Natur?« Er schlug Pierre mit aller Kraft ins Gesicht. »ICH WERDE DICH TÖTEN!«, schrie er und schlug ihn weiter. Er entblößte seine Reißzähne und gab Laute von sich, die einem Löwen glichen, seine Augen wurden weiß, und die feinen Äderchen unter den Unterlidern pumpten mit voller Wucht sein Blut nach oben. Lucian war unkontrollierbar. »Wie blöd kann man sein, einen Uralten herauszufordern? DU BIST TOT!«

»Lucian, lasst es mich Euch erklären, ich wollte mich nicht mit Euch anlegen.« Pierre schlug zurück, doch Lucian wehrte die Schläge mühelos ab.

»Dann erkläre es mir, was hattest du dann mit der Sklavin vor?« Sein Blick war wie der eines Irren.

Die Menge wurde unruhig, doch keiner wagte es, sich in den Streit einzumischen. Lucian wandte sich ihnen zu. »Mabon ist vorbei! Macht, dass ihr alle wegkommt, oder ich töte euch alle!«

Die Leute ließen sich das nicht zweimal sagen. Schnell huschten sie aus dem Labyrinth hinaus.

»Du kannst doch nicht einfach so die Gäste rausschmeißen!«, zischte Pierre.

Lucian packte ihn am Hals und hob ihn hoch. »ICH bin der Urvampirhexer, ich kann tun und lassen, was ich will, und wenn du unbedingt dein Ansehen vor den Gästen verlieren möchtest, um dir deinen Schmerz noch unerträglicher zu machen, dann bitte ich sie alle gerne wieder hinein. Alles passiert nach MEINEM Willen!« Dann schleuderte er ihn wieder zu Boden.

Langsam beruhigte Lucian sich wieder, er atmete einmal tief ein und wieder aus. »Du hast mir noch nicht verraten, was du mit Marie vorhattest.«

Pierre besann sich wieder. »Fahr zur Hölle!«, krächzte er.

Lucian brummte: »Falsche Antwort!« Er entblößte blitzschnell Pierres Hals und biss ihn wild.

Pierre wehrte sich, doch das machte den Schmerz nur noch unerträglicher – er schrie.

Als Lucian aufhörte, grinste er grausam. »Ach, was ist schöner, als in einen Hals eines Hurensohns zu beißen?« Er leckte sich das Blut von den Lippen, dann fuhr er mit der Zunge über die messerscharfen Zähne. »Dein Blut schmeckt jedoch nicht sonderlich gut.« Er runzelte kurz die Stirn. »Ich frage dich noch mal: Was hattest du mit Marie vor?«

»Ich werde nichts sagen«, sagte Pierre scharf.

»Wann lernst du, die richtigen Antworten zu geben?« Mit beiden Daumen stach Lucian Pierres Augen aus, er rammte sie einfach in die Höhlen. Pierre kreischte vor Schmerz, das Blut spritzte, und nun war er blind.

»Weißt du, was das Beste an dieser Foltermethode ist? Deine Augen werden nachwachsen, und dann werde ich es wieder und wieder tun!« Er hielt inne. »Was hattest du mit Marie vor?«

Doch Pierre schwieg.

Zorn stieg in Lucian auf. »DU SAGST MIR JETZT, WAS DU MIT IHR VORHATTEST!«, brüllte er.

»Ich wollte mich mächtiger fühlen!«, stotterte Pierre.

»SO WILLST DU DICH MÄCHTIGER FÜHLEN?«, schrie Lucian weiter. »INDEM DU EINE HEXE ZUR

SKLAVIN MACHST, SIE SCHWÄNGERST UND ABWARTEST, WAS FÜR EINE MISSGEBURT DABEI RAUSKOMMT?«

Pierres Augen wuchsen wieder nach, er konnte wieder sehen. »Ja, Monsieur, das wollte ich«, gestand er.

»ICH TÖTE DICH!«, brüllte Lucian. Wieder gab er diese löwenähnlichen Laute von sich. Er schaute sich um und entdeckte einen Hocker. Den zerbrach er, nahm einen der Holzbeine und rammte ihn mit voller Wucht in Pierres Brust – mitten ins Herz.

Pierre keuchte auf, langsam wurde sein Gesicht grau, man erkannte schwarze Adern, die seinen Körper zu umschlingen schienen.

»NEIN!«, kreischte eine Frau von Weitem.

Terpsichore rannte zu Pierre. »Er ist tot!«, kreischte sie. Sie nahm den Kopf zwischen ihre Hände und schrie weiter: »NEIN!« Sie warf sich weinend zu Boden. »Warum habt Ihr das getan?« Sie kauerte am Boden, mit Pierres Leiche in de Armen.

»Warum fragst du?« Lucian spuckte auf den leblosen Pierre. »Dieser Bastard hat mit einer Sklavin versucht, eine neue Spezies zu erschaffen, um mächtiger zu werden«, erklärte er ihr.

»Ich glaube dir kein Wort, das hätte er niemals getan!«, schluchzte Terpsichore. »Du hast ihn umgebracht, er ist tot.«

»Sei froh, jetzt nur noch seine Witwe zu sein«, meinte Lucian gelassen.

Terpsichore legte ihren Kopf in den Nacken und weinte lautstark vor sich hin, murmelte dann etwas auf Französisch.

»Madame, Lucian hat recht.« Morgan kam zum Vorschein und legte eine Hand auf ihre Schulter.

In Terpsichore stieg Wut auf, sie entblößte ihre weißen Reißzähne. »Geht weg!«, kreischte sie. »Ich habe euch allen Obdach gewährt und ihr bringt mir meinen Ehemann um!«

Plötzlich kam Selin hinzu. »Terpsichore, Pierre hat versucht, mächtiger als Gott und Göttin zu sein, er musste sterben!«

»Wie soll ich meine Kinder großziehen?« Terpsichore wischte sich die Tränen vom Gesicht. »Damit verfluche ich euch für alle Zeiten, ihr werdet nie wieder glücklich sein. Jeder von euch wird ein Opfer in seiner Familie bringen!«

»Ach, hör auf, die rachsüchtige Prophetin zu spielen. Sieh es ein, er wollte mit der Natur spielen!«, brüllte Lucian.

»Lucian ...«, entgegnete Selin ruhig.

»Was?«, erwiderte er kalt.

»Die Sklavin ... Sie ist aufgewacht.« Sie zeigte auf Marie, die ihren Kopf bewegte.

Lucian wich schnell zu ihr hinüber. Er wurde wieder ganz liebevoll. »Du bist aufgewacht«, meinte er und streichelte sachte ihre Wange. Marie nickte. »Komm, versuch aufzustehen.« Er versuchte, sie aufzurichten, aber ihre Beine wollten ihr nicht gehorchen und knickten weg. »Das ist ganz normal, Darling, du machst die Verwandlung durch, das geht in Ordnung, dass du schwach bist.«

Marie grub ihre Fingernägel in seinen Nacken und zog Lucians Kopf zu sich. »Lucian«, flüsterte sie schwach. »Blut!«

Lucian lächelte. »Natürlich.« Er warf Selin einen Blick zu, und schon eilte sie fort, um Blut zu besorgen.

»Meine Frau holt Blut für dich, dann wirst du wieder zu Kräften kommen«, versicherte er ihr.

Terpsichore kauerte am Boden und weinte immer noch lautstark.

»Bitte sehr«, sagte Selin und schubste Lucian eine abwesend wirkende Sklavin zu.

Lucian griff ihr Handgelenk und biss hinein, das Blut tröpfelte zu Boden.

»Hier.« Er lehnte Maries Kopf zu der Bisswunde. Automatisch öffnete sie ihren Mund und biss hinein.

Lucian lächelte. »Trink, so viel du willst.«

Marie stöhnte und saugte an dem Handgelenk so stark wie sie konnte. Ein fleischiges Schmatzen war von ihr zu hören.

»So, das ist jetzt genug!« Lucian wollte sie vom Handgelenk der Sklavin wegziehen, doch Marie wehrte sich, denn sie wollte mehr Blut.

Lucian zog Marie mit Gewalt von der Sklavin weg.

Marie konnte wieder auf eigenen Beinen stehen, sie sah nun irgendwie mächtig aus. »Ich will Blut!«, brüllte sie, dann fauchte sie Lucian an.

Lucian lächelte. Er war stolz auf das Wesen, das er erschaffen hatte – so wie immer. »Später, Liebes«, sagte er. »Komm, wir gehen jetzt rein. Dort bekommst du noch etwas Blut, einverstanden?« Wie ein Vater seinem

Kind gab er ihr die Hand. »Fantastisch«, murmelte Lucian vor sich hin und bewunderte Maries bestialische weißen Augen, die kleinen Äderchen darunter und ihre messerscharfen Zähne.

Mit ihr lief er zu Terpsichore. »Hier, Zigeunerhexe, der lebende Beweis!«, rief er.

Terpsichore stand auf, musterte Marie kurz. Dann fasste sie ihren Unterleib an. Sie fühlte haargenau das Gleiche, was auch Lucian gespürt hatte. Das ungeborene Etwas, das Pierre erschaffen wollte. Jetzt war es zu einer Proserpivie geworden.

»Das ist nicht wahr«, schluchzte sie und schüttelte unwillkürlich den Kopf, doch dann verstummte sie.

Lucian ließ Maries Hand los und wandte seinen Blick zu Terpsichore. »Es war das Beste ...«, fing er an, doch Terpsichore machte eine strenge Handbewegung. »Seid mir nicht böse, aber morgen werdet ihr alle abreisen. Es tut mir leid, aber ich kann eure Gegenwart jetzt nicht ertragen.« Dann holte sie tief Luft. »Ich werde euch für morgen Kutschen, Kleidung und genug Proviant geben, aber dann verschwindet, ich bitte euch.«

»Warum das?«, fragte Morgan.

Sie wandte sich ihm zu: »Weil ich eingesehen habe, was mein Mann getan hat ... aber ... entschuldigt, ich liebe ihn immer noch und werde ihn immer lieben. Ich kann es aus diesem Grund nicht ertragen, euch zu sehen, weil ihr ihn getötet habt«, erklärte sie fast atemlos. »Und nehmt die billige Sklavin da auch mit.« Sie zeigte auf Marie.

Morgan nickte.

»Die Vorstellung hier ist beendet«, sagte Lucian ernst.

EINE WEITERE REISE

»Was wohl unten vor sich geht?«, überlegte Kala.

»Ich denke, Pierre ist tot.« Sivan schüttelte den Kopf, dann wandte er sich Zara und Alexander zu. »Geht jetzt ins Bett, es ist spät.«

»Kann gut möglich sein, aber ich hatte noch nie so viel Angst vor Lucian. Hast du ihn dir angesehen?«, fragte Kala.

Sivan nickte. »Er brüllte wie ein Löwe.«

Plötzlich klopfte es an der Tür.

Es war Lucian. »Wie ein Löwe, hm?« Er schaute beide lächelnd an.

Kala und Sivan wären am liebsten vor Scham in einem Erdloch verschwunden.

»Aber es ist ein völlig angemessener Vergleich, danke für das Kompliment«, bedankte er sich.

»Es sollte kein Kompliment sein«, sagte Sivan kalt.

Lucian schnaufte einmal durch. »Ich verstehe ja eure Angst, doch hört mir zu: Was da unten vor sich ging und Verhalten, das hatte einen sehr guten Grund.«

»Warum bist du hier?«, fragte Kala.

»Morgen werden wir von hier fortfahren«, erklärte er. »Pierre ist tot, um ihn braucht ihr euch jetzt keine Sorgen mehr zu machen.«

»Aber warum? Fürs Erste sind wir hier doch in Sicherheit«, meinte Kala.

»Heute habe ich genug erlebt, es ist nicht mehr sicher für uns, ich habe heute schon genug Opfer gebracht«, gestand Lucian schuldbewusst. »Heute habe ich eine von Coralines Freundinnen getötet, und Pierre. Hier ist es nicht sicher, es ist das Land der großen Inquisitoren, sie könnten uns jederzeit finden!«

Kala hielt sich empört eine Hand vor den Mund.

»Gut, du hast wahrscheinlich recht, aber wir können hier doch nicht einfach abreisen – wir haben keine Kleidung, keinen Proviant, nicht einmal irgendein Fortbewegungsmittel«, sagte Sivan verzweifelt.

»Darum kümmert sich Terpsichore, sie organisiert uns Kutschen und alles, was wir sonst noch brauchen«, erklärte Lucian.

Plötzlich verstummten alle.

Stille.

Alle hörten ihr eigenes aufgeregt pumpendes Herz.

Dann begann Lucian wieder das Gespräch. »Wie geht es Zara?«, fragte er besorgt.

»Ihm geht es gut«, versicherte ihm Kala. »Keine Sorge. Er hat nichts von alldem mitbekommen, er spielte zu der Zeit nämlich mit deinen Töchtern im Labyrinth.«

Lucian nickte. »Gut.« Er hielt inne. »Es hat mir Sorgen bereitet, dass er mich als Monster gesehen haben könnte.«

»Ich frage mich, warum plötzlich unser Leben so schwierig geworden ist. Früher war es so leicht.« Sivan strich sich durchs Haar. »Aber es muss ein Grund dafür geben, dass all dies passiert.«

»Richtig«, meinte Lucian nur und wich zur Tür. »Gute

Nacht«, wünschte er und stolzierte hinaus.

Zara erwachte. Lautstarke Gespräche hatten ihn geweckt.

»Was ist hier los?«, fragte er.

Kala packte schnell ein paar Kisten, dann blieb sie stehen, legte ihre Hand auf die Stirn und überlegte, ob sie irgendwas vergessen hatte. Sie schien der Verzweiflung nahe. »Was los ist?«, fragte sie.

»Ja, ich will wissen, was los ist.« Zara sprang munter aus seinem Bett.

»Wir reisen heute von hier ab«, erklärte Kala. »Es ist hier nicht mehr sicher, also wurde uns befohlen, von hier zu verschwinden.« Sie legte ein paar Hemden zusammen und legte sie in eine Kiste. »Los, beeil dich! Zieh dich an und – husch, zum Frühstück! Alexander wartet schon auf dich«, sagte sie hektisch.

Zara gehorchte. Er zog die edle Kleidung an, die sie für ihn hergerichtet hatte. »Und was ist mit dir?«, fragte er.

»Mach dir um mich keine Sorgen, ich habe schon gegessen«, versicherte sie ihm.

Und mit diesem Satz huschte Zara aus der Tür hinaus und rannte die großen Marmortreppen hinunter zum großen Salon.

Im Raum herrschte eine unruhige und dennoch traurige Atmosphäre. Jeder wirkte nervös. Diener wimmelten um den Tisch herum und fragten die Leute, ob sie noch was zu Essen wollen.

Der Salon wirkte so voll plötzlich. Zara hatte weniger Leute in Erinnerung. Sein Volk bestand nur aus zehn

Hexen, die Proserpivien aus knapp dreißig. Doch er legte den Gedanken schnell ab; das alles schien ihm sicher nur so, weil er wegen der plötzlichen Abreise etwas verwirrt war.

Da winkte ihn Lucian zu sich hinüber. »Hast du gut geschlafen, Junge?«, fragte er.

Zara nickte.

»Komm, setz sich«, verlangte Sivan. Er saß Lucian gegenüber.

Zara setzte sich neben Alexander. Der stopfte sich gierig das Brot in den Mund und trank hinterher die frische Ziegenmilch.

»Wann reisen wir denn ab?«, fragte Sivan.

»Wenn die Sonne aufgeht«, antwortete Selin. Sie hockte entspannt an seiner rechten Seite.

Erst jetzt bemerkte Zara, dass es draußen noch dunkel war. Er hätte wissen müssen, dass es noch Nacht war. Schließlich wandelten Lucian und die anderen Vampirhexen noch in ihrer ungeheuerlichen Gestalt herum: weiße Augen und Reißzähne.

Zara nahm aus einer Silberschale zwei Stücke Brot. Dann nahm er ein Stück Käse und die Ziegenmilch und begann zu essen.

Von der Tür aus kam Terpsichore. Ihre Augen waren zwar auch weiß, aber dennoch gerötet und blutunterlaufen. Sie hatte die ganze Nacht geweint.

»Ist alles vorbereitet?«, fragte Lucian mit ernstem Blick.

»Die Reisekutschen stehen bereit, die Kleidung muss noch geliefert werden«, erklärte sie schlicht.

»Terpsichore ...«, begann Selin, doch Terpsichore hob die Hand: »Ich will nichts Weiteres hören, kein Mitleid, kein Beileid, rein gar nichts ... Ich will einfach nichts mehr von euch hören. Verschwindet! Das ist das Mindeste, das ihr für mich tun könnt«, erklärte sie schluchzend.

Lucian seufzte und lehnte sich in seinem Stuhl zurück.

Zara runzelte die Stirn, denn er wusste nicht, wovon sie sprachen. Er wunderte sich nur über Terpsichores Tränen.

»Und nehmt die Sklavin gefälligst mit!«, sagte Terpsichore und wischte sich die Tränen aus dem Gesicht. Ihr Ausdruck war voller Zorn. »Ich will diese Hure nicht auf meinem Anwesen haben.«

Lucian antwortete nicht, sagte kein Wort.

Jeder im Raum wurde still, keiner wollte sich einmischen. Denn jeder fürchtete, Terpsichore zu verärgern. Sogar Jordan, die sich sonst nirgendwo raushalten konnte und immer aufmerksam alle Gespräche mithörte, schien geistabwesend zu sein.

Ohne ein weiteres Wort ging Terpsichore. Ihr schwarzer Mantel flatterte, als sie die schwere Holztür aufmachte und ein Luftzug in den Raum wehte.

Lucian stand auf. »Kommt jetzt in die Gänge, wir haben nicht viel Zeit. Es ist bald Sonnenaufgang und wir müssen abreisen«, rief er in den Raum.

Viele putzten sich mit einem Tuch den Mund ab und standen auf. Dann begaben sie sich zum Ausgang.

»Wie geht es Marie?«, fragte Lucian.

»Sie schläft noch«, flüsterte Juliette und wog Ellione

sanft in ihren Armen.

»Weck sie auf, es ist bald Sonnenaufgang!«, befahl Lucian hektisch.

Juliette übergab Lucian die kleine Ellione.

»Wach auf, Marie, wir brechen gleich auf!« Juliette rüttelte sie sanft.

Erschrocken fuhr Marie hoch und fletschte die Zähne.

»Hier.« Juliette gab Marie emotionslos einen Kelch, in dem Blut war. »Trink, das wird dich beruhigen.«

Marie trank alles auf einmal. »Mehr!«, rief sie.

»Du musst lernen, dich zu kontrollieren«, meinte Juliette. Sie wandte sich skeptisch an Lucian. »Warum ging es bei Morgan so schnell? Nach einem Tag war diese bestialische Blutgier bei ihm weg.«

»Weil sie schwanger ist, Juliette«, erklärte Lucian abwesend und wog Ellione stolz in seinen Armen.

»Und?« Juliette stich sich durchs Haar und betrachtete Marie.

»Sie muss praktisch für zwei Personen sorgen. Aus diesem Grund hat sie so viel Hunger. Du weißt doch, wie es bei deiner Mutter war, als sie mit Jolie schwanger war«, erklärte Lucian lächelnd.

Juliette überlegte. »Wie könnte ich das nur vergessen? Mutter war wirklich nicht auszuhalten. Wie viele Menschen hat sie wegen ihres Hungers in den neun Monaten umgebracht?«

Lucian lachte. »Nun ... mal vorsichtig geschätzt: mehr als dreihundert Mann.«

»Na, wenigstens ist es bei Ellione anders.« Juliette half Marie auf die Beine.

»Welch eine Ehre für uns, ein Hexenkind großzuziehen.« Lucian hob das Baby in die Lüfte und betrachtete es mit glänzenden Augen. »Ich liebe dich wie mein eigenes Kind, du bist meine noch nicht verwandelte Hexentochter, nicht wahr!?«, murmelte er gerührt vor sich hin, dann küsste er das Baby auf die Stirn.

»Du bist gerne Vater, nicht wahr?« Juliette grinste.

»Seit Jahren frage ich mich immer noch, warum deine Mutter nicht imstande ist, mir einen Sohn zu gebären«, schmollte Lucian.

»Ist dir ein Sohn wirklich so wichtig?«, fragte Juliette.

Lucian lachte. »Natürlich ist mir das nicht wichtig, ich bin sehr zufrieden mit meinen wunderschönen Töchtern.« Er ging einen Schritt auf Juliette zu und streichelte ihr Kinn. »Als du zur Welt kamst, meine älteste Tochter, hast du mich zum glücklichsten Mann des Universums gemacht.« Dann küsste er ihre zarte Wange. »Lass mich dieses Glück nie bedauern, mein Täubchen«, sagte er noch höhnisch. »Wir haben uns verstanden?«

»Ja, Vater«, sagte Juliette schlicht, dann begleitete sie Marie nach draußen.

Draußen ging langsam die Sonne auf.

»Guten Morgen, Sonnengott«, sagte Zara vor sich hin.

Die Sonnenstrahlen wirkten trüb. Ein trauriger Tag.

Zara hörte Terpsichore mit Lucian sprechen. »Ihr habt vier Pilgerkutschen. In den ersten beiden sind die Lebensmittel, zehn Menschensklaven und Kleidung. In den anderen könnt ihr sitzen und dann auch schlafen. Ich habe die Böden mit Pelzen und Teppichen ausgestattet.«

In Zaras Augen waren die Kutschen nicht sonderlich schön. Das einzig Schöne daran waren die Pferde. Zara betrachtete sie mit großen Augen. Vor einer waren vier gespannt. Noch nie hatte Zara so schöne Pferde gesehen. Alle hatten schön gestriegeltes, pechschwarzes, glänzendes Fell, einen hübschen, langen und geraden Kopf mit großen, sanftmütigen Augen, der auf einem elegant gebogenen Hals saß. Die Mähne leicht gewellt, der Rücken gerade mit abfallender Kruppe und tief angesetztem, üppigem Schweif. Die Beine der Pferde waren kurz und stark. Sie wurden mit einem dichten Kötenbehang verziert. Eins der Pferde schnaubte. Zara berührte seine weiche schwarze Schnauze und lächelte.

»Gefallen sie dir?«, fragte Terpsichore hinter ihm.

Zara drehte sich um und nickte. »Ja, sehr.«

»Sie sollen nun dir gehören«, sagte sie gütig.

»Wirklich?« Zara wandte sich wieder zu den Pferden.

»Wozu brauche ich sie denn? Ich habe andere Pferde, ich werde diese bestimmt nicht vermissen«, erklärte sie.

»Was sind das für Pferde?«, fragte er neugierig.

»Manche nennen sie Friesen, aber eigentlich heißen sie Kriegspferde. Sie sind wunderschön, nicht?« Terpsichore wirkte traurig, ihre Augen waren so geschwollen und blutunterlaufen und ihr Gesicht war ganz blass. »Es war mir eine Ehre, dich kennenzulernen, kleiner Steinschützer«, sagte sie.

»Mir auch, Mylady«, erwiderte Zara respektvoll.

»Sei immer auf der Hut, Zara, und kämpfe für unsere Freiheit, für die Hexen.« Eine Träne rann über ihre Wange. »Es wird eine Zeit kommen, in der du nicht weiter wissen wirst. Aber gib nicht auf! Versprichst du mir das?« Sie nahm Zaras Gesicht zwischen ihre kalten Hände.

»Ich verspreche es«, schwor er.

Sie gab ihm einen zittrigen Kuss auf die Stirn. »Steig in die Kutsche, es wird Zeit.«

Zara stieg in die Pilgerkutsche. Kala lächelte leicht.

»Gute Reise«, sagte Terpsichore, gab Lucian dann ein Handzeichen und die Pilgerkutschen fuhren los.

Graue Wolken zogen über den Himmel. Die Atmosphäre wirkte traurig. Das Land zog vorbei, von Carteret war jetzt nur noch ein Punkt in der Ferne zu sehen. Jeder hatte eine traurige Miene aufgesetzt.

Zara seufzte, er dachte an die Götter. »Sind wir jetzt wirklich in Sicherheit, Kala?«, fragte er.

Kala lächelte. »Ich will dir keine Angst machen, Zara, aber wir werden wohl nie wirklich in Sicherheit sein.« Sie hielt inne. »Man wird immer Jagd auf uns machen.«

Zara hatte plötzlich einen Kloß im Hals, seine Unterlippe begann zu zittern.

»Was ist denn los, Zara?« Kala rückte zu ihm und nahm ihn in die Arme. Daraufhin begann Zara an zu weinen.

»Es ist alles meine Schuld, wenn ich nicht der Steinschützer wäre, würde unser Volk nicht leiden und Mutter, Vater und Nadia wären nicht tot«, schluchzte er.

»Du brauchst dir doch nicht die Schuld zu geben, keiner ist wirklich schuld an etwas. Es ist das Schicksal, das

das alles so will«, versuchte Kala, ihn zu beruhigen. »Ja, wir werden wohl nie wirklich in Sicherheit sein, aber sei froh, dass wir noch leben.«

»Ich will das aber nicht mehr«, schluchzte Zara weiter.

»Sag so etwas nie wieder! Gott und Göttin haben dir dieses Leben geschenkt, es wäre respektlos, es wegzuschmeißen«, schimpfte Kala.

Der Regen begann, auf das Kutschendach zu prasseln. Zara war froh, dass er nicht draußen war. Es donnerte; zornig und mürrisch klang die Natur.

Mit der Zeit wurde es immer kälter. Zara rollte sich zitternd in seine warme Decke. Er versuchte, ein wenig zu schlafen, doch es gelang ihm nicht.

Kala schüttelte traurig den Kopf. »Weißt du, Zara«, begann sie flüsternd, »als ich deine Mutter tot auf dem Scheiterhaufen brennen sah, schwor ich mir eins ...« Sie kämpfte gegen ihre Tränen. »Ich musste deine Mutter werden.«

»Aber du bist nicht sie, Kala«, flüsterte Zara. Tränen rannen über seine Wangen.

»Ich weiß, ich kann sie nie ersetzen, aber ich muss die Verantwortung für dich übernehmen. Für mich bist du jetzt mein Sohn, Zara«, erklärte sie mit zittriger Stimme.

»Warum sollte mich jemand als Sohn bezeichnen, wo ich doch nur großes Unheil bringe?«, fragte Zara.

»Weil ich dich liebe.« Kala weinte und gab ihm einen Kuss auf die Stirn. »Und ich bin nicht die Einzige: Wir lieben dich alle – Sivan, Alexander, Lucian, Selin, einfach alle.«

»Ich liebe euch auch«, entgegnete Zara und kuschelte

sich enger in seine Decke ein.

»Wenn wir dich nicht lieben würden, wärst du schon längst nicht mehr hier.« Kala wischte sich ihre Tränen weg.

Ein erdiger Geruch stieg Zara in die Nase. Er lauschte, wie draußen der kalte Herbstregen zu Boden prasselte. Alles fühlte sich plötzlich so leicht an, alles war in eine befreiende Ruhe gehüllt – wenn es nur nicht so kalt wäre. Zara zitterte.

»Brauchst du noch eine Decke?«, fragte Kala.

Er nickte.

Kala stand auf und holte ihm eine.

Ihm wurde sofort wärmer, als er sich in die zweite Decke kuschelte. »Wo werden wir haltmachen?«, fragte er dann.

»So viel ich weiß werden wir erst in der Normandie haltmachen. Es ist ein langer weg. Du solltest jetzt noch nicht darüber nachdenken.«

»Wie lange wird die Reise denn dauern?«, fragte Zara.

Kala überlegte. »Ich schätze mehr als eine Woche.« Sie lächelte schwach.

»So lange?«

»Ja.« Sie grinste. »Auf uns wartet eine neue Welt.«

»Du meinst, ein neues Land«, berichtigte Zara.

»Als ich klein war, träumte ich immer davon, die Welt außerhalb unseres Dorfes zu sehen. Jetzt scheint sich mein Traum auf merkwürdige Weise zu verwirklichen.« Sie seufzte. »Dennoch werde ich Devon vermissen.«

»Unser Wald, unsere Erde, alles scheint weg zu sein.« Zara guckte nach draußen und atmete die erdig duftende Luft ein.

Es war kalt, auch wenn die Sonne hell über einem der Hügel schien. Die Pilgerkutschen standen.

Lucian streckte sich und seufzte.

Zara betrachtete ihn jetzt mit völlig anderen Augen. Er mochte Lucian sehr, schon fast wie einen Onkel oder sogar ein Vater.

Schon seit Tagen reisten sie nun durch Frankreich. Zara war erfreut über diese lange und erholsame Pause.

»Wo sind wir?«, fragte Zara und streckte mühsam seine schmerzenden Glieder.

»Ich denke, irgendwo bei Bourbonnais«, antwortete Lucian und gähnte.

Obwohl Zara nicht wirklich Ahnung von dem Land und den Städten hatte, tat er so, als wüsste er genau, wo er sich befand. Dennoch fragte er: »Ist es noch weit?«

»Sehr weit sogar.« Lucian ließ sich auf die kalte Erde nieder. »Ich hasse dieses Land. Es ist ein Jammer, wie die Leute hier leben.«

»Wir leben hier aber dennoch nicht«, sagte Zara leise.

Lucian warf ihm einen Blick zu; ein wenig Spott war in seiner Miene zu erkennen. »Wir leben hier in dunklen Gezeiten, Zara, nicht alles hier ist so, wie es einmal war.«

»Wie war denn diese Zeit?«, fragte Zara.

»Um ehrlich zu sein, wurde ich im Hass geboren, doch später, als ich diesen Hass überwunden habe, entdeckte ich den wirklichen Frieden dieser Welt.« Lucian lächelte schwach. »Doch als die Christen kamen, war dieser Frieden weg.«

»Wie?«, fragte Zara nur.

»Sie nehmen uns alles, Zara: unsere Familien, unsere Traditionen und letztendlich unser Leben ... Aber weißt du, was sie uns nicht wegnehmen können?«

Zara schüttelte den Kopf.

»Unseren Glauben«, sagte Lucian stolz und fasste sich an die Brust. »Du bist zwar noch sehr jung, aber eines Tages, glaube mir, Zara, wirst du die Welt verändern, du wirst diesen Frieden wiederherstellen können.«

»Werde ich dann so groß und mächtig sein wie du?«, fragte Zara mit großen Augen.

»Ich verspreche dir, Zara, du wirst viel größer und mächtiger sein als ich.« Lucian legte seine schwere Hand auf Zaras Nacken.

Bei dieser Vorstellung, ein noch mächtigeren Mann als Lucian zu sein, empfand Zara einen innerlichen Stolz, der ihn aufmunterte.

»Du erinnerst mich an meine Kindheit, an mich, als ich noch ein Knabe war wie du.« Er lächelte schwach. »Ich hatte es schwer: ich hatte auch keine Eltern. Ich weiß, wie du dich fühlen musst.«

»Zara«, eine dominante, wenn auch piepsige Stimme erklang hinter ihm.

Jordan.

»Warum kommst du nicht mit mir? Wir könnten doch zusammen die Pferde striegeln«, meinte sie verspielt, dann wandte sie sich zu Lucian. »Darf ich ihn dir wegnehmen, Vater?«, fragte Jordan höflich.

»Natürlich, mein Schatz, nimm ihn dir und spiele mit

ihm«, erlaubte Lucian und machte eine bestätigende Gäste.

* * *

Die Tage vergingen. Mit den Kutschen fuhren sie weiter durch Frankreich.

»Irgendwann müssen wir in einer Stadt oder einem Dorf haltmachen, Lucian, der Proviant geht zur Neige«, schimpfte Selin. »Wir sind schon völlig erschöpft. Am Tag essen wir gerade mal einen Krümel Brot, wir haben fast kein Wasser, und die Blutsklaven sind auch fast alle tot.«

»Ja, Selin, aber nicht jetzt. Halte noch ein wenig durch, unser Ziel ist fast in Sicht und ...«, begann Lucian, doch Selin unterbrach ihn: »Es ist ein Ziel zu sehen, aber es ist dennoch weit. Willst du lieber tot oder lebendig in Italien ankommen?«

»Ich würde das Risiko eingehen«, sagte Lucian zornig.

Selin wandte sich an die Leute. »Wer will in der nächsten Stadt haltmachen und genügend Essen und Trinken besorgen?«

Jeder hob die Hand. Mit den Armen verschränkt trat Selin zu Lucian. »Wir werden, wo auch immer, haltmachen und unsere Mägen füllen«, befahl sie zischend.

Lucian seufzte.

»Selin hat recht, wir werden sonst verhungern.« Kala wischte sich eine wirre Haarsträhne aus dem Gesicht.

Ihr Magen schmerzte vor Hunger, die Wangenknochen traten deutlich hervor, dunkle Augenringe dominierten ihr Gesicht.

»Uns geht es schlecht, Lucian. Wir können nicht länger durchhalten«, sagte Selin.

Jordan kauerte in der Ecke, der Durst nach Blut war unerträglich. »Wir müssen haltmachen, Vater. Bitte, ich kann nicht mehr.«

»Ich bin wirklich enttäuscht von dir, Jordan. Ich dachte, du wärst die stärkste meiner Töchter. Ich verlange nicht mehr als durchzuhalten.« Lucian rümpfte die Nase.

»Bist du noch ganz bei Sinnen? Wir verhungern hier und du verlangst von uns, stark zu sein?!«, schimpfte Selin.

»Wir können es uns nicht leisten, irgendwo haltzumachen, Selin. Wir sind auf der Flucht, der Inquisitor ist bestimmt schon im Lande, er kann uns jederzeit finden.«

Lucian lief auf und ab.

Schweigen.

»Vater, wenn ich kein Blut zu mir nehme, kann ich Ellione nicht mehr stillen, sie wird sterben.« Juliette hielt inne. »Tu es für uns, Vater, du spielst hier mit Leben.«

Lucian senkte seinen Blick und atmete tief durch. »Bei der nächsten Ortschaft machen wir halt. Morgan und ich besorgen alles Nötige, ihr anderen bleibt hier, verstanden? Keiner rührt sich aus dem Lager.«

Selin und Kala lächelten selbstzufrieden.

Eine kleine Stadt näherte sich wenig später. Die Lichter der Häuser erhoben sich aus dem Dunkel.

»Anhalten!«, verlangte Lucian. »Macht alle Kerzen und Fackeln aus, man könnte uns sonst entdecken.«

Er stieg aus der Kutsche. »Marie, mein Liebling, komm!« Er streckte eine Hand nach ihr aus und ließ sie aussteigen.

»Lucian, mir ist nicht so wohl«, sagte sie und drückte ihre Hand auf den Bauch.

»Du brauchst sehr viel Blut«, erklärte er. »Dir wird es bald wieder besser gehen.«

Marie stöhnte, der Schmerz wurde unerträglich. Dann griff sie sich an den Mund. »Lucian, was passiert mit mir? Meine Zähne taten noch nie so weh.«

»Das ist nur der Hunger, der dich quält. Jetzt komm!«, verlangte Lucian.

Doch Marie sackte zusammen. Lucian fing sie gerade noch auf. »Der Hunger ist schlimmer, als ich es befürchtet habe.« Er zuckte mit den Schultern. »Dann muss ich dich wohl tragen.« Mühelos hob Lucian Marie auf den Arm. »Morgan?«, rief er, »bist du fertig?«

Morgan rannte zu ihm. »Wir können los.«

Langsam liefen sie in die Stadt.

»Was sollen wir als Erstes tun?«, fragte Morgan.

Lucian lächelte. »Es uns gut gehen lassen.«

»Wie das?«

»An einem Ort, wo es viele Leute gibt ...« Lucian lächelte abermals.

»Wie wäre es mit einer Kneipe?«, schlug Morgan vor.

»Das können wir uns für später aufheben, wir wollen Spaß haben, Blut trinken«, meinte Lucian.

Marie regte sich. »Wie wäre es mit einem Bordell?«, murmelte sie im Halbschlaf.

Lucian runzelte die Stirn. Morgan blickte ihn misstrauisch an. »Ist das dein Ernst?«, fragte er.

Marie nickte. »Ihr seid Männer, und wo kann man mehr Spaß haben, so mit Lust, Liebe und Blut, als in einem französischem Bordell?«

»Sie hat recht«, gab Lucian zu. »Auf zum Bordell!«

»Und wo bleibt dein Spaß, Marie?« Morgan blickte sorgenvoll zu ihr herüber.

»Ich kann mich auch mit einer Hure zufrieden geben.«

»Deine Frau erlaubt es dir, in ein Bordell zu gehen?«, fragte Morgan dann an Lucian gewandt.

»Ich bin der Urvampirhexer, ich kann tun und lassen, was ich will. Von einer billigen Hure verlange ich nur ihr Blut und nicht mehr. Das weiß meine Frau«, erklärte Lucian. »Aber wenn du dich mit einer Hure lustvoll vergnügen willst, dann nur zu.«

»Nein, nein, ich dachte nur ...«

»Du dachtest was?«

»Ich finde erkaufte Liebe humorlos, wenn es aber nur um Blut geht, bin ich dabei.« Morgan lächelte.

»Gut. Aber wo finden wir hier ein Bordell?«, fragte sich Morgan.

Ein alter Mann lief die gepflasterte Straße entlang. Lucian hielt ihn an und fragte ihn nach dem Weg, erhielt Antwort, dann bedankte er sich.

»Nun, nach der Aussage des Mannes müssen wir südlich durch die Stadt laufen, dann in eine kleine Gasse einbiegen.«

Die kalte Nachtluft ließ sie erschaudern, die Glocke des Kirchturms erklang: Neun Uhr.

»Eine sehr mürrische Stadt, findest du nicht auch,

Morgan?« Lucian schaute in die Ferne.

»Hätte schlimmer sein können.« Morgan leckte sich den Mund, seine Zähne schmerzten. »Ich habe solchen Hunger!«

»Das ist das Schönste am Jagen: die Vorfreude auf das Opfer«, erklärte Lucian. »Glaube mir, es fühlt sich großartig an, du wirst dann immer mehr nach Blut lechzen.«

»Ist das gut, besessen von Mord und Blut zu sein?« Morgan rieb sich die Schläfen.

»Kommt darauf an«, antwortete Lucian knapp.

Der Geruch nach verdorbener Liebe stieg Lucian in die Nase. Er lächelte. »Wir sind fast da.« Dann bog er in eine Gasse ein.

Tatsächlich sahen sie die ersten Prostituierten, die sie an ihren gelben Kordeln und Armbändern erkannten.

Eine schwarzhaarige Hure kam auf sie zu. »Was kann ich für euch tun, meine Herren?«, fragte sie verführerisch.

»Sie sprechen Britisch?«, fragte Lucian.

»Ich bin neu hier, ich kann nur diese Sprache.« Sie lächelte verführerisch, dann betrachtete sie Marie. »Stimmt etwas nicht mit ihr?«

»Sie ist betrunken«, log Lucian, der Marie immer noch auf den Armen trug, und setzte sie sachte in einer Ecke zu Boden.

»Findet ihr mich attraktiv?«, lächelte die Hure nun und kam Lucian immer näher. Dann langte sie ihm in den Schritt.

Blitzschnell griff er ihre Hand, drückte sie an die Wand und packte ihre Brüste. »Ob ich dich attraktiv finde?«, fragte er wild.

Die Hure schrie auf vor Panik, als sie seine Augen sah. Unter ihnen traten die Adern hervor und man sah deutlich, wie das Blut nach oben gepumpt wurde, seine Zähne messerscharf und weiß.

»Ich finde dich wohl eher zum Anbeißen.« Eiskalt und brutal biss er ihr wie ein wild gewordenes Biest in den Hals.

Die Hure schrie und schrie, ein knochenbrüchiges Geräusch klang in Morgans Ohren. Als würde Lucian ihr das Genick mit den bloßen Zähnen brechen.

Lucian schmatzte und stöhnte. Das Blut tröpfelte zu Boden. Freude erfüllte Lucians Herz. Die Schreie der Hure aber verstummten, bis sie schließlich in Lucians Händen erschlaffte. Er saugte aber immer noch wie wild an ihr.

Nachdem er sie leergesaugt hatte, ließ er sie zu Boden fallen. Er machte sich nicht einmal die Mühe, sich das Blut von seinen Lippen zu wischen. Er ließ es einfach kleben, um zu zeigen, wie brutal und blutrünstig er doch war. Als liebte er es, ein Monster zu sein.

»Ah«, stöhnte er und lächelte selbstzufrieden. Er wandte sich den anderen Huren zu: »Wer ist die Nächste?«

»Das war das Beste, was ich je in meinem Leben gemacht habe«, sagte Morgan und trank den bitteren Wein. »Wie viele haben wir insgesamt getötet?«

»Fünfundzwanzig«, kicherte Lucian.

»Ich habe nie so viel Blut in einer Nacht getrunken«,

erwiderte Marie und fasste sich an den Unterleib. »Mein wachsendes Kind ist bestimmt zufrieden.«

»Das war echt eine tolle Nacht«, schwärmte Lucian. »Kellner, wir wollen mehr Wein!«, rief er.

»Lucian, du bist betrunken. Du musst mit ihm auf Französisch sprechen«, lachte Marie.

»Das ist mir egal, Hauptsache der bringt mir den Wein«, kicherte Lucian. »Du trinkst keinen Wein, weil ...«

»... weil ich schwanger bin«, beendete Marie den Satz.

»Ja, stimmt, ja. Wie konnte ich das nur vergessen?«

Morgan hob seine Brauen. »Du bist echt betrunken, Lucian.«

»Ihr habt recht, ich bin betrunken«, bestätigte Lucian und lachte.

»Ich denke, wir haben uns genug vergnügt, Gentleman. Konzentrieren wir uns jetzt auf die Tatsache, dass wir für unsere Leute noch nichts besorgt haben«, stellte Marie fest.

»Mit was fangen wir denn an, Lucian?«, fragte Morgan.

»Mit den Blutsklaven«, antwortete Lucian.

»Wie viele?« Marie blickte ihn ernst an.

»Fünfzehn«, beschloss er.

»Das sind zu viele«, lenkte Marie ein.

Lucian schloss die Augen und überlegte. »Gut, zehn.«

»Das sollte in Ordnung gehen«, sagte Morgan. »Und wer besorgt die Blutsklaven?«

»Ich«, meldete sich Lucian.

»Lucian, du bist betrunken, es ist zu riskant«, erklärte Morgan.

»Dann du und ich.« Lucian lächelte mit einem irre aussehenden Blick.

Morgan nickte zustimmend. »Was machst du in der Zwischenzeit, Marie?«

»Ich besorge das Essen«, antwortete sie. »Und ich weiß auch schon, wo ich anfangen soll.« Sie stand auf, und ging zur Theke. Dort manipulierte sie einen Mann, wahrscheinlich war er einer der Bedienungen. Der Mann führte sie in einen Raum. Von dort holte Marie alles, was sie brauchten. Genügend Brot, Äpfel, Gemüse und anderes.

»Könnt ihr mir helfen?«, fragte sie, und trug fast stolpernd die Lebensmittel.

Morgan und Lucian eilten zur Hilfe. »Das ging aber schnell«, meinte Morgan nur. »Lucian, geh du schon mit Marie zu den Kutschen, um alles einzulagern. Ich fange schon einmal mit den Sklaven an.«

Ohne ein Wort gingen beide.

Morgan schaute sich in der Kneipe um. Es war viel los. Starke Männer und lebenslustige Frauen tranken Wein und amüsierten sich. Er ging lässig zum Frauen-Tisch, der in einer dunklen Ecke der Kneipe stand.

Als die fünf Frauen Morgan erblickten, erschraken sie. Ihre Herzen setzten einen Schlag aus, als sie ihm in die Augen sahen und die messerscharfen Zähne erblickten. Die Frauen erstarrten vor Angst.

»Guten Abend Ladys«, sagte er und setzte sich an den Tisch. »Ich weiß, ihr versteht kein Wort, es freut mich aber dennoch sehr, euch kennenzulernen.«

Die Frauen blieben stumm.

»Ich verschlage euch die Sprache, nicht wahr?« Morgan lachte. »Meine Hübschen, ich brauche euch.« Er beugte sich über eine der Frauen und blickte ihr tief in die Augen, bis er in ihren Geist eindrang. »Ich verlange von dir, mit mir zu kommen, ohne ein Wort zu sagen. Du wirst keine Angst haben oder weglaufen, du wirst mir einfach nur folgen«, flüsterte er.

Die Frau schmolz unter seinen Worten dahin und lächelte. Sie wirkte wie aus einem Tagtraum erwacht. Morgan manipulierte nun auch die anderen drei Frauen.

»Wir haben unseren Vorrat«, sagte Morgan selbstzufrieden. Er schleppte fünf Frauen und fünf hochgewachsene Männer aus der Kneipe hinter sich her.

»Gute Arbeit«, meinte Selin mit verschränkten Armen, als Morgan mit ihnen bei den anderen ankam. »Bring sie in der Kutsche unter, und dann verschwinden wir schnell von hier.« Sie seufzte. »Sie werden früher oder später nach Verdächtigen suchen. Marie hat mir erzählt, was ihr im Bordell angerichtet habt.«

Morgan nickte. »Ihr seid sauer?«

Selin fletschte die Zähne und fauchte: »Natürlich bin ich sauer!« Sie wich einen Schritt zurück. »Es war nicht ausgemacht, dass ihr euch amüsiert. Ihr solltet uns Proviant besorgen, wir wollten so unauffällig wie möglich sein!«

»Ich bitte um Vergebung!«, entgegnete Morgan.

»Lagere die Blutsklaven und steig in die Kutsche!«, befahl Selin ihm.

Als alles bereit war, fuhr die Kutsche wieder los.

* * *

Die Tage vergingen.

»Wie lange müssen wir noch fahren?«, fragte Zara.

»Nicht mehr so lang«, antwortete Selin knapp. »Wir sind schon in Grenoble.«

»Ich mag es hier nicht«, nörgelte Zara.

Selin runzelte die Stirn. »Warum nicht?«

»Hier sind einfach zu viele Berge. Es macht mir irgendwie ein wenig Angst.« Zara blickte nach draußen und sah nichts als Berge.

»In Norditalien gibt es noch mehr davon, die Alpen, weißt du?« Selin konnte sich ein Lachen nicht verkneifen.

»Dann werde ich Italien nicht mögen.« Zara kuschelte sich in seine Decke.

Es war sehr kalt, auf den Bergspitzen lag sogar Schnee. Zara war langweilig, egal mit wem er redete. Und mehr gab es auch nicht. Was konnte er anderes tun?

»Darf ich nach vorn zu Lucian? Zu den Pferden?«, fragte er.

»Das geht jetzt nicht. Du kannst nach vorn, wenn wir haltmachen, und außerdem ist es schon dunkel«, sagte Kala streng. Sie lag neben Selin und versuchte zu schlafen.

Es war wirklich recht dunkel, aber dennoch konnte man die mächtigen Berge sehen.

»Versuche zu schlafen, Zara. Das wird das Beste sein.« Selin gähnte und schmiegte sich an Kala.

Wenig später schlief Selin ein.

Zara seufzte, er konnte nicht einschlafen. Er hatte diesen Drang, irgendwas zu machen, egal was.

»Alexander?«, fragte er, bekam aber keine Antwort. Er schlief auch.

Yule, Pearl, Juliette mit Ellione, Jolie, Luna – einfach alle schliefen.

»Du kannst wohl auch nicht schlafen?«, rief eine leise Stimme von der Kutschenecke.

»Nein«, sagte Zara.

Jordan blickte zu ihm herauf. »Komm!«

Zara ging zu ihr.

»Versuchen wir, zusammen einzuschlafen«, schlug sie leise vor. Sie legte sich auf den mit Pelzen ausgelegten Boden und zog Zara an sich.

Noch nie war er ihr so nahe gewesen. »Wir werden uns früher oder später trennen müssen, weißt du das?« Jordan strich Zara eine schwarze Haarsträhne aus dem Gesicht.

»Warum denn?«, fragte Zara.

»Ihr werdet nach Venedig gehen, und wir nach Rom oder nach Empoli, unsere Wege werden sich trennen.« sie lächelte schwach, ihre Reißzähne schienen im Dunkeln zu leuchten.

Zara konnte nicht anderes, als diese scharfen Zähne anzufassen. Als er über den Eckzahn strich, schnitt er sich. Sein Zeigefinger blutete sofort.

Jordan blickte starr mit ihren weißen Augen auf den

Tropfen Blut, der über seinen Finger rann. Unter ihren Augen traten die Adern hervor, pumpten das Blut nach oben, ihr Atem ging schneller, sie schluckte schwer.

»Du willst es«, meinte Zara nur. »Dann nimm es dir. Mir macht das nichts aus.« Er legte seinen Finger auf ihre Lippen, der Tropfen Blut gelang in ihren Mund und sie schluckte.

Zara dachte, sie würde nun noch mehr von seinem Blut verlangen, doch sie beugte sich zu ihm vor und küsste ihn.

Ihm wurde klar, dass er sie wirklich gern hatte.

Als ihre Lippen sich von seinen lösten, schaute Zara sie verblüfft an. »Bist du denn in mich verliebt?«, fragte er.

»Nein«, antwortete Jordan, »aber ich mag dich wirklich sehr.«

»Warum küsst du mich?«, flüsterte Zara.

»Weil du der erste Sterbliche bist, der mir freiwillig, ohne dass ich dich beeinflusst habe, Blut gegeben hat.« Jordan streichelte seine Wange. Sie lächelte. »Danke.«

»Gern geschehen«, sagte Zara. »Ich mag dich auch sehr.« Jetzt beugte er sich vor und küsste sie.

Als sich ihre Lippen wieder voneinander lösten, schaute Jordan ihn verblüfft an. »Für was war der jetzt?«

»Dafür, dass du das erste Mädchen bist, das ich wirklich leiden kann«, antwortete Zara. »Danke.«

Jordan kicherte leise. »Gern geschehen.«

Eine Zeitlang schwiegen beide und schauten sich nur an, bis schließlich ihre Augen schwer wurden und sie einschliefen.

»In höchstens vier Tagen werden wir in Turin ankommen«, meinte Lucian mit den Zügeln in der Hand. Die friesische Pferde schnaubten und trabten im angegebenen Tempo.

»Wie ist Italien denn so? Was ist das überhaupt für ein Land?«, fragte Sivan und seufzte. Sein Atem schien zu gefrieren und löste sich in einer Eiswolke auf.

»Nun, es ist das schönste Land, in dem ich bislang leben durfte.« Lucian schaute geradeaus. »Im Ernst, die Leute sind freundlich und sehr temperamentvoll, das Land an sich hat etwas, das einen zum Träumen bringt.«

»Ich frage mich, wie ich dort ein Leben anfangen kann«, sagte Sivan. »Wir können die Sprache nicht, haben kein Geld und auch keine Arbeit.«

»Glaube mir, ein Ort, an dem dich keiner kennt, ist der beste Ort für einen Neuanfang«, sagte Lucian und lächelte. »Venedig, hm?«

Sivan nickte bestätigend. »Ja, Venedig.«

»Das ist ein wunderschöner Ort, dort kann man auf jeden Fall jemand werden«, versicherte Lucian.

»Warum müssen sich unsere Wege trennen?«, fragte Sivan mit trauriger Miene.

»Ihr müsstet immer wegziehen, ihr wärt nie wirklich in Sicherheit.« Lucians Gesichtsausdruck wurde schuldbewusst. »Ich würde Zara gefährden, und genau das will ich vermeiden.«

»Ich behaupte aber das Gegenteil«, entgegnete Sivan, der von dem kalten Wind eine Gänsehaut bekam und zitterte. »Wir wären viel sicherer mit euch allen, wir könnten uns gegenseitig beschützen.«

»Sivan, mein Freund, irgendwann werden wir alle uns wiedertreffen«, versicherte Lucian, »auch wenn die Trennung erst einmal schmerzen könnte.«

»Wir sind praktisch schon eine Familie, Lucian, es wird sehr wohl schmerzen«, seufzte Sivan.

»Denkst du, wir werden uns irgendwann wiedersehen?«, fragte Jordan.

»Ja, ich denke schon.« Zara schaute traurig zu Boden.

»Aber wann?«, fragte Jordan.

»Das kann ich dir leider nicht beantworten, Jordan«, sagte Zara.

»Ich könnte es nicht ertragen, euch nie wiederzusehen. Der Gedanke, mich von euch zu trennen, macht mir schon sehr zu schaffen«, mischte sich Juliette ein.

»Wer hat dich gefragt?«, zischte Jordan.

Juliette zuckte mit den Schultern. »Es betrifft alle, wir haben zusammen sehr viel erlebt, wir können uns schon fast Familie nennen.«

»Morgen ist schon der große Tag, hm?« Jetzt sprach Luna, die sich durch das verfilzte, wirre Haar strich.

»Italien scheint ein wenig fröhlicher zu sein als Frankreich«, sagte Zara.

»Du hast recht, die Berge sehen nicht so düster aus«, sagte Juliette.

»Morgen sind wir in Turin«, sagte Luna und fuhr hoch, um sich zu strecken.

Es herrschte bedrückte Stille. Pearl schwieg wie zuvor, Jolie kuschelte mit Selin, Alexander schlief und Kala schaute abwesend nach draußen. Bislang war dies Zaras

Tagesablauf. Schlafen, reden, Brot essen und schweigen.

Nur selten geschah es, dass sie rumalberten, und wenn dies passierte, dauerte es nicht lange, bis Kala oder Selin genervt hochfuhren und sie aufforderten, mit den elenden Albereien aufzuhören.

Zara wünschte sich aus tiefstem Herzen, vorn bei Lucian oder Sivan zu sein und die Pferde bei den Zügeln zu halten. Hier war ihm einfach nur langweilig.

»Turin ist toll«, schwärmte Yule und seufzte. »Die Leute tratschen dort zwar gerne, aber es gibt wirklich beeindruckende Sehenswürdigkeiten.«

»Nun, da muss ich mir wohl selbst ein Urteil bilden«, sagte Zara.

DAS NEUE LAND

Turin schien eine sehr große Stadt zu sein. Lucian lächelte selbstzufrieden, als in seinem Augenwinkel die ersten Häuser erschienen. Er zog an den Zügeln der Pferde und ließ sie anhalten.

»Wir sind da!«, rief er laut hinter sich.

Die aufgehende Sonne tauchte die nackten Bäume in ein strahlendes, herrliches Licht.

Selin stieg als Erste aus und eilte schnell zu Lucian. »Sind wir echt schon da?«

»Ja, Liebste, sieh doch selbst!« Lucian zeigte auf die Stadt.

Selin lächelte und küsste ihn. »Und jetzt?«

»Wir müssen das Gepäck umpacken, wir teilen die Kutschen«, erklärte Lucian. »Die Hexen bekommen zwei Kutschen und wir auch. In einer werden das Gepäck und die Lebensmittel verstaut, in der anderen reisen wir.«

»Gut, aber was ist mit den Blutsklaven?«, fragte Selin und verschränkte die Arme.

»Wir nehmen einfach weniger Blutsklaven mit«, meinte Lucian freudig. Er wandte sich zu den anderen. »Leute, vertretet euch ein wenig die Beine, wir gehen in die Stadt und lassen es uns gut gehen!«

»Ich hoffe, du willst es dir nicht wie beim letztes Mal gut gehen lassen«, rief Marie höhnisch.

Lucian lächelte. »Nein, wir nehmen unsere Hexenfreunde mit. Da ist es unangemessen, ein freudiges Blutbad anzurichten.«

»Oh, wenn ich jetzt nur daran denke ...«, regte sich Marie auf. »Wie konnten wir so ein sinnloses Gemetzel veranstalten?«

Lucian zuckte mit den Achseln. »Es liegt in unserer Natur zu töten, es macht uns Vampirhexen einfach Spaß.«

»Ich habe Italien noch nie gesehen, und vor allem habe ich noch nie von dieser Stadt gehört.« Marie wandte ihren Blick gen Turin.

Ein riesiger breiter Fluss durchzog die Stadt, die man nur über eine alte, riesige Steinbrücke erreichen konnte. Marie erkundigte sich nach dem Namen des Flusses. Als Lucian antwortete: »Po«, entfuhr Marie ein Kichern.

»Oh, endlich Italien, ich hatte Frankreich wirklich satt.« Jordan kam heraus und strecke ihre Glieder. »Vater, können wir in die Stadt gehen? Ich will wieder Spaß haben, uns ist so langweilig.«

»Natürlich«, sagte Lucian, »das habe ich gerade selbst vorgeschlagen.« Er packte Jordan bei den Hüften und mit einem Ruck hob er sie hoch. Jordan kuschelte sich an ihn und schlang ihre Arme um seinen Hals. »Ich liebe dich, Vater«, sagte sie leise.

Lucian küsste ihr Haar. »Soll ich dir etwas Tolles kaufen, wenn wir dort sind?«, fragte er großzügig.

Jordan lächelte. »Ja«, sagte sie begeistert.

»Gut, du sagst mir, was du gerne möchtest und ich besorge es dir«, versprach er.

»Vater, kann ich wieder runter?« fragte Jordan lachend. Sofort ließ Lucian seine Tochter herunter und strahlte sie noch einmal an.

»Können wir jetzt gehen?«, fragte Jordan erwartungsvoll.

»Geh zu den anderen und spielt ein wenig, Liebling. Wir müssen erst umpacken, dann können wir in die Stadt.« Lucian lächelte und wandte sich zu Selin. Er klatschte in die Hände. »An die Arbeit!«

* * *

»Diese Stadt ist fantastisch«, meinte Kala baff.

»Ja, es gibt viele schöne Bauwerke hier«, sagte Selin ein wenig sarkastisch.

»Dein Beitrag klingt ja nicht besonders überzeugend«, bemerkte Kala und lachte.

»Es ist nur ...«, begann sie, »ich habe schon schönere Bauwerke gesehen. Turin kann man nicht mit Rom, Florenz oder Venedig vergleichen.«

»Glaubst du?«, Kala runzelte die Stirn.

Selin hob ihre Augenbrauen. »Ich glaube es nicht nur, ich weiß es!« Sie wandte sich an ihre Töchter: »Kinder, was meint ihr?«

»Ich finde Turin nett, aber meine Mutter hat recht: Rom, Florenz oder Venedig sind viel schöner«, bestätigte Luna und lächelte verlegen. Ihre Schwestern nickten ebenfalls zur Bestätigung.

Es war recht viel los in der Stadt, Leute wimmelten herum, Händler versuchten mit viel Geschrei, Kunden an ihre Stände zu locken, das freudige Lachen der Leute war überall zu hören.

Es war eine sehr wache Stadt, und die Leute schienen gastfreundlicher zu sein als in Frankreich.

»Wo sind wir?«, fragte Zara.

»Wir sind in Piazza S. Carlo«, sagte Lucian, der Zara fest an der Hand hielt.

»Ich versteh hier kein Wort. Lucian, wie nennt man diese Sprache noch mal?« Zara schaute zu ihm hoch.

»Das, mein Junge, ist Italienisch, die Sprache der Liebe«, erklärte Lucian poetisch. »Du wirst sie schnell erlernt haben.«

»Wirklich?« Zara schirmte die Augen von der strahlenden Sonne ab.

»Ja natürlich, wir werden jetzt in diesem Land leben, da muss man die Sprache beherrschen«, fügte Lucian noch hinzu.

»Vater«, meldete sich Jordan, »kannst du mir den Spiegel dort drüben kaufen?« Sie zeigte auf einen der Stände.

»Natürlich«, meinte Lucian und ging selbstsicher zum Händler, der ihn freundlich anlächelte.

»Vorrei prendermi questo specchio«, sagte Lucian.

»Was hat er gesagt?«, flüsterte Zara zu Jordan.

»Er sagte, er will sich den Spiegel nehmen.«

»Bé avete soldi, Signore?«, fragte der Händler skeptisch, aber immer noch lächelnd.

Lucian schaute ihm tief in die Augen und begann, ihn zu manipulieren. »Io non ho bisogno di soldi, e quindi datemi per cortesia quello specchio.«

Der Händler lächelte freudig. »Tenete Signore, lo

specchio e suo, un regalo«, und gab ihm den kleinen silbernen Spiegel.

»Grazie«, bedankte sich Lucian, »buona giornata.«

»Und was hat er jetzt gesagt?«, fragte Zara neugierig.

»Der Händler fragte ihn, ob er Geld hat, daraufhin manipulierte Vater ihn und er bekam ihn umsonst«, erklärte Jordan knapp.

»Hier, Liebling, dein Spiegel.« Lucian lächelte.

»Danke, Vater.« Sie gab ihm einen flüchtigen Kuss auf die Wange.

»Willst du auch etwas, Zara?«, fragte Lucian.

Zara lächelte traurig, er erinnerte sich noch daran, wie er und sein Vater auf den Markt gingen und er ihm dieselbe Frage stellte.

»Oh, nein, ich brauche wirklich nichts«, meinte Zara nur.

»Du brauchst kein schlechtes Gewissen zu haben, wenn wir dir etwas besorgen. Wir geben ja kein Geld aus, wir nehmen es uns einfach«, sagte Jordan.

»Ist das nicht stehlen?«, fragte Zara.

Lucian hob seine Augenbrauen. »Nennen wir es einfach ein ›erzwungenes Geschenk‹.«

»Oh, schau nur, Vater, dort gibt es frisches Obst und Gemüse.« Jordan zeigte auf einen nächsten Stand. »Es gibt sogar Granatäpfel.«

»Noch so spät? Erstaunlich, was die Ernte noch alles bringt. Ich wusste nicht, dass es zu dieser Jahreszeit noch Granatäpfel gibt«, grübelte Lucian. »Soll ich ein paar holen?«, fragte er dann.

»Ja, hole mindestens zwanzig davon, aber nicht für

mich, sondern als Proviant für die anderen«, rief Jordan.

Lucian lächelte und ging zum Händler. Er holte sich duzende von Granatäpfeln, dazu noch Äpfel, Orangen und Karotten. »Selin, halt das mal für mich, bitte.« Lucian drückte seiner Frau den Sack mit dem Obst und Gemüse in die Hand und wandte sich schon wieder zum Gehen. »Oh wunderbar, da verkaufen sie sogar Käse und Fleisch.« Lucian eilte mit Jordan und Zara zu den nächsten Ständen.

»Ist das nicht unhöflich?«, fragte Kala und schaute Selin eindringlich an.

»Wie meinst du das?« Selin hob den schweren Sack über die Schultern.

»Dein Ehemann wirft dir praktisch einen Sack vor die Füße und verschwindet«, ärgerte sich Kala.

Selin aber lächelte nur. »Er ist so leicht zu begeistern, Dingen mit Qualität strebt er nach, er will immer nur das Beste.«

»Wie dem auch sei, was sind das überhaupt für Gebäude?«, fragte Kala, und sah sich um. Die Piazza S. Carlo hatte eine rechteckige Form, an deren Hauptseiten sich elegante und gleichförmige Gebäude im Barockstil mit tiefen Arkaden befanden. Die Fassaden der Gebäude waren fein und verziert und die Dächer vorspringend und schräg mit langen Reihen von Dachgauben.

»Ich weiß es nicht«, meinte Selin nur.

»Du warst doch schon so oft hier?«, ärgerte sich Kala.

Selin nickte ruhig. »Ich kann es trotzdem nicht sagen. Hab mich eben nie dafür interessiert.«

Kala zuckte enttäuscht mit den Schultern und sah sich

dann um. »Wo sind die anderen?« Kala hielt nach Sivan und Alexander Ausschau.

Selin suchte den Platz ab und wurde fündig. »Dort! Siehst du sie?« Dann entdeckte sie eine Bank und setzte sich schnaufend. Auch Kala setzte sich. Beide schwiegen einen Moment.

»Wie wird es bei euch weiter gehen?«, fragte Selin besorgt.

»Ich weiß es nicht.« Kala seufzte. »Das ist das Schlimmste. Ich weiß einfach nicht, wie es weiter geht, ich verstehe die Sprache nicht, ich habe kein Geld, kein Haus ... gar nichts.«

Selin fuhr sich durchs Haar. »Ich weiß auch nicht weiter.«

»Aber du kannst die Sprache, ihr habt zwar kein Geld, jetzt noch kein Haus, aber ihr werdet all dies haben, weil ihr die Menschen kontrollieren könnt. Wir können nicht mal das.« Kala blickte voller Verzweiflung zu Boden.

»Ihr habt die Kutsche, und die Pferde«, meinte Selin.

»Das hilft mir auch nicht gerade weiter. Was soll ich denn mit einer Kutsche und ein paar Pferden?«, fragte Kala mit bitterer Stimme.

»Solange ihr kein Haus habt, könntet ihr doch in der Kutsche wohnen, die Pferde könnt ihr verkaufen, da habt ihr schon ein wenig Geld, die Sprache wird auch schnell gelernt sein. Glaube mir, das klappt schon«, meinte Selin hoffnungsvoll. »Und Arbeit wirst du sicher auch schnell finden. Was kannst du denn gut?«

»Ich kann gut nähen.«

»Na, dann könntest du doch in Venedig als Schneiderin arbeiten. Venedig ist schließlich berühmt für ihre Stoffe und Mode.«

»Und du denkst, das könnte funktionieren?«, fragte Kala.

»Ja, natürlich. Zumindest ist es ein Ziel, das man erreichen kann«, erklärte Selin, die nun voller Mut lachte.

»Gut, dann versuche ich es. Und Sivan? Denkst du, er wird das schaffen?« Kala blickte zu ihr hoch.

»Warum denn nicht? Er muss es nur wollen«, sagte Selin.

»Kriege ich bitte ein Stück von dem Käse«, fragte Zara.

»Ja, natürlich. Hier bitte.« Lucian schnitt ihm mit seinem Taschenmesser ein Stück Käse ab und überreichte es ihm.

Zara hatte großen Hunger und schlang hastig den Käse hinunter, wenngleich er nicht ganz nach seinem Geschmack war. Er war hart und sehr salzig, eben kein englischer Käse.

»Ist nicht jedermanns Sache«, lachte Lucian. »Übrigens schlingt man diesen Käse nicht einfach so hinunter, man genießt ihn, man muss ihn schmecken.« Er schnitt ein weiteres Stück ab und gab es ihm.

Zara befolgte seinen Tipp und aß den Käse in kleineren Stücken, und tatsächlich schmeckte er nun anders: salzig-süß mit intensiven, ganz verschiedenen Aromen.

Italien war ein wunderschönes Land, dachte Zara, nur ganz anders als Frankreich. Alles war so ruhig und strahlte solch eine Wärme aus. Frankreich dagegen war trüb und dunkel, was wahrscheinlich auch am Wetter lag, das im Gegensatz zu Italien nicht besonders gut war.

Dafür, dass es Mitte Oktober war, war die Temperatur sehr angenehm, kühl zwar, aber nicht kalt.

»Hier ist es wirklich schön«, meinte Zara.

»Oh, warte erst mal ab, bis du in deiner neuen Heimat ankommst. Venedig ist noch viel schöner«, blaffte Jordan. Sie wandte sich an Morgan, der plötzlich hinter ihnen stand. »Wie geht es Marie?«

Morgan errötete, als er den Name Marie hörte, dann lächelte er verlegen. »Ihr geht es gut.«

Jordan kicherte. »Warum errötest du, magst du sie etwa?«

»Ja, so kann man das sagen«, stotterte Morgan.

»Mein Freund, wenn du in sie verliebt bist, dann sag es ihr. Ich denke, sie mag dich auch sehr«, sagte Lucian und klopfte ihm auf die Schultern.

»Ich habe aber ein schlechtes Gewissen, wegen meiner Familie«, meinte Morgan traurig.

»Morgan, deine Frau und deine Kinder sind tot, ich denke nicht, dass ihre Seelen sich das wünschen, dass du auf ewig um sie trauerst. Das Leben geht weiter«, erklärte Lucian. »Sie hätten auch gewollt, dass du nach vorn blickst und dein Leben weiter führst.«

»Genug, Lucian, ich habe verstanden«, entgegnete Morgan kurz. Dann ging er.

Jordan lächelte Lucian erwartungsvoll an.

Lucian aber blieb ernst. »Du hältst dich da raus. Es ist Morgans Sache. Lass ihn entscheiden, ob er es zu sagen vermag oder nicht.«

Jordan gab einen enttäuschten Seufzer von sich. »Ich

wollte ihm ja nur auf die Sprünge helfen.«

»Wie dem auch sei. Wir haben alles besorgt, was wir für die nächste Reise brauchen«, begann Lucian.

»Haben wir genug Blutsklaven?«, fragte Jordan.

»Ja, haben wir«, antwortete Jordan kurz.

»Dann können wir ja jetzt zurück zu den Kutschen gehen«, sagte Lucian und blickte sich um. Er rief alle zusammen und gingen wieder zur Kutsche.

»Was nun?«, fragte Kala.

»Wir sollten uns ein wenig ausruhen, was denn sonst?«, gähnte Lucian und streckte sich. »Ich denke, jeder von uns sollte ein wenig schlafen, meinst du nicht?«

Kala stieg, ohne noch ein Wort zu sagen, in die Kutsche und tatsächlich freute sie sich auf einen ungestörten Schlaf.

»Da bist du ja«, rief Sivan müde. »Komm!«

Kala lächelte und legte sich neben ihn. »Wie lange haben wir schon nicht mehr miteinander geredet?«, fragte Sivan.

Kalas Augen wurden immer schwerer. »Es ist viel zu lange her.«

»Es tut mir leid, ich musste den Kutscher spielen«, erklärte Sivan müde. »Ich liebe dich.«

»Ich liebe dich auch.« Kala nahm seine Hand und lächelte. »Morgen ist der große Tag.«

»Ja, da ziehen wir gemeinsam durch das weite Land«, meinte Sivan. »Wie es wohl aussehen mag?«

»Selin behauptet, Venedig sei wunderschön.« Kala

schloss langsam die Augen.

»Es muss wunderschön sein«, sagte Sivan. Er seufzte. »Aber ich vermisse Devon.«

»Ich auch.« Kala gähnte. »Wir müssen lernen, nicht zurück zu blicken.«

»Die Heimat kann man nicht einfach so vergessen«, sagte Sivan.

* * *

Die Nacht war sehr ruhig. Jeder hatte etwas Schlaf bekommen. Nun ragte die Sonne hinter dem Horizont hervor. Lucian wachte als Erster auf, seine Laune war nicht besonders gut.

»Lucian, wenn du noch ein wenig Schlaf brauchst, dann schlaf einfach«, meinte Selin und rieb sich die Augen.

»Ich brauche keinen Schlaf«, sagte er bitter.

»Wie du denkst.« Selin legte sich wieder hin und schloss ihre Lider.

Lucian sprang aus der Kutsche.

Zara war auch schon hellwach. Ohne Lucian bemerkt zu haben, saß er draußen, betrachtete den schwarzen Stein und überlegte, was er damit anfangen sollte.

»Pack den Stein wieder ein, keiner darf ihn zu Gesicht bekommen«, flüsterte Lucian streng.

Erschrocken ließ Zara den Stein unter seinem Hemd verschwinden.

»Du weißt nicht, was du mit dem Stein anfangen sollst, nicht wahr?« Lucian ließ einen lauten Seufzer hören und legte seine Hände auf seine Hüften. »Komm!«, verlangte er. »Kennst du schon die Legende von Ilian?«

Zara nickte. »Ja, Terpsichore hat sie mir erzählt.«

»Ich lebte schon vor seiner Zeit. Wusstest du das?«, fragte Lucian.

Das erstaunte Zara, er konnte sich immer noch nicht vorstellen, dass Lucian schon mehrere tausend Jahre alt war. »Kanntest du ihn?«

»Nein, nicht persönlich«, sagte Lucian. »Aber ich erlebte, wie die Waldgeister plötzlich verschwanden, und das war schwierig für mich.«

»Warum?«, fragte Zara neugierig.

»Weil meine Mutter ein Baumgeist war«, antwortete Lucian mit traurigem Gesichtsausdruck.

»Wirklich?« Zara konnte kaum glauben, was er da hörte.

»Nun, sie war nicht meine richtige Mutter, aber ich bin bei ihr groß geworden.« Er hielt inne. »Das ist aber eine Geschichte, über die ich nicht zu reden vermag.«

Zara war neugierig, traute sich aber dennoch nicht, weitere Fragen zu stellen.

»Wie dem auch sei, ich war dann Hunderte von Jahren allein auf dieser Welt, oder zumindest empfand ich das so, bis ich irgendwann auf Selin traf.« Er lächelte glücklich. Selin war wahrscheinlich der einzige Halt in seinem Leben. »Durch sie sah ich die Welt wieder mit ganz anderen Augen.«

»Was willst du denn mit all dem sagen?«, fragte Zara.

»Was ich damit sagen will?« Lucian schaute zum Himmel hinauf. »Du machst eine dunkle Zeit durch, Zara. Die Welt scheint für dich verloren und ungerecht, aber wenn du stark genug kämpfst, findest du deinen Halt im Leben. Du musst es nur wollen.«

»Was ist mein Halt?«, fragte Zara.

»Dein Stein, die Liebe und dein Mut«, antwortete Lucian und klopfte Zara auf die Schulter. »Du hast mein Volk gerettet, und insbesondere mich. Ich schulde dir was, schon vergessen?«

»Nein, Sir, das habe ich nicht«, stotterte Zara.

»Wenn du größer bist, werden wir uns wiedersehen, und dann darfst du dir eine Frau aus meinem Volk erwählen. Weißt du noch?« Lucian grinste.

Zara war an diesem Angebot zwar nicht interessiert, er nickte aber – einfach, um Lucian nicht zu enttäuschen oder gar zu verärgern.

»Es war mir wirklich eine Ehre, dich kennenzulernen. Wir werden uns irgendwann wiedersehen. Das verspreche ich dir«, sagte Lucian feierlich.

»Mir war es auch eine Ehre.« Zara lächelte schwach.

Lucian schaute hinter sich und lächelte. »Die anderen sind nun auch wach. Kala sucht dich schon, geh!« Er gab Zara noch einen kleinen klaps, und dann rannte dieser davon.

Kala wartete mit hektischem Gesichtsausdruck auf ihn. »Wo warst du? Wir müssen uns beeilen, Zara, wir haben keine Zeit zu verlieren.«

»Warte, Kala, ich will Lucian und den anderen Lebwohl sagen.«

Zara eilte in Lucians Kutsche. Sogleich schmiss sich Jordan auf ihn und umarmte ihn. »Ich werde dich vermissen!«, heulte sie. »Du bist mein bester Freund, Zara.«

»Du bist auch meine beste Freundin, Jordan.« Zara seufzte.

Endlich lockerte sich ihre Umarmung. »Ich werde dich so sehr vermissen.«

»Ich dich auch«, sagte Zara. Sein Blick wanderte jetzt zu den anderen.

Selin trat zu ihm. »Kala habe ich schon Lebewohl gesagt. Hier«, sie drückte ihm ein kleines Kräuterbündel in die Hände. »Das ist eine Mischung aus verschiedenen Kräutern, es soll dich beschützen.«

»Danke, Selin.« Zara umarmte sie und begann zu weinen. Selin war stets nett zu ihm gewesen, sie erinnerte ihn an seine Mutter.

Dann blickte er zu den anderen hinüber: Yule, Pearl, Juliette, Luna und Jolie. Alle sahen traurig aus. Sogar Jolie, auch wenn Zara nichts mit ihr zu tun hatte. Nun bedauerte er diesen Abschied sehr. Er erinnerte sich, wie Jolie auf ihre Art und Weise nett zu ihm gewesen war. Als er auf dem Schiff unbedingt wissen wollte, wo sie hinfuhren, hatte sie ihn mitten in der Nacht aufgeweckt, um es ihm zu sagen.

Eine nach der anderen umarmte Zara. Als er aber vor Jolie stand, erstarrte er. Ihr Haar und ihre goldbraunen Augen faszinierten ihn so sehr; er konnte nicht anders, als sie anzustarren.

Jolie musterte ihn skeptisch. »Was ist? Willst du dich nicht verabschieden?« Dann lächelte sie.

Zara hatte sie das erste Mal richtig lächeln sehen. Er fand die Sprache wieder. »Doch, ich will mich verabschieden.« Dann umarmte er sie.

Bei der Umarmung spürte er etwas, das er noch nie zuvor in seinem Leben gespürt hatte. Es war ein undefinierbares Gefühl und eine energische Anziehungskraft.

»Auf Wiedersehen, Zara«, murmelte Jolie freundlich.

ALLEIN DURCH DAS NEUE LAND

Zara blickte starr vor sich hin, es war schon einen ganzen Tag her, dass er sich von Lucian und seiner Familie verabschiedet hatte. Zu viel Schmerz lag in ihm.

»Es ist schon dunkel«, bemerkte Kala müde.

»Ja«, sagte Zara bitter.

»Mutter«, rief Alexander, der in einer Decke gekuschelt war. »Ist es noch weit?«

»Wir sind in der Lombardei«, antwortete Kala. »Wir nähern uns dem Ziel, Alexander.«

»Gut«, sagte er und seufzte.

Kala versuchte zu lächeln. »Es ist sehr dunkel draußen.«

Zara zuckte mit den Schultern, er fühlte sich hundeelend, als ob ein Teil von ihm gestorben wäre.

»Du vermisst sie, nicht wahr?« Kala schüttelte traurig den Kopf. »Du hast schon genug Personen, die du liebtest, verloren. Aber sei nicht traurig, sie haben sich für uns und vor allem für dich von uns getrennt.«

»Aber ich mochte sie.« Zara fing an zu weinen.

»Mein Liebling, komm her.« Kala breitete ihre Arme aus und Zara schmiss sich hinein. Kala streichelte sein Haar und wiegte ihn hin und her.

»Es ist wirklich ein Jammer«, sagte eine der Hexen im Wagen. »Ich habe auch alles verloren, Zara, meinen

Mann, meine Kinder, einfach alles. Ich weiß, wie du dich fühlst.«

Kala warf der Hexe einen bösen Blick zu. Ihrer Meinung nach war es nicht nötig, diese Bemerkung von sich zu geben.

Die Kutsche schien plötzlich so eng. Es waren ja weitere zehn Personen drin. Elsu, so hieß die Hexe, warf Kala einen bösen Blick zu, dann lehnte sie sich zurück.

»Im Ernst, seit meiner Befreiung vom Scheiterhaufen bin ich hier, und ich habe mit euch Weibern kein einziges Wort gewechselt. Könntet ihr mir bitte sagen, wie die Sache hier läuft?«, rief ein aufgewühlter Hexer aus der Ecke.

»Du hast mich vergessen, du Dummkopf, ich bin auch noch da, ein Mann.« Ein anderer Hexer meldete sich und winkte ihm provokant zu. »Siehst du mich, Alan?«

»Ist ja gut, Nolan.« Alan seufzte genervt und strich sich durchs Haar.

Kala stand mit offenem Mund da, aber dennoch wusste sie, dass die Männer recht hatten. Sie waren nun wochenlang unterwegs, ohne zu wissen, wo es hinging und ohne ein Wort zu sagen.

»Zünde eine Kerze an, Kala. Ich will in deine Augen sehen können, wenn ich mit dir spreche«, verlangte Alan.

»Alan, es reicht! Beklage dich nicht! Weißt du nicht mehr, wer dir das Leben gerettet hat?«, brüllte Kala fast. »Ich war es, die dich vom brennenden Pfosten des Scheiterhaufens befreite. Mir verdankst du dein lausiges Leben.« Sie tippte mit dem Zeigefinger gegen ihre Brust.

»Trotzdem will ich informiert werden, wo wir hinfahren und wo ich demnächst mein ›lausiges‹ Leben leben soll«, brüllte Alan.

»Alan, beruhige dich!«, schrie Nolan.

»Nein, ich bin nicht ruhig, ich will Erklärungen haben!«, verlangte Alan und stand auf.

Kala stand ebenfalls auf. »Wag es nicht, mir nahe zu kommen, Alan! Ich warne dich!«

Alan lächelte grausam. »Ich lasse mir nichts mehr von dir sagen, Kala!«

Kala holte aus und knallte ihm eine. »Ich sagte, setz dich hin, oder du steigst auf der Stelle aus!«

Alan setzte sich ohne ein weiteres Wort zu sagen wieder hin. Elsu zündete eine Kerze an und erhellte damit die Kutsche.

»Damit ist jetzt Schluss«, meinte eine andere Hexe, die ein wenig älter war als Kala, ruhig.

»Wer hat dich gefragt, Ira?«, fragte Alan grimmig.

Ira ignorierte ihn, wandte sich an Kala. »Kala, erweist du uns die Ehre?«

Kala nickte. »Wir fahren nach Venedig.«

»Ich denke, dies ist uns allen bewusst«, meinte eine jüngere Hexe.

»Nicht so frech, Sage!«, entgegnete Ira und machte eine strenge Handbewegung.

Plötzlich schien jeder an dem Gespräch beteiligt zu sein. Zara und Alexander horchten aufmerksam zu.

»Wie sollen wir bitteschön in diesem Land leben? Die Leute sprechen nicht einmal Britisch«, platzte eine weitere Hexe heraus.

»Gea, wir müssen diese Sprache erst erlernen. Wir werden bestimmt Leute finden, die uns dabei helfen werden«, erklärte Kala frustriert.

»Alea, was meinst du?«, fragte Gea die andere Hexe neben sich.

»Nun ja, Kala hat recht, wir müssen Leute finden, die uns helfen«, antwortete Alea.

»Denkst du, es gibt Hexen hier in Italien?«, fragte eine andere Hexe.

»Yaren, ich weiß es nicht, könnte aber gut möglich sein.« Kala seufzte und massierte ihre Schläfen. »Was ist mit euch beiden? Sagt doch auch mal etwas dazu, oder hat euch ein Dieb die Zunge geraubt?« Sie schaute zu den zwei übrigen Hexen, die noch kein Wort gesagt hatte.

Die eine schaute die andere an, eine lächelte dann. »Ich habe mir nur die Situation von Weitem angehört, aber ja, auch ich und Rya haben unsere Zweifel und Sorgen.«

»Der Meinung bin ich auch, Ella«, sagte Rya.

Schweigen breitete sich aus. Nun saßen sie endlich alle beteiligt im Gespräch da. Und alle hatten sie etwas gemeinsam; sie hatten ihre Familie, Freunde und das Land verloren. Nun waren sie hier, um eine neue Familie zu gründen.

»Was sollen wir tun? Wir haben nicht genug Geld«, meinte Nolan verzweifelt.

»Wir haben noch ein wenig Geld.« Kala blickte zu Nolan.

»Das bringt uns auch nicht weiter! Wie soll das reichen?«, fragte Alan giftig.

»Alan, zügle deine Zunge!« Ira warf ihm einen bedrohlichen Blick zu, dennoch blieb sie ruhig. Ira war die älteste von allen. Zara schätzte sie auf Ende dreißig. Ihr langes dunkelblondes Haar fiel ihr über die Schultern, ihre unauffälligen, dunkelblauen Augen betonten ihr Gesicht sehr. Ihre Nase war dünn und spitz und passte gut in ihr rundes Gesicht.

Die Räder der Kutsche knirschten, sie fuhren einen steinigen Weg entlang.

»Wisst ihr was?«, brach Kala das Schweigen. »Ich fände es am besten, wenn wir dieses Thema erst wieder ansprechen, wenn wir angekommen sind. Reden wir über etwas anderes.«

»Gut«, entgegnete Alan und warf sein langes braunes Haar zurück. »Lasst uns über uns, über unsere Verbindung zueinander reden.«

»Ja, ich finde, das ist auch ein sehr wichtiges Thema«, sagte Elsu und nickte zustimmend.

»Ich bin der Meinung, wir sollten diese gegründete Familie vergrößern«, erklärte Alan ruhig.

»Warte, wie meinst du das?« Nolan formte seine Augen zu einem Schlitz und guckte dabei skeptisch.

»So wie ich es gesagt habe«, sagte Alan böse. »Ich bin der Meinung, wir sollten uns vermehren.«

Nolan hob seine Augenbrauen und lächelte. »Jetzt weiß ich, was du vorhast. Du bist auf Paarungsentzug, und jetzt versuchst du deine Masche abzuziehen mit ›Ich bin der Meinung, wir sollten uns vermehren‹, nur um dich mit einer von ihnen zu vergnügen.«

»Der Gedanke ist aber gar nicht mal so schlecht«, sagte Sage, dabei leuchteten ihre braune Augen auf.

Alan musterte Sage erwartungsvoll, er schmolz regelrecht dahin, als sie ihm ein strahlendes Lächeln schenkte. Ihr rotbraunes Haar verzauberte ihn, und ihre weiße Haut erinnerte ihn an einen leuchtenden Stern.

»Nolan, denke doch mal nach, wir haben keine andere Wahl, wir sind praktisch gezwungen, uns zu vermehren. Oder willst du tatsächlich dabei zuschauen, wie die letzte Flamme unseres Volkes erlischt?« Sages Augen funkelten.

Nolan blieb still.

»Lass uns das doch lieber ein anderes Mal besprechen, ich meine, wenn die Kinder schlafen«, sagte Yaren.

»Denkst du wirklich, dass wir die letzte Flamme des Volkes sind?«, fragte Ella.

Sage zuckte mit den Schultern. »Kann gut möglich sein. Vielleicht sind aber auch manche schnell genug gewesen und sind in den Norden geflüchtet.«

Ella hatte Tränen in den Augen. »Ich vermisse Devon.«

Gea kroch zu ihr und tröstete sie. Nun schauten alle traurig zu Boden, Devon fehlte jedem. Die Stille und das lange Schweigen brachen wieder über die Gruppe herein. Ein plötzlicher Schrei aber ließ sie alle zusammenzucken. Die Kutsche ruckte, die Insassen wurden in die Ecken geschleudert.

»Sivan, alles in Ordnung?«, schrie Kala.

»Um Dianes willen, was war das?«, schrie Alan.

»Zara, Alexander, bleibt hier! Ich gehe nachschauen.

Alan, Nolan, ihr kommt mit mir!«, verlangte Kala.

»Kala, Kala!«, schrie Sivan verzweifelt.

Die Kutsche bremste knarrend, die Pferde schnaubten und wieherten panisch. Kala, Alan und Nolan stiegen aus und suchten Sivan in der Dunkelheit. Der Vollmond leuchtete direkt auf ihn. »Kala, Kala, komm!«, schrie er verzweifelt.

»Was ist passiert?«, fragte Kala und rann zu ihm.

Sivan schaute auf ein schwarzes Wesen, das reglos am Boden lag. »Es kam aus dem Nichts. Ich weiß nicht, wie das passieren konnte.«

»Was für ein Wesen ist das? Ist es tot?«, fragte Nolan.

Rya und Sage stiegen nun auch aus der Kutsche. »Haben wir in der anderen Kutsche Fackeln?« Sage atmete schwer.

»Ja«, antwortete Sivan und zeigte auf die zweite Kutsche.

»Rya, geh nicht zu nahe ran!«, rief Kala.

Doch Rya hörte nicht auf sie. Sie näherte sich dem auf dem Boden liegenden Wesen, bis sie dann endlich erkannte, was es war. Sie atmete schwer. »Es ist ein Wolf!«

In diesem Moment ließ sich das schrille Heulen anderer Wölfe, die aus den dunklen Bäumen hervorlugten, vernehmen. Alle schauten sich um. Sage kam mit einer brennenden Fackel hinzu.

»Wir werden beobachtet, Freunde«, sagte Kala leise.

Plötzlich fing Rya an zu schreien: »Hilfe!«

Der Wolf, der scheinbar reglos am Boden lag, hatte sich mit gefletschten Zähnen über Rya gebeugt und knurrte. Dann biss er ihr wild in die Schulter. Rya kreischte. Der Wolf ließ nicht von ihr ab, schien sie zerfleischen zu wollen.

Sage eilte mit der brennenden Fackel zu ihr und schlug dem großen schwarzen Wolf auf den Rücken.

Der Wolf heulte auf, ein Stück seines Fells ging in Flammen auf. Er schmiss sich zu Boden und wälzte sich, bis die Flammen erloschen waren. Die große Brandwunde heilte sofort. Und schon versuchte er, erneut anzugreifen.

Doch Sage wirbelte mit der Fackel wild um sich, sodass der Wolf sich fernhalten musste.

»Was sollen wir jetzt tun?«, rief Sage und wischte sich mit der Hand die Schweißtropfen von der Stirn. »Der wird nicht der einzige Wolf sein!«

Rya kroch zu Alan. Der Schmerz stand ihr ins Gesicht geschrieben. »Hilf mir, verdammt!« Weinend drückte sie ihre Hand auf ihre rechte, stark blutende Schulter.

Alan hob sie vom Boden in seine Arme und trug sie schnell in die Kutsche. »Schnell, helft ihr, verbindet sie, macht, was auch immer ihr tun könnt!« Er schmiss sie quasi zu Boden.

Elsu erschrak, als sie ihre Bisswunde sah. Ryas Blut quoll zu Boden, Ella weinte nur noch mehr und klang sehr verzweifelt.

»Dieses Tier ist übernatürlich, das ist doch kein einfacher Wolf!«, schrie Rya.

Elsu und die anderen versuchten, sie zu verarzten.

Alan zündete sich ebenfalls eine Fackel und eilte Sage und den anderen zur Hilfe.

»Geh weg, du Mistvieh!« Alan wirbelte wie Sage mit der Fackel. Der Wolf knurrte und fletschte die Zähne, versuchte anzugreifen und lief immer vor und zurück.

»So kann es doch nicht die ganze Nacht weitergehen!«, schrie Nolan.

»Sivan, was machen wir jetzt?« Kalas Herz pochte panisch.

Sivan blickte hektisch um sich. »Ich weiß es nicht. Auf Hilfe können wir wohl kaum hoffen.«

»Hilfe, Hilfe!«, begann Kala dennoch zu schreien. »Hilfe, Hilfe!«, schrie Nolan nun mit.

Doch das schien die Wölfe nur noch mehr anzulocken.

»Sivan, hole für uns drei Fackeln!«, verlangte Kala.

Als Sivan zu rennen begann, jagte der Wolf ihm nach und stürzte sich auf ihn. Sivan schrie vor Schmerz, der Wolf hatte seinen Arm erwischt. Alan konnte noch rechtzeitig zu ihm eilen, um Schlimmeres zu verhindern. Mit einem kräftigen Schlag mit der Fackel stieß er den schwarzen Wolf von Sivan weg. Der Wolf begann wieder zu brennen, doch auch dieses Mal wälzte er sich, und seine Wunden verheilten.

Durch einen Mondstrahl erkannte Alan zu seinem Entsetzen, dass der Wolf glühend rote Augen hatte. »Was ist das für eine Art Wolf?«, schrie er.

Sivan stand mühsam auf und schaute verbittert seinen blutenden Arm an. »Der hat ja eine Beißkraft, verdammt«, bemerkte er fluchend, dann ging er zu der Kutsche, holte sich drei Fackeln heraus und zündete diese an.

Die Pferde wieherten nun noch panischer; andere

Wölfe näherten sich der Kutsche.

»Das darf doch wohl nicht wahr sein«, flüsterte Alan atemlos.

Die Wölfe waren einfach zu zahlreich, sie umzingelten sie, sie trieben Kala, Sivan, Nolan, Alan und Sage wie eine Herde Schafe zusammen.

Kala hatte Tränen in den Augen. »Wir werden sterben.«

»Oh nein, heute Nacht nicht!« Alan wirbelte wieder mit den Fackel um sich und traf einige der Wölfe. Er versuchte, sich so durch die Wölfe zu kämpfen, er scheiterte an diesem Versuch jedoch.

Gea kam aus der Kutsche. »Kann mir bitte jemand erklären ...« Sie konnte nicht einmal den Satz zu Ende bringen, als einer der Wölfe blitzschnell auf sie zu stürzte. Doch bevor der Wolf richtig zubiss, traf ihn ein Pfeil mitten in der Brust. Der Wolf jaulte vor Schmerz auf und sank zu Boden.

Ein älterer Mann rannte auf die Wölfe zu, und gleich versuchten sie, diese Gelegenheit auszunutzen. Doch der Mann war schneller. Er holte einen in Silber getauchten Pfeil aus seinem Köcher, spannte den Bogen und traf den nächsten Wolf am Hals. Dieser war sofort tot.

Ein weiterer Wolf versuchte ihn anzugreifen. Der Mann hatte nicht genug Zeit, seinen Bogen zu spannen, stattdessen ließ er zu, dass das Tier sich auf ihn stürzte. Doch als es das tat, holte er einen Silberdolch hervor und rammte ihn ein paar Mal in den Wolf hinein. Als der Wolf sich nicht mehr regte, rannte der Mann zum nächsten und schnitt ihm mit dem Dolch einfach die Kehle durch. Das Blut spritzte. Die Wölfe gingen nun auf sicheren Abstand, dann verschwanden sie wieder in den dunklen Gebüschen.

Der Mann wischte sich das Blut vom Gesicht. Er rang nach Atem. »Che cosa fate qui, é luna Piena!«, sagte er verärgert.

»Was hat er gesagt?«, fragte Nolan.

»Woher soll ich das wissen? Ich kann kein Italienisch«, antwortete Kala giftig.

»Danke«, sagte Sivan und lächelte den Mann an.

Der Mann schaute immer noch kritisch, dann schaute er Sivans blutenden Arm an. »Vi avete fatto del male?«, fragte er und zeigte auf Sivans Arm.

»Ich glaube, er hat gefragt, ob du dich verletzt hast«, sagte Sage.

»Ja, ja, einer der Wölfe hat mich gebissen.« Sivan zeigte ihm seinen Arm.

»Er kann dich nicht verstehen, du Narr«, sagte Alan.

»Ich wenig verstehen«, meinte der Mann nun auch.

»Sie können Britisch?«, fragte Kala.

»Wenig«, sagte der Mann knapp und schaute sich Sivans Arm an. Er seufzte. »Nicht schlimm sein.« Dann wandte er sich mit traurigem Gesichtsausdruck zu den toten Wölfen.

Kala erschrak. Auf dem Boden lagen keine toten Wölfe, sondern tote Menschen.

»Warum liegen da tote Menschen?«, fragte Sage panisch.

»Licantropo«, sagte der Mann nur.

»Meint ihr Werwölfe?«, fragte Kala entsetzt.

Der Mann nickte. »Lupo mannaro«, sagte er, dann kniete er sich zu den vier Menschen – drei Männer und eine Frau. Er entnahm bei den Männern seine Silberpfeile, säuberte sie und stopfte es in seine Pfeiltasche. Dann sprach er ein Gebet, das Kala und die anderen nicht verstanden. Mit einem Kohlestift malte er den Männern und der Frau ein Kreuz auf die Stirn. Auf die Handfläche malte er ein ›L‹ für Lykantrop. Die Werwölfe, die jetzt zu Menschen geworden waren, waren nackt und mit Blut beschmiert.

»Ich verstehe die Welt nicht mehr«, schluchzte Gea, als sie zu den toten Werwölfen schaute.

»Welt non é logico, il mondo é piena di magia e altre cose«, sagte der Mann ernst.

»Sagt er, dass die Welt unlogisch ist? Und was hat er über Magie gesagt?«, fragte Sivan und schaute Kala erwartungsvoll an.

»Ich sage doch, ich kann kein Italienisch«, sagte Kala ernst.

»Wie ist Euer Name?«, fragte Sage den Mann.

»Bartolomeo«, antwortete der Mann nur. »Euer Name?«

»Oh, ähm ... mein Name ist Sage«, stotterte sie, »das ist Kala, Sivan, Alan, Nolan und Gea.« Sie zeigte auf jeden einzelnen.

Bartolomeo nickte, dann machte er eine Handbewegung – er verlangte, dass die anderen ihm folgten. »Mein Haus, nicht weit von hier«, sagte er.

Sage fiel Rya ein, sie lag ja immer noch verletzt in der Kutsche. »Habt Ihr Kenntnisse, wie man Werwolfbisse heilt? Meine Freundin – sie ist schwer verletzt, sie ist dort drüben.« Sie zeigte auf die Kutsche.

Bartolomeo blieb einige Minuten stehen. Er versuchte, Sages Worte genau zu interpretieren. »Biss nicht giftig, doch tödlich.« Er zeigte an Stellen seines Körpers, wo der Biss des Werwolfes tödlich sein konnte.

Sie eilten schnell zur Pilgerkutsche. Drin war es ruhig, keine Schmerzenslaute. Rya schlief fest, sie sah sogar friedlich aus, abgesehen von dieser monströsen Bisswunde an der Schulter. Bartolomeo legte seine Tasche ab und schaute sich die Wunde genau an. Dann nickte er lächelnd.

»Was ... was ist?«, fragte Kala aufgebracht.

»Großes Glück«, sagte Bartolomeo. Er drehte sich dann zu Kala um. »Se il Licantropo, avrebbe morso proprio lí, jetzt sofort tot sein«, und deutete an eine gewisse Stelle an Ryas Hals.

Kala und Sage atmeten auf. Sie waren erleichtert darüber, dass Rya wieder auf die Beine kommen würde. Nolan und Alan setzten sich erschöpft auf die Sitze der Kutsche.

Alan schwang seine erloschene Fackel hin und her. »Und dabei hatte der Abend so gut angefangen«, nörgelte er leise vor sich hin.

Zara, der mit Alexander still in der Ecke saß, verstanden nicht, was vor wenigen Minuten geschehen war.

Bartolomeo lächelte, als er Zara und Alexander anblickte. »Ich habe auch Sohn zu Hause.« Er seufzte. »Er sich Sorgen tun.«

»Warum?«, fragte Sivan.

»Er allein, é solo a casa«, erklärte er.

Zara musterte ihn. Bartolomeo schien nicht nobel oder gar reich zu sein, er trug normale, dreckige Kleidung. Sein Gesicht war markant und dürr, seine wilden, im Ansatz grauen Haare bedeckten seine Stirn komplett. Seine grüngrauen Augen waren das Einzige, was in seinem Gesicht aufzuleuchten schien.

»Wollt ihr nella mia bella casa schlafen?«, fragte Bartolomeo. »Nur eine Nacht? Ihr sonst nicht Sicherheit.«

»Gut«, meinte Kala, »wollt Ihr Geld?«

Bartolomeo schüttelte den Kopf. »Nicht bezahlen, Geld unwichtig.«

»Soll mir auch recht sein«, murmelte Kala.

»Wo wohnt Ihr?«, fragte Sivan.

»Percorso nicht weit«, sagte er nur.

»Dann würde ich vorschlagen, dass Bartolomeo und Sivan die Kutsche lenken und dass wir uns jetzt beeilen, bevor uns noch weitere Monster auffressen wollen.« Kala lächelte.

Der Morgen brach herein. Zaras Kopf brummte. Er erinnerte sich an die letzte Nacht, in der ein Fremder, der sich Bartolomeo nannte, seine neugegründete Familie vor Werwölfen rettete und ihnen freundlich und mit offenen Armen Unterkunft für eine Nacht gewährte.

Zara hatte nicht gut geschlafen; seine Matratze bestand nur aus borstigem Stroh und einem Laken. Nun was sollte man sonst auch von einem armen Mann erwarten?

Er sah sich im Zimmer um. Alles war irgendwie dunkel,

was wohl an den dunklen Schränken und Wänden lag.

Unter seiner Kleidung machte sich der Stein wieder bemerkbar. Er betastete ihn und holte ihn hervor.

Der Stein leuchtete schwarz auf. Zara hätte schwören können, dass er auch Regenbogenfarben im Stein sah.

Und wieder fragte er sich, was er bloß mit dem Stein anfangen sollte. ›Was Vater wohl getan hätte?‹, dachte er. ›Er wusste immer, was zu tun ist.‹

Aber der Stein war nun seiner. Er konnte sich ein Leben ohne Stein nicht mehr vorstellen, er hatte sich so sehr an ihn auf der Haut seiner Brust gewöhnt. Es würde etwas fehlen, wenn er nicht mehr da wäre.

Die Sonne strahlte über dem Horizont. Zara war nun hellwach. »Alexander«, flüsterte er und rüttelte ihn leicht an den Schultern.

Alexander schlug verwundert und müde die Augen auf. »Was ist los?«, fragte er. »Alle schlafen noch.«

»Ja.« Zara grinste.

»Was hast du vor?« Alexander rieb sich die Augen.

»Hast du Lust, mit mir Unsinn zu treiben?«, fragte Zara.

»Ja«, antwortete Alexander freudig.

Leise standen sie auf. Als sie aber zur Tür hinaus schleichen wollten, überraschte sie Alan. »Wo wollt ihr denn hin?«

Zara und Alexander erschraken.

»Wir wollen zu den Pferden gehen«, stotterte Zara.

»Gut, viel Spaß«, sagte Alan gelangweilt, legte sich wieder hin und schlief weiter.

»Komm«, verlangte Alexander leise.

Sie machten die Tür langsam zu. Wieder erschraken sie. Bartolomeo stand vor ihnen. »Che cosa fate?«, fragte er. Zara erinnerte sich an Lucian und an Jordan, die auch immer mal wieder plötzlich vor ihm standen.

Zara verstand jedoch Bartolomeos Sprache nicht und sah den Mann nur fragend an.

»Was machen?«, versuchte er es auf Britisch noch mal.

Jetzt verstand Zara. »Wir wollen zu den Pferden gehen.«

Bartolomeo lächelte. »Ich mitkommen.«

›Das war wohl nichts mit dem Unsinn‹, dachte Zara.

»Francesco!«, rief Bartolomeo.

Francesco war Bartolomeos Sohn, der nun die knarrende Holztreppe hinauf rannte und lächelte. »Sí Babbo?«

»Vorrei andare con quei ragazzini Inglesi dai cavalli, voui venire anche tu?«, fragte Bartolomeo.

Zara und Alexander verstanden wie zuvor gar nichts. Francesco aber nickte und lächelte.

Es war ein überraschend großes Haus und mitten auf ein riesiges Feld gebaut. ›Francesco, Bartolomeo‹, dachte Zara, es waren so seltsame Namen ...

Als sie aus dem Haus gingen, erblickte Zara die Pferde. Sie trabten freudig auf einem umzäumten Gelände mit anderen Pferden umher. Zaras Pferde aber hoben sich stark aus der Masse der anderen hervor. Sie alle waren so wunderschön schwarz.

»Deine Pferde schön«, schwärmte nun auch Bartolomeo. Auch sein Sohn Francesco hatte einen verträumten

Gesichtsausdruck, als er die glänzendschwarzen Pferde sah.

»Babbo, sono neri come la notte«, sagte Francesco zu seinem Vater.

»Was hat er gesagt?«, fragte Alexander eifrig.

»Er sagen, Pferde schwarz wie Nacht«, übersetzte Bartolomeo mühsam. Doch auch mit seinem italienischen Akzent und seiner schlechten Satzbildung verstanden ihn Zara und Alexander.

Zara konnte es kaum erwarten, diese neue Sprache zu sprechen, Italienisch klang so flink und lustig. »Wie heißt Pferd in deiner Sprache?«

»Cavallo«, antwortete Bartolomeo.

»Cavallo«, wiederholte Zara eifrig.

»Molto bene«, meinte Bartolomeo. Zara verstand das zwar nicht genau, sah aber am Gesichtsausdruck des Gastgebers, dass er zufrieden mit seiner Aussprache war.

»Und wie sagt man ›Stein‹ auf Italienisch?«, fragte Zara.

»Pietra«, sagte Bartolomeo.

»Pietra«, wiederholten Alexander und Zara gleichzeitig.

Francesco lachte.

»Warum lacht der Bursche?«, fragte Alexander.

Zara zuckte mit den Schultern.

»Er findet lustig, wie ihr sprechen.« Bartolomeo lächelte freundlich. »Seid ihr mit Pferd geritten?«

»Ja, aber noch nie auf solchen«, antwortete Zara.

»Wollen?«, fragte Bartolomeo.

»Ja, unbedingt«, rief Alexander.

Bartolomeo machte eine einladende Handbewegung. »Venite, venite!«, rief er und kletterte über den Zaun.

»Was für Pferde sind das?«, fragte Alexander und zeigte auf die kleinen bräunlichen Pferde.

»Bergpferde«, antwortete er. »Eure schwarz Pferde, viele schöner.«

Im Vergleich zu den Friesen waren diese sehr viel kleiner. Sie hatten recht kurze Beine und ein feines, freundliches und intelligent wirkendes Gesicht. Die Pferde sahen friedlich aus.

Francesco hüpfte gleich auf eines seiner Pferde, eine braune, ältere Stute.

»Ich will den hier.« Alexander zeigte auf ein rotbraunes Pferd.

Gleich eilte ihm Bartolomeo zu Hilfe und setzte ihn aufs Pferd. Zara hingegen schaute kritisch. Er wünschte sich so sehr, seine eigenen Pferde reiten zu können, die glänzendschwarzen Schönheiten sahen so wild und unzähmbar aus, noch dazu waren sie so groß.

»Und du?«, fragte Bartolomeo. »Du willst deine Pferde, hm?«

Zara nickte.

»Welcher?« Bartolomeo legte seine Hände auf seine Hüften und schaute die schwarzen Schönheiten an.

»Ich möchte die da.« Zara zeigte auf eine schwarze Stute, die gerade dabei war, Heu zu fressen. »Sie lassen sich aber bestimmt nicht fangen«, meinte Zara traurig.

»Komm«, ermutigte ihn Bartolomeo, er nahm Zara bei der Hand und führte ihn langsam zur Stute.

Das Pferd fuhr mit seinem Kopf hoch und wich einen

Schritt zurück.

»Siehst du, das Pferd hat Angst vor mir«, sagte Zara leise mit enttäuschter Stimme.

»Da!« Bartolomeo zog eine Karotte aus seiner Hosentasche und gab sie ihm. Das schwarze Pferd schaute interessiert und kam immer näher. Zara hielt der großen Stute die Karotte vor der Nase, woraufhin sie daran schnupperte und sie mit nur einem Biss kauend hinunter schlang.

»Streichle«, verlangte Bartolomeo leise.

Zara traute sich endlich, die Hand auszustrecken und das Pferd sanft zu streicheln.

»Sie lässt sich streicheln«, sagte Zara begeistert und lächelte.

»Bauch streicheln, sie wird dann sagen, ob cavalcare oder nicht«, meinte Bartolomeo.

»Was heißt cavalcare?«, fragte Zara.

»Reiten«, antwortete Bartolomeo.

»Cavalcare«, wiederholte Zara. Dann streichelte er das Pferd am Bauch. Die Stute blieb erstaunlich ruhig.

»Sie will, che la cavalchi«, sagte Bartolomeo. Er nahm Zara an den Hüften und hob ihn auf das Pferd.

Noch nie hatte sich Zara so groß gefühlt. Die Stute wieherte zufrieden. Zara hielt sich sanft an ihrem schwarzen Haar am Hals fest. Ihr Fell war so warm und weich, es glänzte schwarz im Sonnenlicht. Es fühlte sich wie das Fell der Göttin an, als sie die Gestalt des Wolfes hatte.

Zara gab der Stute einen leichten Tritt, und schon fing sie an, durch das Feld zu traben.

»Zara, du reitest ja ein großes Pferd. Das könnte ich nicht, da hätte ich zu viel Angst«, rief Alexander. »Versuche doch mal zu galoppieren.«

Zara ließ sich das nicht zweimal sagen. Er gab der Stute zwei Tritte und wie von Zauberhand galoppierte sie so schnell sie konnte. Der Wind durchfuhr Zaras Körper, er fühlte sich frei wie noch nie, das Pferd war so schnell, und so schön.

Bartolomeo schaute zufrieden und klatschte in die Hände. »Bravo, bravo!«, rief er.

»Zara, Alexander!«, rief eine weibliche Stimme vom Haus her.

Kala stand mit verschränkten Armen vor der Tür. »Kommt, wir müssen bald los!«

Zara brachte die schwarze Stute zum Stehen. »Kannst du mir helfen?«, fragte er Bartolomeo. Dieser nickte nur, packte ihn wieder an den Hüften und half ihm vom Pferd. Dann half er auch Alexander. Zara war es nun ein wenig schwindelig, er musste sich wieder daran gewöhnen, auf festem Boden zu stehen. Dann rannte er zu Kala.

»Bartolomeo, könnt Ihr die Pferde wieder zügeln und an den Kutschen befestigen? Wir wollen bald losfahren«, meinte sie nur.

»Ja«, sagte Bartolomeo. »Fahrt ihr los, so früh?«

»Ja, wir haben noch eine lange Reise vor uns. Wir können es uns nicht leisten, lange an einem Ort zu bleiben. Venedig wartet auf uns«, sagte Kala freundlich.

Bartolomeo begann die Pferde zu zügeln.

Der Vormittag brach an, alle waren bereit zu gehen. Rya war noch nicht wieder ganz fit, Nolan half ihr. Ihr Hals war vollkommen bandagiert, doch sie hatte echtes Glück, dass es sie nicht noch schlimmer erwischt hatte.

»Und danke noch für die Nacht in Ihrem Haus und dass Sie uns gerettet haben. Es war mir eine wirkliche Ehre, Euch kennenzulernen«, bedankte sich Kala.

»Nichts danken, aber Vorsicht. Nacht nicht in Luna piena in Wald, sonst kommen Licantropi. Immer in Nähe von Stadt oder Dorf sein«, sagte Bartolomeo.

Kala nickte. »Das werden wir tun.«

»Geht«, sagte Bartolomeo lächelnd. »Ihr nach bella Venezia gehen, non voglio in Weg stehen.«

»Gut.« Kala stieg in die Kutsche.

Sivan ließ die Zügel knallen und die Pferde liefen los. Bartolomeo und Francesco winkten zum Abschied freundlich.

Nun ging die Reise nach Venedig weiter.

DER BEGINN EINES KRIEGES

Die Kälte durchzog das Land und ließ alles erstarren und gefrieren, was lebte. Als Gescheiterte eines genialen Planes ließ sich Coraline frustriert auf ihre Barockcouch nieder.

»Was ist, Liebling?«, fragte Jonathan, der ehrwürdige Inquisitor Frankreichs.

»Schweig, ich habe Schmerzen!« Coraline massierte sich die Schläfen.

»Was machst du für ein bitteres Gesicht? Wir sind steinreich geworden, seitdem wir in England diese Hexenpest so gut wie beseitigt haben, der Papst selbst will uns eine Audienz geben. Ist das nicht Gewinn an Geld und Ruhm genug?«, fragte er und trat zu ihr.

»Ich halte nichts von Gregor XV. Diese Audienz beim Papst und der Gewinn an Ruhm und Geld sind mir nicht wichtig, ich wollte den Stein«, sagte sie giftig. »Ich habe einen Ehemann, der nicht dazu in der Lage ist, mir einen simplen kleinen Stein zu besorgen.«

»Wenn du mir erklären könntest, wofür du den Stein brauchst und was an diesem Stein so besonders ist, dann könnten wir uns auf die Suche machen«, sagte Jonathan.

»Deine verdammten Soldaten werden es nicht schaffen, den Stein und diesen kleinen Bastard zu finden«, sagte Coraline.

Jonathan versuchte, sie zu küssen, doch sie stieß ihn nur weg.

»Du verbirgst etwas, mein Liebling. Sage mir die Wahrheit! Was hat es mit dem Stein auf sich?« Jonathan ließ sich auch auf die Barockcouch fallen.

»Du willst das wirklich wissen?«, fragte Coraline.

»Ja, ich habe das Recht, es zu erfahren«, meinte Jonathan.

»Du wirst mich hassen, wenn du die Wahrheit zu hören bekommst.« Coraline schaute ihm eindringlich in die Augen.

»Sage es mir, und dann werde ich selbst urteilen.« Jonathan lehnte sich zurück und seufzte.

Das Feuer des Kamins loderte und wärmte das Paar langsam auf.

Coralines Augen funkelten. »Ich war nicht immer ein Mensch, Jonathan. Das Volk, das du auslöschtest, war mein Volk, und es war meine Heimat, aus der ich verbannt wurde, als ich die Hochzeit meines damaligen Geliebten stürmte und nach dem Stein verlangte«, sagte sie ohne rot zu werden. »Der Stein wurde von Generation zu Generation weitergegeben. Mein Großvater und mein Urgroßvater besaßen diesen mächtigen Stein. Er soll die Hexen vor bedrohlichen Menschen wie dir und mir beschützen.«

Jonathan konnte nicht glauben, was er da hörte. Er erstarrte.

Coraline redete weiter: »Als die Wahl des Steinschützers nicht auf mich fiel, sondern auf Falak, meinen damaliger Schwarm, begann ich sie alle zu hassen. Der Stein stand mir zu und nicht ihm, verstehst du?« Sie hielt inne. »Als ich seine Hochzeit stürmte, brannten sie mir das Menschenzeichen auf meinen Rücken und raubten mir somit meine geliebten magischen Kräfte. Ich will den Stein, um dies rückgängig zu machen. Mit dem Stein werde ich die Welt regieren.«

Jonathan fand die Sprache wieder. »Ich habe dir vertraut«, sagte er leise.

»Ich habe dich nur gebraucht, um den Stein zu bekommen.« Coraline zuckte mit den Schultern.

»Ich habe dir vertraut!«, schrie Jonathan jetzt. »Hast du Hexe überhaupt jemals etwas für mich empfunden?« Verzweifelt stand er auf.

»Ich bin keine Hexe, Liebster, ich bin ein Mensch. Aber so etwas wie Liebe existiert nicht mehr für mich, ich habe dich nie geliebt«, sagte sie ruhig.

»Ich habe dich aber geliebt!«, schrie Jonathan. »Ich ... ich Jonathan McRoss!«

Coraline stand auf und lief zum Schreibtisch. »Jetzt beruhige dich, es gibt keinen Grund, sich aufzuregen.«

»Und was ist mit Elija, unseren Sohn? Liebst du ihn denn auch nicht?« Aus Jonathans Augen traten Tränen.

»Doch natürlich liebe ich meinen Sohn. Elija ist mein Sohn, nicht deiner«, sagte sie und kicherte.

Sie trat ans Fenster.

»Nun bin ich gezwungen, für dich einen Scheiterhaufen zu errichten und mich vor ganz Frankreich für dich zu schämen!«, schrie Jonathan und packte sie am Hals.

»Wie kannst du es wagen, handgreiflich zu werden!«,

zischte sie keuchend.

»Und wie konntest du es wagen, mich so zu belügen, du Hexenhure!« Jonathans Tränen rannen ihm die Wangen hinunter, seine blauen Augen wurden rötlich vor Wut und tiefster Traurigkeit.

Jonathan hob die Hand, um sie zu schlagen, Coraline war jedoch schneller. Sie griff zu ihrem Dolch und rammte ihn Jonathan direkt in die Hand. Blut floss, Jonathan schrie vor Schmerz, als der Dolch seine Hand durchbohrte.

»Du solltest dich in Acht vor mir nehmen«, rief sie und trat ihn mit ihrem Fuß zu Boden.

»Was hast du vor?«, heulte Jonathan.

»Ich will mich um meine Sicherheit und meine zukünftigen Plänen kümmern«, erklärte Coraline ruhig.

Sie schaute zu, wie der Schnee langsam zu Boden fiel. »Kennst du dich mit Vampiren aus, John?«

»Für dich immer noch, Jonathan McRoss, und nein, nicht direkt. Damals hatten wir in Südengland das Glück, auf ein Volk von Vampirhexen zu stoßen«, überlegte Jonathan und hielt seine blutende Hand fest.

»Es existiert eine Vampirkolonie, in der Tiefe der Dunkelheit. Ich werde mich auf die Suche nach den Vampiren machen. Sie werden mir helfen, den Stein zu finden«, erzählte Coraline. »Du wirst das nicht miterleben dürfen.«

»Soll Gott dich in die Tiefe der Hölle stecken, brennen sollst du, hörst du?«, schrie Jonathan.

»Gott existiert nicht, du Narr, Göttin und Gott dennoch schon, sie stehen mir immer bei.« Coraline rammte den Dolch in seinen Bauch. »Und nun werde ich zusehen, wie du langsam verblutest. Stirb langsam, John.«

»Mistvieh, du bist der Satan persönlich. Möge Gott Elija schützen! Er soll nicht so elend enden wie ich und erst recht nicht wie du!« Jonathan würgte, das Blut plätscherte zu Boden.

Coraline packte ihn am Kragen, machte das Fenster auf und schmiss Jonathan in die Tiefe. Beim Aufprall war Jonathan sofort tot. Coraline lächelte zufrieden und schloss das Fenster. Um ihre Tat zu vertuschen rannte die weinend aus dem Zimmer und schrie wie eine Furie: »Jonathan! Oh Jonathan!«

Einer ihrer Soldaten kam zu ihr: »Was ist los, Madame?«

»Jemand hat Jonathan ermordet und zum Fenster hinaus geschmissen. Sucht ihn! Er ist in diese Richtung gerannt.« Sie zeigte zu einem der dunklen Gänge. Der Soldat rannte sofort los. Als er weg war, lächelte Coraline grausam.

* * *

Die dunklen Glocken der Kirche läuteten. Der Pfarrer begann seine Messe, sein Französisch klang traurig, seine Stimme kratzig. Ganz Frankreich trauerte um den verstorbenen Inquisitor, der die Hexenpest in der Bretagne so gut wie besiegte. Coraline, die nun eine Witwe war, schluchzte glaubwürdig unter ihrem schwarzen Schleier. Auch Elija weinte und war komplett in Schwarz gekleidet.

»Diese Frau scheint interessant zu sein«, meinte eine Frau zu ihrer Freundin leise.

»Es ist ein so herrlicher Tag, findet ihr nicht auch?«, sagte ihre Zofe.

»Ja, vor allem, weil ich mich bei solch einem Wetter im Licht zeigen kann, ohne dass ich in Flammen aufgehe«, bemerkte die Frau zufrieden.

»Das Weinen dieser Witwe ist jämmerlich unwirklich«, sagte die Zofe.

»Ich wette, sie hat den Inquisitor selbst getötet. Mir schmecken böse Leute, ihr Blut ist einfach viel köstlicher, als jener anderer Menschen.« Die Frau lächelte. »Denkst du, mein Herr wird sich für diese Frau interessieren?«

»Sie ist bestimmt eine schwarzmagische Hexe. Ich würde meine Hand dafür ins Feuer legen, dass Lupo sich für sie interessiert«, sagte die Zofe.

»Schau, sie sieht zu uns rüber. Natürlich ist sie schwarzmagisch, das spüre ich«, sagte die Frau.

»Sie ruft praktisch schon nach uns, sie hat etwas vor. Lohnt es sich, sie zu töten?«, fragte die Zofe.

»Nein, wir Vampire spielen erst mit unserer Beute. Erst danach töten wir sie, es sei denn, sie wäre so interessant, dass ich oder gar Lupo persönlich sie verwandelt«, erklärte die Frau. »Sie muss wirklich ehrwürdig sein, wenn Lupo, der älteste Vampir aller Zeiten, sie verwandeln würde.«

»Das Kind neben ihr ist ihr Sohn, das kann ich von hier riechen. Es ist eigenartig: Der Junge scheint ein reines Herz zu haben«, bemerkte die Zofe.

»Ihr Hexen könnt dies auf solch eine Entfernung riechen?« Die Frau blickte weiterhin starr nach vorn.

»Ja, so etwas riechen und spüren wir«, erklärte ihre Zofe.

»Sieh sie dir doch an, in ihrem Gesicht steht Falschheit und Boshaftigkeit geschrieben«, sagte die Frau mit Vergnügen.

»Und wie sie jetzt ihren Mann zu Grabe trägt; es ist fast schon nicht mehr lustig.« In der Stimme der Zofe lag ein Hauch Sarkasmus.

»Gwen, die Frau werden wir mit Sicherheit im Visier behalten. Informiere Lupo, dass auf seiner Verwandlungsliste eine weitere Person stehen wird.« Die Frau seufzte. »Hoffen wir, dass sie keine Hexe ist, sonst dürften wir sie nicht verwandelt.«

»Auch die Aufgabe einer schwarzmagischen Hexe ist nützlich für euch Vampire«, meinte die Zofe.

»Nun, mit einer Hexe wäre Lupo dennoch auch zufrieden.« Die Frau zupfte kurz ihren Mantel zurecht.

»Wann gedenkt Ihr, Lupo zu informieren, oder gar diese Frau anzusprechen?«, fragte die Zofe leise.

»Wenn ich vor Verlangen nach ihrem Blut lechze.« Ein kaltes Lächeln erschien auf ihren Lippen. Der Schnee fiel leise vor sich hin. Die Kälte ließ die anwesenden Leute erstarren, nur ihr schien dies rein gar nichts auszumachen.

Coraline schmiss eine dunkelrote Rose ins hinab gelassene Grab. Sie fiel direkt in die Mitte der Sarges. Die Rose, so rot und so schön, man hätte meinen können, die Blume hätte in Blut gebadet.

Eine Rose so rot wie Blut.

VENEDIG

Viele Tage waren vergangen, seit die Kutschen von den Werwölfen angegriffen worden waren. Sie hatten großes Glück, so sagte es Bartolomeo, als er sie für eine Nacht in sein altes Holzhaus übernachten ließ. Zara freute sich immer noch darüber, zum ersten Mal einen Friesen geritten zu haben. Seine schwarzen Schönheiten.

Es war kaum zu glauben, dass sie eine so weite Reise vor sich hatten. Zara konnte es kaum erwarten, in Venedig anzukommen. Alles zu entdecken und die Plätze zu suchen, die ihm Jordan aufgezählt hatte. Nun waren sie so lange schon unterwegs. Ihre Reise ging von Moncalvo in die Stadt Pavia, von Pavia nach Cremona, von dort aus zur Stadt Mantova, dann zur Stadt Padova und jetzt mussten sie von Mestre nach Venedig.

»Wann sind wir endlich da, Kala?«, fragte Zara gelangweilt.

»Das braucht noch seine Zeit, Zara. Es ist ungünstig zu fragen, findest du nicht?«, antwortete Kala.

»Denkst du, das Unwetter hier wird nachlassen?«, fragte Sage.

»Hat Kala nicht gerade gesagt, es ist ungünstig zu fragen, Schätzchen?« Alan schmiegte sich provokant an sie.

»Lass das!«, gab Sage genervt von sich und stieß ihn von sich.

»Kein Kuss? Nicht mal einen?«, flehte Alan und lächelte.

Sage stieß ihn nochmals von sich. »Nicht jetzt, Alan!«

»Wann wollt ihr endlich eure Liebe bekannt geben?«, fragte Elsu.

»Stimmt, ihr versucht das doch zu verheimlichen, obschon es alle bereits wissen«, entgegnete Rya, die immer noch unter Schmerzen in ihrer Schulter litt.

»Oh nein, wir sind kein Paar. Wir versuchen nur, uns zu vermehren. Ich könnte niemals im Leben solch einen Narr lieben!«, rief Sage verärgert.

»Vor ein paar Nächten in Mestre, in diesem Gasthaus, warst du ganz anderer Meinung«, provozierte Alan.

»Ihr seid eine wirkliche Schande. Wenn die Hohepriesterin davon erfahren hätte, würde sie euch aufs Elendste beschimpfen«, sagte Gea errötend.

Als sie das Wort Hohepriesterin hörten, stiegen wieder Erinnerungen an Devon auf.

Schweigen.

»Verdammt! Wann hört ihr endlich auf, über Devon zu reden? Es schmerzt mich, darüber zu reden!«, schrie Nolan urplötzlich.

»Hör auf, so zu schreien!«, schrie Ella mit ihrer piepsigen Stimme und massierte sich die Schläfen. Ihr kindliches, hübsches Gesicht strahlte eine innige Wut aus. Sie mochte einfach keine Unruhe. Ihr recht kurzes braunes Haar klebte an ihren Wangen.

»Ich schrei gar nicht!«, schrie Nolan weiter.

Alea funkelte Nolan böse an. »Warum bist du so zu ihr?«

Nolan kochte vor Wut. »Es gibt viele Gründe, warum

ich so bin, und warum ich so zu ihr bin«, schrie er. »Erstens: Ich vermisse mein geliebtes England, dann erlebe ich so einen Werwolfmist und ...«, sagte er noch aufgeregter, »... und ich bin sehr in Ella verliebt. Ist das Erklärung genug für dich, Alea?«

»Wie ...?«, stotterte Ella.

Nolan stand auf, stürmte zu ihr und küsste sie auf ihre zarten Lippen.

Ellas Herz begann zu pochen, sie lächelte verlegen.

»Das tut mir leid«, sagte Nolan errötend.

Ella lächelte glücklich. »Warum hast du mir das nicht vorher gesagt? Ich hätte mir meine Schreie sparen können.«

Nolan schluckte. »Aus Angst, wieder verletzt zu werden.«

Ella nahm sein Gesicht zwischen ihre Hände und küsste ihn wieder.

Yaren und Ira klatschten in die Hände.

»Zum Glück gibt es noch romantische und unterhaltsame Momente auf unserer Reise«, sagte Sage und schaute dabei Alan an.

»Jetzt macht euch doch nichts vor. Ihr seid doch auch verliebt, gebt es einfach zu!«, rief Alea zu Sage.

»Euer Problem ist nur, dass ihr beide viel zu stolz seid, es zuzugeben«, sagte Kala freudig.

Alan überlegte, dann blickte er zu Sage. »Sage! Meine teuerste Sage!«, begann er und nahm ihre zarte Hände. »Ich bin wirklich in dich verliebt, und ich könnte mir nicht vorstellen, mit einem anderen Mädchen zusammen zu sein.«

Sage lächelte verlegen. »Übertreibst du nicht ein wenig?«

Alan schüttelte den Kopf. »Nein.« Und dann küsste er sie.

Alle begannen zu jubeln.

»Das ist Unterhaltung genug, findest du nicht, Ira?«, fragte Yaren applaudierend.

»Eindeutig eine gute Unterhaltung«, klatschte Ira.

»Was ist da hinten los?«, fragte Sivan, der vom Regen durchnässt war.

»Wir haben zwei neue Pärchen in unserer Familie«, rief Kala.

»Schön zu wissen. Wer denn?«, schrie Sivan fast.

»Nolan und Ella, und Alan und Sage.«

»Herzlichen Glückwunsch«, gratulierte Sivan.

»Wie wäre es, wenn wir euch in Venedig trauen?«, fragte Elsu.

»Ja, das ist doch eine wunderbare Idee!« Ella zappelte fast vor Freude.

»Das machen wir, aber erst, wenn wir uns ein Haus leisten können«, sagte Rya müde.

»Ja, wir haben nicht genug Geld, und außerdem muss doch alles im Geheimen bleiben, wir können nicht einfach so Hochzeiten feiern«, überlegte Alea.

»Da müssen wir uns eben etwas anderes einfallen lassen«, sagte Nolan.

»So weit sind wir doch noch nicht«, sagte Kala. »Erst müssen wir uns ein Haus durch harte Arbeit erwerben.«

Zara wurde es langweilig, die Liebe war nicht so sein Ding. Die Hälfte von dem, was sie sprachen, verstand er nicht einmal. Er war müde, was bestimmt am schlechten Wetter lag. Zara würde jetzt am liebsten einfach nur schlafen, und wenn er aufwacht, würde er Venedig sehen. Seine Augen wurden immer schwerer, bis sich seine Lider endlich schlossen.

* * *

Die Sonne strahlte, die Luft war frisch und rein und die Wiese so grün und weich wie ein Teppich. Doch eine Dunkelheit näherte sich. Die weißen Schmetterlinge wurden pechschwarz. Zwei Gestalten erschienen Zara. Die Mondgöttin und der Sonnengott. Sie sahen alt aus. Die Göttin hatte weißes Haar und ihr Gesicht war mit Falten durchzogen. Der Gott hatte auch viele Falten, sein Geweih sah kraftlos aus. Dennoch war dieses Götterpaar sehr mächtig.

»Was geschieht mit euch?«, fragte Zara erschrocken.

Die Göttin lächelte. »Es ist bald Samhain«, sagte sie. »Gott wird sterben und in mir bald wiedergeboren werden.«

»Es ist der Zyklus des Lebens. Auch du wirst eines Tages den Tod schmecken, und wirst eines Tages wiedergeboren. Ich gelange jedoch in die Unterwelt, ins Sommerland«, erklärte der Sonnengott.

»In den Himmel?«, fragte Zara.

»Du kannst es nennen wie du willst«, meinte die Mondgöttin.

»Warum sprecht ihr mit mir?« Zara schaute beide eindringlich an.

»Wir wollen dir sagen, dass du jetzt fürs Erste in Sicherheit bist«, sagte die Göttin.

»Doch das wird sich ändern, mein Junge. Ihr lebt in dunklen Zeiten. So war die Welt aber nicht immer. Eines Tages wirst du zu unserem Sohn gelangen, und damit die Menschheit retten«, sagte der Gott.

»Ich verstehe das nicht.« Zara runzelte die Stirn.

»Das musst du jetzt auch nicht, aber irgendwann.« Die Göttin lächelte schwach.

Die Göttin konnte sich in so vielen Aspekten verwandeln. Ihre Augen waren heute eisblau und ihr Haar war glatt und weiß, nicht so wie beim letzten Mal. Da hatte sie dunkles lockiges Haar und dunklere Augen.

»Warum sieht hier alles so dunkel aus?«, fragte Zara.

»Weil der Tod an uns haftet, und die Traurigkeit ein wichtiger Bestandteil des Winters ist. Und es ist Winter«, erklärte die Göttin.

»Das Licht in uns wird bald wiederkommen«, sagte der Gott. Seine sonst prächtigen Hirschbeine sahen jetzt schwach aus, dennoch zertrampelte er das weiche Gras mit den Hufen.

»Wie benutze ich den Stein?«, fragte Zara

»Überlege«, sprach die Göttin, »denke scharf über die Geschichte von Ilian nach.«

»Weißt du noch, was er tat, um die Waldwesen unsichtbar zu machen?« Der Sonnengott blickte ihm ernst in die Augen.

Zara überlegte und atmete erstaunt auf. »Er warf den Stein in die Lüfte und sagte einen Spruch auf.«

Das Götterpaar nickte.

»Genauso wirst du ihn verwenden«, sagte die Göttin.

»Aber warum hat der Stein Besitz von mir ergriffen?«, fragte Zara ärgerlich.

»Weil der Stein fühlt, dass er gebraucht wird, weil er sich auch nach deinen Gefühlen richtet«, beantwortete die Göttin seine Frage. Sie nahm sein Gesicht zwischen ihre Hände. »Oh, Zara, mein mutiger, hübscher Zara, du schläfst schon viel zu lange auf der Erde«, meinte sie.

»Wie?« Zara verstand nicht.

Ein schwarzer Schmetterling flatterte über ihm.

»Du musst zurückgehen, mein Junge. Wir bringen jetzt deine Seele wieder zurück in deinen Körper. Kala ist schon ganz panisch«, meinte der Gott.

»Vergiss nicht, dass du nur in deiner Kindheit in Sicherheit sein wirst, in deiner Jugend wird das Grauen wieder seinen Lauf nehmen. Coraline wird dich finden und versuchen, dich zu vernichten. Sei bereit!«, sagte die Göttin ernst.

»Gesegnet seien deine Füße, die dich zu unserem göttlichen Weg führen«, begann das Götterpaar zu sprechen. »Gesegnet seien deine Knie, die vor unserem heiligen Altar knien. Gesegnet sei dein Herz, das das Schlagen des Mitgefühls widerspiegelt.«

Zaras Herz füllte sich plötzlich mit Wärme, er hörte sogar seinen Herzschlag.

»Gesegnet seien deine Lippen, die nur die Wahrheit sprechen. Gesegnet seien deine Augen, damit du die Weisheit des Geistes sehen kannst«, sprachen sie weiter.

»Soll unsere Liebe, so Mond und so Sonne immer in dir«, sie tippten mit den Fingern auf Zaras Herz, »und bei dir sein«, dann legten sie die Handflächen auf seine Brust, »wenn du heute deine Reise durchs Leben beginnst.«

»SO SOLL ES SEIN, SO SEI ES!«, wisperten beide und gaben Zara gleichzeitig einen Kuss auf die Wange.

Und damit verschwand Zara in die Dunkelheit. Es fühlte sich so an, als würde er in ein tiefes Loch fallen. Es gab nichts als Dunkelheit und das Fallen.

Er fiel und fiel.

Und erschrak, als er irgendwo hart aufprallte.

* * *

Panisch rang er nach Luft. Sein Herz raste, er sah sich wirr um.

Licht.

Endlich das leuchtende Licht der Sonne.

»Um Dianes willen, du bist wach!«, sagte Kala und umarmte ihn.

»Mir geht es gut, Kala«, versicherte Zara ihr.

»Du schläfst schon fast zwei Tage«, sagte Elsu.

»Ich habe mit den Göttern geredet«, erzählte Zara.

Auch wenn Zara fast zwei Tage geschlafen hatte, hatte er das Gefühl, müde und extrem erschöpft zu sein. Sein Magen knurrte laut. »Bekomme ich etwas zu essen?«

»Außer Brot und Käse haben wir nichts«, sagte Ira und gab ihm etwas.

Genüsslich aß Zara den italienischen Käse, so wie es ihm Lucian gezeigt hatte. Er hatte Gefallen an diesem

Geschmack gefunden, und mit dem Brot zusammen war es noch leckerer.

»Was sagten die Götter?«, fragte Sage.

»Sie sagten«, begann er und schluckte den Käse und das Brot hinunter, »wir wären fürs Erste in Sicherheit, aber nur in meiner Kindheit. In meiner Jugend wird das Grauen wieder seinen Lauf nehmen.«

»Ich habe mich schon immer gefragt, wie die Götter wohl aussehen mögen«, sagte Ella.

»Sie haben je nach Jahreszeiten einen anderen Aspekt. Dieses Mal waren sie sehr alt, weil es bald Samhain ist und der Gott sterben muss, um wiedergeboren zu werden«, erklärte Zara.

»Also, stimmt die Legende der Götter: Im Yule wird er von der Göttin wiedergeboren, in den anderen Festen wie Imbolc, Ostara, Beltane, Litha, Lughnasadh und Mabon lebt er und im Samhain stirbt er«, sagte Rya.

»Es muss wohl sehr eigenartig sein, seinen eigenen Geliebten zur Welt zu bringen«, überlegte Alea.

»Ja, das kann einen wirklich verwirren.« Sogar Alan meldete sich jetzt zu Wort.

»Nein, bis Imbolc ist Gott ja nur ein Kind, im Beltane heiraten sie und dann stirbt der Gott im Samhain.« Sage hielt kurz inne. »Das klingt wirklich eigenartig und verwirrend.«

»Die Einzelheiten der Jahresfeste sind unwichtig, wichtig ist, dass wir sie feiern und ehren«, sagte Kala. »Zara rede weiter.«

»Um mich in meinen Körper zu bringen, sprachen sie eine Art Gebet oder Zauberspruch. Ich glaube, er soll den Glauben verstärken. Ihre Worte waren so deutlich, dass sie immer noch in meinem Kopf umher schwirren«, erzählte Zara.

»Sage uns diesen Spruch«, verlangte Nolan freundlich.

»Ja, sage uns den Spruch«, sagte Elsu.

»Gut.« Zara stand mühsam auf. »Aber ich werde es auf meine Weise erzählen.«

»Ja, ja, tu das und erzähle, wie es du für richtig hältst«, sagte Kala und blickte gespannt zu ihm hinüber.

»Gesegnet seien meine Füße, die den Weg des Gottes und der Göttin gehen.« Er berührte sanft seine Füße. »Gesegnet seien meine Knie, die am heiligen Altar knien.« Er kniete nieder und berührte seine Knie. Dann stand er wieder auf und sprach weiter: »Gesegnet sei mein Herz, das das Schlagen des Mitgefühls widerspiegelt.« Er legte seine Hände aufs Herz und machte eine schlagende Bewegung. »Gesegnet seien meine Lippen, die nur die Wahrheit sprechen.« Er berührte seine Lippen. »Gesegnet seien meine Augen, damit ich die Weisheit des Geistes sehen kann.« Er berührte seine Augen. »Soll die Liebe des Gottes und der Göttin immer in mir«, er tippte auf seine Brust, »und bei mir sein«, und legte seine Handfläche auf die Brust, »wenn ich heute meine Reise fürs Leben beginne. So soll es sein, so sei es!«

»Das ergibt einen Sinn«, rief Sage.

»Was hat es aber mit dem Geist auf sich? Welcher Geist?«, fragte Alan.

Zara zuckte mit den Achseln. »Ich weiß es nicht, ich habe euch nur die Botschaft und das Gebet oder den Spruch übermittelt.«

»Du bist aber der Steinschützer, Junge«, rief Alan.

»Lass den Jungen in Ruhe! Er hat jetzt gesagt, was er zu sagen hatte. Er muss die Worte der Götter nicht verstehen, er ist nur der Bote«, meinte Elsu.

»Genau, Alan, du kannst von einem Kind nicht verlangen, dass es die Welt versteht, und dann auch noch die schwierigen Botschaften von Göttern«, sagte Ella mit ihrer piepsigen Stimme.

Alan verdrehte die Augen.

Ein langes Schweigen brach herein.

»Denkst du, wir werden glücklich?«, fragte Rya, wenngleich sie schon fast schlief.

»Ich weiß es nicht«, erklärte Kala.

»Wie sollen wir Geld verdienen?« Rya seufzte.

»Selin meinte, es ist das Beste, sich Arbeiten zu suchen, in denen wir wirklich gut sind.« Kala rieb sich müde die Augen.

»Nenne mir ein Beispiel, Kala«, sagte Nolan.

»Ich kann gut nähen. Also kann ich mich, wenn ich fleißig bin, in einer Schneiderin hocharbeiten«, erklärte sie.

»Ob das auch klappen wird?«, meinte Sage.

»Natürlich wird es, es muss!«, rief Kala.

Wieder herrschte Stille.

»Wir sind da!«, erklang dann plötzlich eine freudige Stimme von draußen. »Wir sind endlich da, Kala! Wir haben es geschafft!«

Die Kutschen standen.

Sivan eilte zu Kala und küsste sie. »Wir sind endlich da!«

Sage, Alan und Elsu stiegen sofort aus, um die Stadt zu sehen.

»Die Stadt ist wunderschön«, schwärmte Elsu.

Venedig lag am Meer. Die Häuser waren praktisch Inseln. Ein wunderschönes Licht schien darauf und gab der Stadt eine verzauberte Aura. Fischer segelten mit Schiffen im Meer. Es war wunderschön.

Zara kam auch endlich aus der Kutsche, um die Schönheit dieser Stadt zu bewundern.

»Jetzt müssen wir nur einen Weg finden, um in die Stadt zu gelangen«, meinte Sivan und legte seine Hände auf die Hüften.

»Habt ihr jemals solche Bauwerke mitten im Meer schwimmen sehen?«, fragte Ella.

»Nein, aber es ist wunderschön«, schwärmte Nolan.

Das Wasser sah so blau aus und so rein. Und Zara hatte noch nie so viele Menschen auf einmal gesehen.

»Das ist eine Handelsstadt, hier müssten wir bestens aufgehoben sein«, meinte Alan.

Die Barockbauwerke hoben sich fantastisch vom Meer ab. Zara versuchte zu erkennen, ob die Bauwerke, die Jordan ihm beschrieben hatte, aus dieser Entfernung schon zu erkennen waren.

»Vi posso aiutare?«, fragte ein gut gekleideter Mann, der in einer Gondel stand.

»Was will er von uns?«, fragte Alan.

»Ich weiß es nicht. Versuchen wir zu erklären, dass wir rüber wollen«, schlug Sivan vor.

»*Unser neues Zuhause*«, flüsterte Zara.

Ende des ersten Bandes

Impressum

Giulia Lina Ludwig
ZARA
Teil 1 – Die Rückkehr des Steinschützers
Fantasy-Roman

1. Auflage • Dezember 2014

ISBN Buch: 978-3-95683-046-4
ISBN E-Book PDF: 978-3-95683-047-1
ISBN E-Book PDF: 978-3-95683-113-3

Korrektorat: Ulrike Rücker
ulrike.ruecker@klecks-verlag.de
Umschlaggestaltung: Ralf Böhm
info@boehm-design.de • www.boehm-design.de

Würzburger Straße 23 • D-63639 Flörsbachtal
info@klecks-verlag.de • www.klecks-verlag.de

Bibliografische Information der Deutschen Nationalbibliothek: Die Deutsche Nationalbibliothek verzeichnet diese Publikation in der Deutschen Nationalbibliografie; detaillierte bibliografische Daten sind im Internet über http://dnb.d-nb.de abrufbar.

Lerseempfehlung ...

Dr. Michaela Pieringer

Mondenvolk

Die große Suche

Fantasy-Roiman

Taschenbuch • 238 Seiten

ISBN Buch: 978-3-95683-042-6
ISBN E-Book PDF: 978-3-95683-043-3
ISBN E-Book epub: 978-3-95683-095-2

»Bevor ES geschah, gab es zwei Seiten hier auf Mond. Die Helle Seite und die Dunkle. Aber die Helle Seite kam uns abhanden, und mit ihr gingen alle Farben verloren …«

… nun soll Adulesci, der junge Albino, die Farben finden und seine Welt retten. Die Zeit drängt, denn seine Welt droht zu sterben. So macht er sich auf die große Suche und begegnet mit seinem Flugvogel und Freund Hyd vielen Völkern Mondes. Dabei lernt er vor allem eines: niemals die Hoffnung aufzugeben.

Doch findet er die Helle Seite rechtzeitig, und kann er seiner Welt das Licht zurückbringen?

Leseempfehlung ...

Melissa Wähler

Das Geheimnis des Wolf Lake

Band 1

Fantasy-Roman

Taschenbuch • 158 Seiten
ISBN Buch: 978-3-95683-006-8
ISBN E-Book PDF: 978-3-95683-007-5
ISBN E-Book epub: 978-3-95683-082-2

Jussi und Selene …

… unbekümmert bestreiten sie, frisch verliebt und überglücklich, ihren Alltag in Schule und Familie. Jede freie Minute verbringen sie miteinander, so auch einen Tag kurz vor den Ferien. Ein gemeinsames Picknick auf einer Lichtung ist geplant, doch plötzlich bricht ein Gewitter los, beide werden von einem Blitz getroffen – und plötzlich ist alles anders …

Nicht nur, dass sie plötzlich fliegen können, nein, Jussi trifft auch noch auf ein Rudel Wölfe und wird von einem verletzt. Ganz allmählich verändert er sich …

… so wie alles um sie herum. Ein Wettlauf gegen die Zeit beginnt, ein schrecklicher Fluch lastet auf der jungen Liebe, und nur noch eine Walküre kann sie retten …

Leseempfehlung ...

Vanessa Merten
Kampf um Rasakien
Das Erwachen der Elemente
Fantasy-Roman

Taschenbuch • 754 Seiten
ISBN Buch: 978-3-942884-95-2
ISBN E-Book PDF: 978-3-942884-96-9
ISBN E-Book epub: 978-3-95683-100-3

Moneax. Ganz Rasakien ist dank ihm dem Untergang geweiht und nur ein Wesen vermag es, den Weg zu weisen, ihn zu stoppen. Árlana – Herrin der Erde, Sália – die Herrin der Luft und Linuél – die Herrin des Wassers, sind dazu auserkoren, das Orakel zu finden und mit seiner Hilfe ganz Rasakien zu retten. Doch die Wesen, die sich ihnen in den Weg stellen, werden immer mächtiger und als sie auch noch Árlana zu einer der ihren machen, scheint alles verloren zu sein, bevor der Widerstand sich überhaupt richtig formen konnte …